# LES ECONOMIES VOILEES DU MAGHREB

## *De la technique à l'éthique*

www.librairieharmattan.com
harmattan1@wanadoo.fr
diffusion.harmattan@wanadoo.fr


ISBN : 2-296-00492-X
EAN : 9782296004924

Hassan ZAOUAL

# LES ECONOMIES VOILEES DU MAGHREB

## *De la technique à l'éthique*

**L'Harmattan**
5-7, rue de l'Ecole-Polytechnique
75005 Paris
FRANCE

**L'Harmattan Hongrie**
Hargita u. 3
1026 Budapest
HONGRIE

**L'Harmattan Italia**
Via Bava, 37
10214 Torino
ITALIE

## Remerciements

Cet ouvrage a bénéficié de la relecture et de la correction attentives par **Henry Panhuys**, praticien du développement, consultant international, codirecteur de la Collection *Economie Plurielle* ; sa mise en pages par traitement informatique en a été assurée par **Nadine Lefebvre** du Bureau Lefebvre à Bruxelles.

Nous tenons à les remercier amicalement pour le soin avec lequel ces travaux ont été effectués.

## Photo de couverture

Cette photo a été prise et reproduite avec l'accord de l'entrepreneur marrakchi qui y figure à l'entrée de son magasin-atelier d'herboristerie, de gemmologie et de pelleterie sis dans la médina de Marrakech.

## Anthroponymie

**Hassan Zaoual** a pour véritable nom berbère, *Jaouani*, nom d'une fraction de la tribu des Aït Ahmed, l'une des dernières tribus berbérophones du Sud marocain (Fask, région de Goulimime) avant le désert du Sahara. *Jaouani* dérive de *Ijawan* qui veut dire en langue berbère locale *Tempête de sable.* Le hasard a fait que la notion de *site* est née lors de la rédaction d'une communication sur le sens implicite des pratiques locales dans le cadre d'un colloque international organisé à l'Automne 1990 en Ecosse, contrée brumeuse d'Adam Smith, théoricien de la « main invisible », ceci juste avant le déclenchement de l'opération de la guerre du Golfe dénommée *Tempête du désert*.

## *Collection Economie Plurielle*

dirigée par **Henry Panhuys** et **Hassan Zaoual**

La collection « **Economie Plurielle** » a pour ambition de développer le pluralisme dans les sciences sociales et particulièrement en économie. Cet objectif est devenu, aujourd'hui, une nécessité tant du point de vue des faits que du point de vue des théories et des paradigmes relevant du domaine de l'Homme. Leur cloisonnement s'avère être un obstacle à l'interprétation des mutations en cours. L'irruption et la diffusion de la société de l'information et de la connaissance ainsi que l'importance de la culture, du sens et des croyances dans les pratiques d'acteurs supposent un changement radical dans l'épistémologie des sciences sociales. Dans ce but, la collection se veut aussi un lieu de dialogue et d'échanges entre praticiens et théoriciens de tous horizons.

*Symbole de la Collection* : le **lotus rose**

De la Méditerranée à l'Extrême Asie, de l'Egypte pharaonique à la Chine taoïste en passant par l'Inde bouddhique, le lotus est dans ses multiples manifestations et colorations, au profane comme au sacré, un symbole de vitalité, de pluralité, de créativité. En particulier, le *lotus rose*, ou *padma*, est un emblème solaire et de prospérité dans l'iconographie indienne. Avec ses huit pétales significatifs des huit directions de l'harmonie cosmique, il est une manière d'offrande à la vie. C'est d'ailleurs cette fleur symbolique qui constituait le fondement du logo du Réseau Sud-Nord Cultures et Développement duquel notre collection est l'héritière directe. C'est pourquoi nous la reprenons désormais comme symbole d'ouverture au monde, à la connaissance et à la paix.

### *Série* ***Economies et Cultures***

A.-M. ALCOLEA, *Pratiques et théories de l'économie solidaire. Un essai de conceptualisation*, Préf. C. HERVY et J.C. BURETH, 2004, 397 p.

H. PANHUYS, *La fin de l'occidentalisation du monde ? De l'unique au multiple,* GREL – Univ. du Littoral-Côte d'Opale (ULCO, Dunkerque), Réseau Sud-Nord Cultures et Développement, 2004, 536p.

H. ZAOUAL, *Du rôle des croyances dans le développement économique.* Préf. de S. LATOUCHE. Université des Sciences et Technologies de Lille, GREL-ULCO, Réseau Cultures, 2002, 626 p.

M. LUYCKX GHISI, *Au-delà de la modernité, du patriarcat et du capitalisme. La société réenchantée ?* Préf. I. PRIGOGINE, Prix Nobel. Ouv. sélect. Club de Rome, GREL–ULCO, 2001, 216 p.

H. PANHUYS et H. ZAOUAL, (s/d), *Diversité des cultures et mondialisation. Au-delà de l'économisme et du culturalisme.* Ouvrage collectif Réseau Cultures / GREL–ULCO, 2000, 214 p.

S. LATOUCHE, F. NOHRA, H. ZAOUAL, *Critique de la raison économique, Introduction à la théorie des sites symboliques*. Préface d'A. KREMER-MARIETTI, Collection « Epistémologie et Philosophie des Sciences », 1999, 125 p.

H. ZAOUAL (éd), *La socio-économie des territoires. Expériences et théories.* Colloque GREL–ULCO (mai 1997), 1998, 352 p.

B. KHERDJEMIL, (s/d), *Mondialisation et dynamiques des territoires,* Colloque GREL–ULCO (mai 1997), 1998, 218 p.

B. KHERDJEMIL, H. PANHUYS, H. ZAOUAL, (s/d), *Territoires et dynamiques économiques. Au-delà de la pensée unique.* Actes Colloque GREL - ULCO (mai 1997), 1998, 228 p.

I.P. LALÈYÊ, H. PANHUYS, Th. VERHELST, H. ZAOUAL, (s/d), *Organisations économiques et cultures africaines. De l'homo œconomicus à l'homo situs.* Ouvr. collec. Collection « Etudes Africaines », Réseau Cultures/Univ. Saint-Louis du Sénégal, 1996, 500 p.

### *Série* **Gestion et Cultures**

G.A.K. DOKOU, M. BAUDOUX, M. ROGE, *L'accompagnement managérial et industriel de la PME. L'Entrepreneur, l'Universitaire et le Consultant.* Préf. de J. DEBOURSE, 2000, 292 p.

### *Série* **Histoires et Sociétés**

J.M. AUBAME, *Les Beti du Gabon et d'ailleurs.* Tome 1, *Sites, parcours et structures*, Paris, 2002, 273 p. Tome 2, *Croyances, us et coutumes,* Paris, 2002, 292 p. Univ. Omar Bongo (UOB-Libreville), GREL–ULCO (Dunkerque). Ouvr. coordonné par F.-P. NZE-NGUEMA et H. PANHUYS. Préf. B. MVE ONDO. Postf. F.-P. NZE-NGUEMA.

### *Série* **Histoires et Politiques**

M. HABIBI, *L'interface France-Iran 1907-1938. Une diplomatie voilée,* 2004, 404 p. Préf. de P. MILZA. Ouvr. coord. par H. PANHUYS.

F.-P. NZE-NGUEMA, *L'Etat au Gabon de 1929 à 1990. Le partage institutionnel du pouvoir*, Coll. « Etudes Africaines », 1998, 239 p.

### *Série* **Contes et Récits**

H.H. INFANTE, *Contes sémitiques de Tanger. Papillon bleu*, 2002, 249 p.

*Série* ***Lire le Site***

H. ZAOUAL, *Les économies voilées du Maghreb. De la technique à l'éthique,* 2006, 295 p.

H. ZAOUAL, *Socioéconomie de la proximité. Du global au local,* 2005, 189 p.

*Série* ***Droits et Sociétés***

A. de RAULIN, (s/d), *Situations d'urgence et droits fondamentaux,* 2006, 333 p.

***En préparation***

H. PANHUYS, *Génocidaires et kamikazes. Les sites de l'extrême.*

A. BEN GHAZI, *Angoisse et psychothérapie.*

H. PANHUYS (s/d), *Socioéconomie des Guyanes. Entre mythes et sites.*

## *Publications brésiliennes*

Parallèlement à la *Collection Economie Plurielle* publiée en français aux Editions l'Harmattan, une série d'ouvrages participant de la même perspective pluraliste et transdisciplinaire est initiée *en langue portugaise* au Brésil avec la collaboration du Professeur Michel Thiollent, directeur de l'Institut COPPE à l'Université Fédérale de Rio de Janeiro, qui en assure la traduction du français en portugais ainsi que la mise en pages informatique et la publication auprès d'éditeurs brésiliens.

***Ouvrages publiés***

H. PANHUYS (2006), *Do Desenvolvimento Global aos Sitios Locais. Uma critica metodológica à globalização,* DP & A. Editora, Rio de Janeiro, 175 p.

H. ZAOUAL (2005), *Nova Economia das Iniciativas Locais. Uma introdução ao Pensamento pós-glabal*, DP & A. Editora, Rio de Janeiro, 193 p.

H. ZAOUAL (2003), *Globalizaçao e Diversidade Cultural,* Edit. Cortez, Collection Questions de notre temps, São Paulo, 119 p.

***En préparation***

C. LEIDGENS, *Frechal, Uma Terra de Pretos no Brasil.*

# SOMMAIRE

# INTRODUCTION GENERALE

*« Originellement, site (Ort) désigne la pointe de la lance. C'est en lui que tout vient se rejoindre. Le site recueille à soi comme au suprême et à l'extrême. Ce qui recueille ainsi, pénètre et transit tout le reste. Comme lieu du recueil, le site ramène à soi, maintient en garde ce qu'il ramène, non pas sans doute à la façon d'une enveloppe hermétiquement close, car il anime de transparence et de trans-sonance ce qui est recueilli, et par là seulement le libère en son être propre. »*

**Martin Heidegger,** *Acheminement vers la parole*, 1976, p. 41.

Dans cette livraison, l'auteur rassemble un ensemble de textes, déjà publiés ou non, ayant trait aux expériences du Maghreb. Il y promène le même regard paradigmatique, celui de sa *théorie des sites symboliques*. Ce qui lui permet, à la fois, de décrypter l'échec des économies formelles plaquées, du dehors, et la vitalité des institutions économiques dites informelles dont le caractère vernaculaire est incontestable. C'est cette vie souterraine qu'il désigne comme *« économies voilées »*. Il en identifie les pratiques et les relations avec les sites symboliques sur lesquels elles prennent racines. Ainsi, aucun aspect de la vie locale ne semble échapper à l'imprégnation des croyances locales qui jouent le rôle de repères et de règles assurant une plus grande harmonie dans les échanges. C'est à cette confiance partagée que s'adresse la théorie des sites lorsqu'elle démontre que le marché est pourvoyeur d'incertitudes paralysantes. Sa démarche réhabilite du même coup la capacité qu'ont les sites à participer au dynamisme des économies et des sociétés du Maghreb au même titre que le marché. C'est, en somme, toute une autre vision de l'économie qui s'affiche devant nos yeux. Elle se nourrit aussi des échanges menés par l'auteur au sein de Réseaux internationaux de recherche-action et des Rencontres de Fès dont la portée est de plus en plus prise en considération par les institutions internationales comme l'Union européenne et la Banque mondiale. La mondialisation a besoin d'être revue par une vision plus humaine, plus spirituelle, engageant l'effort de tous vers un dialogue de l'Homme avec lui-même. C'est également cette même orientation éthique que restituent les textes de portée plus théorique et générale contenus dans les derniers chapitres de l'ouvrage (chap. 6 à 9).

Afin d'éviter toute équivoque éventuelle, précisons que, dans cet ouvrage, le terme *voilé* est inspiré par la formule du grand économiste Jean-Baptiste Say, lequel considérait la monnaie comme un *voile* qui masque les échanges de produits. C'est ainsi que l'auteur en use au sens où les économies endogènes sont souvent ignorées par la pensée économique standard. Car, même lorsque celle-ci s'en préoccupe, elle le fait dans le cadre du seul paradigme productiviste et marchand, aujourd'hui discutable. Pareil *a priori* conduit à des erreurs d'optique débouchant sur une destruction de la capacité de régénération des économies et sites concernés. Cette distorsion paradigmatique se traduit dans les faits par des politiques et des projets de soutien à des pratiques locales indûment identifiées sur la base infondée de la prénotion de *secteur informel ou non structuré*. Or, tout porte à croire que ces pratiques associent en un tout inextricable à la fois les cultures locales et les emprunts extérieurs issus du naufrage des économies dites formelles qui constituent *in fine* les sites-cibles privilégiés du développement et de la globalisation. En revanche, les économies endogènes recadrent et recyclent localement, à leur manière, ce que l'on pourrait qualifier de *modernité située*. A n'en pas douter, ces métamorphoses sont des synthèses vivantes entre traditions locales et innovations extérieures. Et ce sont elles qui jouent véritablement le rôle de régulateurs face au chaos provoqué par le parachutage d'un modèle unique inadapté à la grande diversité des situations rencontrées. Du point de vue du poste d'observation du paradigme dominant, ces économies endogènes apparaissent clandestines, invisibles, informes, donc non repérables par le tableau de bord de l'économie officielle. C'est en ce sens, et en ce sens exclusivement, que l'auteur parle d'*économies voilées du Maghreb*.

# Chapitre 1

## LES EXPERIENCES DU MAGHREB : DU MIMETISME AU SITE

### INTRODUCTION

Ce texte[1] est dédié aux expériences du Maghreb quant à la question du développement économique et à l'émergence des microdynamismes de l'économie dite « *informelle* ». Il s'agira, dans un premier temps, de mettre en évidence les dimensions que néglige l'analyse économique du capitalisme et, qui, pourtant, jouent un rôle essentiel dans son dynamisme économique. De cette façon, les faits et les comportements économiques qui caractérisent ce système s'en trouvent réencastrés dans son histoire et dans une conception particulière de l'homme et de la nature. Cette réinterprétation de la genèse et de l'évolution de ce système économique permet de mieux comprendre le caractère artificiel de la séparation entre l'économie du capitalisme et la culture du développement. Et, par conséquent, les postulats et les hypothèses des modèles de développement proposés aux pays du Sud apparaissent comme une simple extension d'une même conception qui se postule, à tort, universelle quant au traitement de leurs situations particulières. En ignorant les contingences de leurs contextes, les modèles en question contribuent, paradoxalement, à un non-développement. Tout le projet de l'économie du développement, de par ses conséquences observables, consiste à introduire une économie de rente. Dans ces conditions, comme

---

[1] Communication au Colloque International, *Gouvernance locale, économie sociale, pratiques populaires face à la globalisation*. 27 mars 2001, Laboratoires IRES et CERISIS, Université Catholique de Louvain-la-Neuve, Belgique, 27 p. Actes du colloque. Texte publié sous le même titre : « Les expériences du Maghreb : du mimétisme au site » (pp. 75-107) in S. Charlier, M. Nyssens, J.Ph. Peemans, I. Yepez (sous la dir.), *Une solidarité en actes, gouvernance locale, économie sociale, pratiques populaires face à la globalisation*, UCL, Presses Universitaires de Louvain, 2004.

nous le montrons dans une seconde étape de notre raisonnement pour les cas des pays du Maghreb, de centre, le capitalisme au sens schumpétérien, se retrouve à la périphérie des sociétés dites en développement. Les économies formelles nationales y acquièrent le statut de débouchés pour les économies capitalistes. Tout se passe comme si plus une économie s'organisait et se rationalisait selon les préceptes du paradigme du développement, plus elle contribuait à saper ses propres capacités à se régénérer et à développer son potentiel de créativité et d'innovation. Dans le contexte du Maghreb, le pays qui est allé le plus loin dans ce processus qui privilégie le développement clefs en main est l'Algérie. Et c'est le pays qui, maintenant, subit le plus grand contre-choc de ces erreurs irréversibles en matière de pratiques de développement. Comme les économies et les sociétés ont horreur du vide, de manière imbriquée, à l'empire du marché et de l'Etat, elles produisent des institutions et des mécanismes formels et « *informels* » quant à la correction des anomalies que le développement de l'économie formelle laisse derrière lui. C'est dans ce contexte d'adaptation spontanée que sont décrites à la fois les causes et les ambiguïtés du rôle du tiers secteur formel et de celui des dynamiques économiques encastrées dans les sites anthropologiques des sociétés maghrébines. Ce qui constitue l'objet des deux dernières étapes du cheminement de ce texte.

# 1. LE CAPITALISME A LA PERIPHERIE DE LA PERIPHERIE

## 1.1. Les dimensions cachées du capitalisme

Comment comprendre le Maghreb d'aujourd'hui ? Les économies comme les sociétés ne peuvent être comprises dans toutes leurs profondeurs qu'en ayant un « *regard de longue durée* ». En effet, pour l'historien français F. Braudel, « *l'histoire change en fonction des questions qu'on lui pose* ». Si la question est stupide, la réponse le sera. C'est pour cette raison que la question est la question, le problème est le problème ! Cette interrogation sur la question n'est pas un simple jeu de mots, c'est authentiquement la manière qu'ont l'histoire et l'économie de se faire avec ou sans les acteurs de la société. Dans le second cas, la société devient spectatrice de son changement sans y contribuer de manière créative. C'est de cette manière que la question du développement s'est imposée au Maghreb. Celui-ci n'a pas, en effet, connu de l'intérieur la révolution culturelle du capitalisme.

En effet, la question du développement telle qu'elle a été formulée ne semble pas la sienne. Une société, une science, etc., ne progresse qu'en formulant ses propres questions. Avec le recul, les pays d'Europe et par extension l'Amérique du Nord et toutes les colonies de peuplement européen comme l'Australie et la Nouvelle Zélande, se sont développés selon les critères du capitalisme dans la mesure où ils ont subi une transformation culturelle profonde. Cette « *grande transformation* » prend racine dans la *Renaissance italienne* et fleurit avec le *Siècle des Lumières*. Celles-ci ont été synonymes d'un cataclysme pour les anciens régimes dont l'imaginaire était occupé par la religion comme légitimité de l'ordre établi.

Les premières secousses de l'émergence de cette civilisation matérielle apparaissaient, déjà, dans les écrits des philosophes rationalistes de l'Andalousie musulmane dont l'un des plus grands représentants est Ibn Rochd, dit en Occident Averroès (1996), fin connaisseur d'Aristote. Ses œuvres étaient interdites en Occident chrétien. En effet, la philosophie d'Ibn Rochd consistait à séparer la philosophie de la religion. Ce qui ouvrait la porte à l'esprit critique et au *cogito cartésien*. Ce rationalisme arabo-musulman est, en effet, passé inaperçu d'autant plus que le vainqueur manipule toujours l'histoire. Etouffé dans l'œuf par l'Islam officiel décadent[2] et importé par l'Italie de la Renaissance,

---

[2] Il faut souligner que les œuvres de Ibn Rochd ont été interdites et certaines brûlées par les autorités islamiques de l'époque des potentats qui gouvernaient les principautés andalouses d'Espagne. La chute de l'Espagne musulmane en 1492 annonçait la colonisation du Maghreb. D'ailleurs ceci commençait à se confirmer dés 1594 lorsque le Secrétaire de la cour d'Espagne faisait remarquer que : « *Tout le pays est dans un tel état d'esprit qu'il semble que Dieu veut le donner à Leurs Majestés catholiques* ». C'est la division, le morcellement et l'anarchie qui vont précipiter cette prophétie.

ce *cogito* est partie prenante de l'émergence du rationalisme occidental.

De manière générale, l'Europe a recyclé de multiples savoirs et connaissances venus des civilisations voisines et lointaines. Le commerce triangulaire qui a vu le jour à partir du XVème siècle ne s'est pas réduit à une circulation de marchandises mais aussi à d'intenses échanges culturels, scientifiques et techniques. Dans cette économie-monde, concept emprunté aux historiens de l'Ecole des Annales, l'Islam[3] a joué aussi le rôle d'une courroie de transmission entre l'Inde, la Chine et l'Occident. L'histoire de la boussole et de la poudre en dit long à ce sujet. Cependant, pour que ces apports puissent avoir des effets détonants, il a fallu, comme nous l'indiquions, une véritable mutation des mentalités en Europe (Zaoual, 1989). A ce sujet, n'oublions pas les œuvres des encyclopédistes, « *apôtres de la modernité* », qui ont contribué à détrôner la religion par la raison.

Dans ce changement de paradigme, l'ensemble des relations qu'a l'Homme avec le cosmos, la nature, le temps, son semblable, l'argent, le savoir, etc., va subir une métamorphose en direction d'une culture de maîtrise et de domination de la nature et de l'Homme. Descartes disait que « *La connaissance nous rendra maître et possesseur de la nature* » et l'anglais Francis Bacon de lui répondre : « *Knowledge is Power* ». Une série de coupures s'ensuivit entre l'Homme et la nature, entre l'homme et lui-même, ainsi de suite. C'est cette culture qui postule que tout univers est gouverné par des lois naturelles susceptibles d'être découvertes et maîtrisées au profit d'une civilisation qui identifie le bonheur de l'Homme à un progrès matériel. Ainsi, on bascule de l'alchimie à la chimie, de l'éthique à la technique et ainsi de suite. Ce complexe mythique de maîtrise et d'accumulation va constituer le moteur culturel essentiel du capitalisme. C'est toute une « *civilisation économique* » (Zaoual, 2003).

En effet, le capitalisme, à y regarder de près, ne se réduit

---

[3] Il y a un célèbre *hadith* (tradition consignée) qui dit : « *Recherchez la science, quand même ce serait en Chine* ». L'âge moderne est paradoxalement le « *moyen âge* » des sociétés musulmanes (qui ont périclité) en raison de leur déclin moral et intellectuel à partir du XIVème siècle.

pas à un simple système économique. La révolution industrielle n'en a été qu'une des manifestations dont les origines remontent à un changement de conception de l'Homme. L'homme des Lumières se dessine, en effet, comme un « *homme debout et conquérant* ». Ce sens est tapi dans la « *boîte noire* » du capitalisme. Et, il donne sens à l'idéologie du progrès qui a irrigué le machinisme et, à sa suite, toutes les autres révolutions technologiques et scientifiques au point d'arriver, aujourd'hui, au règne de la technoscience. Ainsi, progressivement, le capitalisme réalise une symbiose entre le marché, la technique et la science. Ce complexe est au cœur de la vie économique et sociale des sociétés contemporaines. Aujourd'hui, ses enchevêtrements sont tels que les responsabilités de chaque instance sont difficiles à isoler totalement comme le montrent les crises écologiques ou les catastrophes sanitaires de notre époque.

Cette culture du développement motive le capitalisme en tant que système économique et le marxisme ne constitue aucunement une rupture de ce point de vue. Au contraire, K. Marx a été complètement séduit par les prouesses industrielles de la bourgeoisie qu'il considère, d'ailleurs, comme une classe progressiste qui a un rôle à jouer dans le déclenchement du développement des forces productives. Dans cette histoire intellectuelle, le *Manifeste du Parti communiste* était aussi une apologie du caractère révolutionnaire du capitalisme par rapport aux sociétés dites précapitalistes notamment celles des colonies. K. Marx était un colonialiste qui se voulait progressiste et conséquent ! L'Inde devait s'aligner sur le modèle anglais en attendant le grand soir de la révolution mondiale !

Dans le processus de découpage du monde et de l'Homme dont il est question, les sciences vont s'émanciper de l'éthique et chacune d'elles va construire son propre domaine afin d'imposer son statut de savoir universel. Dans ce mouvement d'émancipation, l'économie politique va asseoir sa propre perspective en considérant que les lois économiques sont aussi naturelles que celles qui gouvernent la nature. Les théories économiques de la valeur et de l'accumulation du capital résultent de cette vision. Cependant, le développement intellectuel de ces mêmes théories aboutit à mettre en évidence les paradoxes du capitalisme dès ses premières étapes d'évolution. En effet, les économistes classiques, dans leur propre raisonnement, aboutissaient toujours à l'hypothèse que le système ne contenait pas des capacités de régulation internes et qu'il avait besoin de mobiliser des mécanismes à l'extérieur du marché et d'organiser son extension à d'autres régions du monde. Leurs théories de la tendance à la baisse des profits et de l'état stationnaire résument ces antinomies.

D'ailleurs, historiquement, l'économie britannique n'a dû sa survie qu'en exploitant le reste de la planète et, à sa suite, les autres puissances économiques ont imité son modèle d'expansion planétaire. Ce qui a fait dire Mahatma Gandhi : « *Pour se développer, l'Angleterre a eu besoin de la moitié de la planète, que faut-il pour développer l'Inde ?* ». Cette limite écologique, lorsqu'on pense à la démographie actuelle de l'Inde (1 milliard) et la Chine (1,3 milliards) est encore plus d'actualité. Le système en cause multiplie les besoins et tend à les étendre pour réaliser des profits de plus en plus importants. Pour être et fonctionner, il a besoin des besoins, c'est sa raison d'être. Ce faisant, il bute sur le caractère limité des ressources naturelles dont l'accès devient sélectif, au fur et à mesure, que l'économie de marché étale sa toile autour de la planète.

## 1.2. L'épuisement du développement face au site

Cette grande sélection propre à une conception particulière apparaît nettement dans la problématique du développement international. En effet, le découpage disciplinaire crée l'illusion que l'économie peut être isolée de la société et des écosystèmes. L'effet apparent qui en résulte est l'idée que le développement est généralisable à l'aide de transferts massifs de modèles économiques. Cependant, l'expérience montre, aujourd'hui, que dans la plupart des cas les sites-cibles perdent leurs capacités à résoudre localement leurs problèmes et à composer avec leur environnement écologique. L'introduction massive du développement par *le haut* détruit les capacités de régénération des milieux sans leur procurer un changement authentiquement capitaliste au sens d'une économie diversifiée, innovante et compétitive. Tout se passe comme si le développement, pratiqué ainsi, introduisait une économie de rente. Le surendettement des pays du Sud en est un des corollaires. La théorie du développement apparaît ici comme un leurre. Elle permet de capturer des marchés en faisant croire que le développement obéit à des recettes universelles.

Ainsi, les économies formelles programmées du dehors s'apparentent à des entités qui désarticulent la cohérence des économies endogènes et organisent le pillage des ressources naturelles au profit des économies les plus innovantes de la planète. Le scientisme a fait croire aux pays « *pauvres* » que les mêmes causes produisaient les mêmes effets. Dans ces circonstances, on réduit le capitalisme à une question de politique économique mobilisant des capitaux internes et externes et à une industrialisation. Ainsi, on fait disparaître les contingences locales derrière de grandes lois abstraites que l'on postule, hâtivement, capables de guider l'action vers la prospérité économique. Or, celle-ci ne s'achète pas sous formes de modèles, de conseils, d'expertise, d'emprunts si la société en question n'a pas produit ses propres définitions du progrès et si ses acteurs n'y adhèrent pas. Dans les pratiques du développement, celui-ci, en prenant la forme d'entités financières et technologiques, ne véhicule pas *le sens* qui le mobilise dans son site d'origine. Le modèle finit par entrer en conflit avec le site d'accueil dont on n'a pas tenu compte. Celui-ci se rebiffe et organise le « *boycottage* » des institutions et de l'économie du modèle. Le modèle tend à détruire le site et inversement. Ce qui donne lieu à un chaos symbolique et économique indescriptible dans lequel *l'incertitude* devient la norme. Ce qui nuit à la cohésion nécessaire à tout changement maîtrisé et innovateur (Zaoual, 2000). La consommation finit par l'emporter sur la production au point que l'échange avec le capitalisme se limite à des signes extérieurs sans grande profondeur locale. Ce qui fait du « *vrai capitalisme* » une périphérie dans cette série de télescopages entre les sites et les modèles d'évolution économique qui leur sont imposés par le *haut* et du *dehors*.

Sur le front de l'économie du développement, plusieurs modèles ont été appliqués un peu partout dans les pays pauvres. Chacun intègre des degrés variés d'intervention de l'Etat, d'industrialisation et d'ouverture sur l'extérieur. De tradition dans la littérature économique, on cite les modèles de l'import-substitution, des industries industrialisantes, de promotion des exportations, etc. Chacun d'eux peut trouver une illustration dans le parcours des économies formelles du Maghreb (Zaoual, 1999).

# 2. TRAJECTOIRES DES ECONOMIES FORMELLES DU MAGHREB

## 2.1. Les origines du désastre algérien : l'esprit de Moscou !

L'Algérie[4] s'est distinguée nettement pendant deux décennies par la pratique, à grande échelle, du modèle des

[4] L'actualité de la situation de l'Algérie ne peut être comprise dans toute sa profondeur qu'avec un regard de longue durée. Historiquement, le territoire de l'actuelle Algérie a été considéré, contrairement à la Tunisie et surtout au Maroc, comme une colonie de peuplement par le colonialisme français. Ce traitement différencié est, en partie, à relier à l'histoire de ce pays. Contrairement au Maroc, l'Algérie, à l'époque de la grandeur de la civilisation arabo-musulmane (du IXème au XIVème siècle) n'a jamais été le siège d'un pouvoir central bien établi. C'est un territoire qui a évolué au gré de l'expansion et des reflux des grandes dynasties berbères islamisées du Maroc comme celles des Almoravides et des Almohades dont l'influence couvrait l'ensemble du Maghreb jusqu'à l'Andalousie (Sud de l'Espagne). Cette histoire impériale du Maroc explique, entre autres, le fait que le Maroc a été non pas une colonie mais un protectorat. Dans cette région (le Maroc actuel) du grand Maghreb, le colonialisme s'est heurté à une tradition étatique bien établie, celle du Makhzen (pouvoir central). C'est d'ailleurs, ce qui a amené le Maréchal Lyautey, le colonisateur en chef du Maroc, à composer avec les institutions endogènes locales (la Monarchie, les élites urbaines, les zaouias, les confréries, les tribus et les confédérations de tribus notamment berbères, etc.). L'Algérie n'a pas eu, malheureusement, le même parcours. Sans grandes traditions urbaines (à part des vieilles médinas andalouses comme Tlemcen et Oran), sa classe dirigeante est directement issue des maquis sans grande expérience, ni recul, en matière de gouvernance. Là est la genèse du caractère militaire de son élite gouvernementale. Cet héritage militariste s'est vu amplifié par l'impact du « *Tiers-mondisme* » des année soixante sur lequel le modèle soviétique exerçait une influence. Et, c'est la porte ouverte à un parti unique et à une dictature militaire qui ne veulent, aucunement, céder le pouvoir à la société civile malgré les désordres auxquels nous assistons aujourd'hui.

industries industrialisantes. Ce choix découle de la séduction qu'exerçait le modèle soviétique jusqu'à la fin des années 70. La rente pétrolière aidant, l'Algérie a choisi la voie d'une économie étatisée pratiquant la formule des usines clefs en mains. L'idée est de rompre avec la dépendance en mettant en place des industries d'équipements (hydrocarbures, chimie lourde, sidérurgie, métallurgie, etc.). Les industries légères et l'agriculture s'en trouvent sacrifiées. Cette idéologie économique répondait à un « *désir de puissance* » qui s'est fracassé contre la désorganisation de l'économie et de la société que la rente et sa redistribution ont dévitalisées.

C'est dans le contexte historique de l'après-indépendance que le nationalisme algérien, encouragé par la fabuleuse rente pétrolière, a été subjugué par un modèle économique coûteux qui promettait une totale indépendance économique : le modèle des industries industrialisantes. Celui-ci, dans tous les pays qui se voulaient progressistes et/ou non alignés (l'Inde, la Malaisie, la Chine, etc.), avait inspiré, par moment, leurs politiques de développement.

L'Algérie, quant à elle, a maintenu ce type de modèle dans son intégralité jusqu'au milieu des années quatre-vingt. Ce modèle d'esprit stalinien a été énoncé, à l'origine, par Feldman, un économiste soviétique, puis repris par un économiste indien Mahalanobis. Il a fait aussi l'objet d'un grand débat entre les économistes français (F. Perroux, G. De Bernis, etc.). G. De Bernis a même été considéré en France comme le père du modèle des industries industrialisantes dans les années 60 et 70. Les principes de base de ce modèle peuvent se résumer dans l'idée que seules les industries produisant des biens d'équipement étaient susceptibles d'arracher les pays du Sud de l'emprise des ex-métropoles coloniales. Le tourisme, l'agriculture et même les industries de transformation étaient considérées dans cette optique comme des choix économiques néo-coloniaux dans la mesure où les biens d'investissement notamment les machines devaient continuer à être importés. Les orientations macroéconomiques en faveur de telles activités contribuent, selon cette conception, à creuser le « *gap* » entre les pays du Centre (pays capitalistes) et les pays de la Périphérie (pays ex-coloniaux).

Dans la vision du modèle des industries industrialisantes, encouragées en cela par les effets de démonstration de la puissance soviétique de l'époque, seules les industries de base (sidérurgie, métallurgie, chimie lourde, hydrocarbures dans le cas de l'Algérie, industrie de matériel agricole et électrique, de matériel de transport, de machines-outils, etc.) étaient supposées jouer un rôle entraînant dans la dynamique du développement indépendant. Les techniques de production devaient être celles qui étaient les plus performantes dans les pays développés. Elles étaient supposées en elles-mêmes porter la solution radicale à la question du « *sous-développement* ».

Tout choix contraire, y compris celui qui se souciait déjà de l'écologie, était traité de réactionnaire dans le langage de l'époque. Pour H. Boumedienne, Président algérien : « *La pollution, c'est la pauvreté* ». Dans cette conception fétichiste de l'industrialisation, n'oublions pas, une fois de plus, que K. Marx était un grand admirateur des progrès industriels et technologiques du capitalisme.

C'est dans cette conception productiviste, via l'influence soviétique, que le volontarisme algérien prenait tout son sens. Ce qui, en toute logique, déboucha sur un constructivisme au sens de F. Hayek (1953) : la croyance que tout est maîtrisable. En économie, la planification centralisée par le haut en a été une des manifestations les plus exemplaires dans l'expérience algérienne. Tout l'esprit de Moscou (Gosplan) y était condensé.

Cette conception mécaniste et matérialiste du développement économique a créé un fort penchant pour l'importation des usines clefs en mains tous azimuts et cela dans tous les secteurs privilégiés par l'idéologie industrialiste. Le fétichisme dans la technique et l'industrie a fait croire que le développement s'achetait. La rente pétrolière aidant, ce mécanisme s'est amplifié au point où l'Algérie était devenue un *Eldorado* des firmes et des sociétés d'engineering qui se bousculaient pour vendre leurs technologies et tout ce qui pouvait les accompagner: machines-outils en tout genre, semi-produits, voire matières premières. D'ailleurs, les interrelations entre ces différents niveaux étaient telles que la notion de « *paquets technologiques* » convenait bien dans la description des projets mis en œuvre par les grandes sociétés nationales, ces « *mammouths* » du capitalisme bureaucratique algérien. Il s'en est suivi un gaspillage sans égal. On dépense plus que l'on pense, c'est digne des mille et une nuits !

Lors des transactions de ces grands projets, les élites locales avaient essentiellement un rôle administratif qui, du même coup, permettait de détourner une partie de la rente sous forme de commissions et de corruption et d'empêcher une accumulation d'expérience au plan industriel. Les occidentaux faisaient tout, de la conception à l'exécution des projets concernant les grands ensembles industriels. Ce qui, d'un autre côté, leur permettait d'accumuler de l'expertise et l'expérience de situations inattendues. En sens contraire, l'Algérie perdait l'opportunité de valoriser ses propres ressources humaines. Ses ingénieurs de conception et de production étaient souvent affectés à des tâches administratives et politiques beaucoup plus lucratives en termes de statut social, de pouvoir et d'argent ! C'est ainsi, que l'Algérie est devenue spectatrice de son propre développement économique ! Or, le capital humain, ça s'entretient[5]. Ni les contrats clefs en

[5] Le capital humain recouvre en économie les compétences, les savoir-faire, les capacités d'innovation, le niveau de formation des hommes. Ces facteurs jouent, aujourd'hui un rôle déterminant dans la croissance et la performance économiques. Et, le problème qui se pose, c'est que les investissements qui se font dans les systèmes éducatifs ne sont rentables que si les individus formés trouvent des fonctions et des tâches qui correspondent à leurs diplômes et à leurs compétences. Et pour maintenir et améliorer ces capacités, il est absolument vital que les individus formés puissent exercer les compétences acquises et les faire évoluer. Malheureusement, ce n'est pas le cas dans la plupart des pays du Sud : les emplois même qualifiés deviennent rares (chômage des diplômés) et quand ils existent, les conditions locales ne sont guère favorables à une pleine application des compétences acquises. En conclusion, lorsqu'un capital humain n'est pas entretenu par une application sur les terrains, par une réactualisation permanente (formation continue, etc.), par une injection des derniers résultats des techniques du domaine, etc., il décline. A tout ceci, il faut noter aussi les bas salaires qui font fuir l'élite la plus productive vers d'autres pays comme le Canada, les USA, voire les pays d'Europe. Les diplômés qui restent dans leurs pays n'utilisent pas toutes leurs compétences. Et, leur niveau baisse en conséquence. C'est la fuite des cerveaux, soit sur place ou vers d'autres cieux. Une histoire se raconte au Maroc à ce sujet. Un marché mondial des cerveaux est organisé, un monsieur cherche à acheter un cerveau intelligent. Il demande les prix qui sont affichés par nationalité. Tout naturellement, il se dirige vers les cerveaux originaires des pays développés comme les USA, la France et autres. Il constate, en toute logique, que

mains, ni les contrats produits en mains, ni les contrats marchés en mains ne remplacent l'action impliquante d'un peuple dans le changement et la maîtrise de son destin[6].

En somme, l'expérience algérienne vérifie en grandeur nature l'idée que le développement dans les pays du Sud a fonctionné comme un marché pour les pourvoyeurs de projets de développement. Ce qui crée une « *virtualité* » sans relation organique avec la réalité ainsi traitée et donne lieu des situations surréalistes en économie. Plus on investit - l'Algérie affectait, par moment, à son développement approximativement 50% de son Produit intérieur brut (P.I.B.) - plus on « sous-développe » le pays ! Ici, toutes les catégories et la science de l'économiste semblent fonctionner à l'envers[7].

---

leurs prix étaient très élevés et en dollars. Mais, soudain il remarque un cerveau marocain et, surprise, il coûte encore plus cher. Il ne comprend plus et il demande aux organisateurs de ce forum d'intelligence : comment ça se fait que le cerveau marocain coûte encore plus cher ? Le vendeur de « neurones » lui répond, le cerveau marocain est plus cher parce qu'il n'a jamais marché, il est tout neuf ! Voilà comment le peuple perçoit, de manière comique, la situation des sociétés bloquées du Sud de la planète.

[6] Au début de l'industrialisation de l'Algérie indépendante, les usines étaient achetées clefs en mains. Mais après leur achat, les responsables se sont rendus compte qu'une usine ne pouvait pas fonctionner efficacement si les vendeurs de technologie ne transmettaient pas la formation et le know-how nécessaire à la maîtrise des techniques et des machines acquises sur le marché mondial. En conséquence, l'Algérie a exigé des grandes firmes un accompagnement du point de vue de la formation du personnel algérien. La firme pourvoyeuse d'ensembles industriels devait installer l'usine, former le personnel local et transmettre l'ensemble des informations nécessaires à la maîtrise locale. Elle ne pouvait pas réaliser le contrat dans sa totalité tant que les autorités n'avaient pas constaté sur le terrain que la production pouvait démarrer sans la présence de l'assistance technique étrangère. C'est ce que l'on a appelé les contrats produits en mains. La troisième étape de l'histoire des contrats, c'est qu'en économie, il ne suffit pas de produire, il faut aussi vendre et pour le faire il faut être compétitif et avoir des réseaux de vente performants à l'échelle mondiale. A ce niveau, dans certains contrats, l'Algérie avait passé des accords avec des firmes qui s'engageaient à écouler une partie de la production générée et c'est ce que les spécialistes avaient appelé les contrats marchés en mains. Toutes ses prouesses juridiques et techniques n'ont pas épuisé l'énigme du « sous-développement » telle qu'elle est posée et décryptée par le paradigme du développement.

[7] Pour utiliser une image, le multiplicateur de Keynes a la « *tête en bas* » et le

Sitôt montées, les usines en question faisaient l'objet d'un décodage social local, à l'exception des hydrocarbures finançant l'ensemble du circuit économique, qui ne les préparait guère à une rentabilité certaine et *a fortiori* à des synergies entre elles. Aux problèmes de mentalité se greffaient des dysfonctionnements dans l'organisation du travail, des passe-droits, des détournements, des rigidités et en fin de compte une impuissance locale à assimiler les techniques importées. La conséquence directe en a été le creusement des déficits de la plupart des grandes unités de production qui fonctionnaient avec des taux de leurs capacités potentielles, le plus souvent de moins de 50%. L'ensemble de ces déficits était, bien entendu, comblé par la valeur ajoutée du secteur des hydrocarbures, une rentabilité non pas directement liée au travail humain mais à la teneur des gisements pétroliers exploités avec le savoir-faire étranger. Ce « *maquillage économique* » était possible car le marché mondial pétrolier florissant le permettait à l'époque. Tout se payait en pétrole : les salaires, les accroissements fictifs des capacités de production, les grands chantiers nationaux dans tous les domaines, les importations alimentaires, etc., bref tout le financement de l'économie algérienne.

Au fur et à mesure que le modèle s'appliquait, la société et les formes de vie économique locale des régions algériennes se disloquaient et se concentraient dans les espaces urbains et industriels dont la cohérence laissait à désirer par manque d'investissements dans les infrastructures, le logement et le reste. Tout ceci préparait le surpeuplement et le caractère explosif de la situation actuelle. En Algérie, il est fréquent, maintenant, que les membres d'une même famille dorment à tour de rôle en raison de la crise des logements. Par voie de conséquence, on ne se marie plus ou peu et pour cause la crise du logement et de l'emploi. L'anomie et la frustration s'emparent ainsi de la société et c'est l'autodestruction. On rêve de partir, fuir n'importe où !

A y regarder de près, le modèle choisi, au lieu de résoudre le dualisme hérité du colonialisme, a contribué à aggraver les

---

« *jeu de jambes* » (effets d'entraînement sur le reste de l'économie) en haut et dans le vide.

anomalies de l'économie algérienne. Les bureaucrates ont fait pire que le colonialisme dans la mesure où ils ont détruit à la fois l'agriculture marchande, certes tournée vers les besoins de la métropole, l'agriculture vivrière et toutes les micro-activités artisanales que l'on rencontrait dans les formes de vie locale. Le lancement de la révolution agraire, calquée sur le modèle bureaucratique des villages socialistes, a fait long feu et a même aggravé les problèmes de la propriété et de la motivation des paysans algériens. Cette destruction par les grands ensembles industriels parachutés du haut a disputé à l'agriculture sa prééminence et n'a pas induit les effets escomptés quant à l'impulsion d'un développement capable de se régénérer localement. En combattant l'extraversion économique de l'Algérie, le modèle en question a contribué à accentuer cette même extraversion. Ce qui a rendu l'Algérie d'aujourd'hui totalement dépendante tant sur le plan alimentaire que sur le plan technologique, industriel et financier avec ou sans l'effondrement du prix du pétrole.

La rente avait pendant longtemps masqué le chaos symbolique et économique que le modèle des industries pseudo-industrialisantes introduisait en profondeur dans les tissus de la société. C'est ainsi que la crise actuelle est à la fois culturelle et économique. Le « *déficit de sens* » parcourt l'ensemble de la société et crée ainsi un désarroi sans précédant dans l'histoire de ce pays. L'intégrisme et le fanatisme naissent de ce vide.

Aujourd'hui, l'économie algérienne reproduit intégralement ce que les économistes appelle la « *maladie hollandaise* », « *dutch disease* ». Toute l'économie nationale est gouvernée par un seul secteur, celui de la rente pétrolière. Celle-ci a détruit toute la variété des activités ainsi que les traditions rurales du pays. Celui-ci se voit livré à un univers urbain concentrationnaire sans ressorts en direction d'un changement qualitatif de la vie économique et sociale. Les besoins premiers comme se nourrir, se loger ou même être en sécurité physique ne sont point satisfaits. A titre de statistiques, plus de 90% des exportations algériennes sont constitués d'hydrocarbures et de leurs dérivés. Ce pays importe plus de 60% de ses besoins alimentaires. Ainsi, au fur et à mesure que la rente diminue et que la démographie augmente, le chaos économique et politique s'élargit. Ce gâchis bâti sur une industrialisation stérile a aussi entraîné des conséquences fâcheuses au plan de l'écologie du pays[8].

C'est ici que la théorie des sites symboliques d'appartenance apporte une interprétation qui met en évidence que tout changement d'une société et de ses organisations économiques présuppose la prise en compte de ses singularités et de ses croyances collectives afin de mieux encastrer les apports extérieurs quels qui soient.

On ne peut aucunement faire de la « *bonne économie* » sans rendre compte, au plan des concepts et de l'organisation, des pratiques locales et de leurs relations avec le sens que les acteurs locaux donnent à leur monde. Et ici, l'efficacité se gère avec l'identité et l'éthique des groupes de populations concernés. Lorsque l'on ne tient pas compte des principes de la théorie des sites (singularité, diversité, tolérance, prudence, pédagogie de l'accompagnement, relations entre les boîtes noire, conceptuelle et à outils, etc.), les sites perdent leur éthique et c'est le chaos technique. Il ne reste que des « *tics* » et de la « *tactique* », c'est-à-dire « *le sauve-qui-peut* » et l'anarchie dans laquelle même la sécurité devient un bien collectif rare. Lorsqu'une société rentre dans l'anomie (perte de sens et d'identité), tout devient possible y compris le pire. Les génocides contemporains le montrent bien un peu partout dans le monde d'aujourd'hui.

---

[8] L'écologie du Maghreb et plus particulièrement celle de l'Algérie côtière n'est plus ce qu'elle était. Les pratiques du « *développement parachuté* » contribuent à une destruction systématique de la biodiversité. En cela, elles ont accéléré la dégradation écologique des milieux concernés. Au 14ème siècle, Ibn Khaldoun, sociologue et historien maghrébin, écrivait que « *Tout le pays depuis Tripoli jusqu'à Tanger n'était qu'un seul bocage et une succession continuelle de villages* » (Histoire des Berbères t.1, p. 341, traduction de Slane, Paris, Genthner, 1925). De même, l'historien E.F. Gauthier signale une phrase tirée des archives où il est indiqué que « *de Tripoli à Tanger on voyageait à l'ombre* », cité pp. 6 et 7 par Jean Servier, *Les Berbères*, Collection Que Sais-je ? Edition P.U.F. Paris, 1990.

## 2.2. Les économies formelles du Maroc et de la Tunisie : un parcours plus varié

Les économies de ces deux autres pays, tout en subissant les effets pervers du « *développement transposé* », sont dans une situation macroéconomique moins critique que celle de l'Algérie. Leur choix s'est porté durant les décennies 60 et 70 sur le modèle de l'import-substitution qui privilégiait une politique favorisant le développement des industries de transformation en direction du marché intérieur. Comme pour le modèle des industries industrialisantes, le protectionnisme était de la partie. Le concept d'industrie naissante de F. List, premier théoricien du protectionnisme dont l'œuvre s'intitule *Système national d'Economie politique* (moitié du 19$^{ème}$ siècle), le présuppose. Cette option traduite dans les faits donne lieu à un dynamisme économique jusqu'à un certain seuil. La combinaison d'une économie de marché avec la présence d'un important secteur public, considéré à l'époque comme un levier de développement, a en effet entraîné la formation d'un système productif relativement diversifié en termes d'activités : industries minières, agriculture, artisanat, tourisme, cuirs et chaussures, textile, industrie agro-alimentaire, industrie des produits de la pêche, etc. A cette variété de ressources économiques, il faut rajouter les transferts de fonds des immigrés, relativement importants jusqu'à aujourd'hui pour ces deux économies dans la mesure où leurs ressortissants sont restés fortement attachés à leur pays d'origine. Ce qui risque de ne plus être le cas des nouvelles générations.

Cette diversité stabilisante est repérable aussi dans la structure de leurs exportations. Ce qui, du même coup, adoucit les répercussions macroéconomiques des instabilités des marchés mondiaux des matières premières. Cependant, la concentration des revenus a contribué à limiter l'étendue du marché intérieur. La corruption dans la gestion des projets publics et privés, en induisant des enrichissements illicites, a miné les efforts de performance. Le développement de ces pratiques a entraîné l'éviction d'une masse importante de populations de la gestion et de la redistribution des ressources de ces économies.

A la longue, le protectionnisme, quant à lui, a développé un esprit rentier chez les entrepreneurs de l'économie formelle. Leur prospérité s'est faite à l'ombre de l'Etat, par marchés publics interposés et manipulés, et par une exploitation de la rente de main d'œuvre sans renouvellement des investissements nécessaires du point de vue des hommes, de l'organisation et des équipements. Par manque de contrôle démocratique, les entreprises publiques ou semi-publiques (banques, organismes financiers non bancaires, organismes de production et de distribution de l'eau et d'électricité, grandes entreprises agricoles et industrielles publiques, etc.) ont fonctionné au profit des technostructures locales. Celles-ci se sont adonnées à des privilèges multiples et à des détournements massifs qui ont contribué à des déficits croissants des organismes relevant directement ou indirectement des pouvoirs publics. Les emprunts internationaux au cours des années 70 ont couvert ces anomalies jusqu'à l'éclatement des crises financières aiguisées par une chute globale des prix sur l'ensemble des marchés d'exportation.

C'est dans ce contexte international que vont s'intégrer les économies marocaine et tunisienne à la mondialisation par le biais des plans d'ajustement structurels (P.A.S.). Ces derniers vont, bien entendu, donner la priorité à une économie d'exportation via l'option libérale d'économie de l'offre. Cependant, comme dans les autres pays du Sud, les P.A.S. ne semblent pas pouvoir créer les conditions d'une croissance économique viable dans la mesure où les économies formelles de ces pays présentent des rigidités par rapport aux données de la concurrence internationale. Les P.A.S., en déprimant les dépenses publiques, ont induit un démantèlement, sans précédent, des secteurs éducatifs et sanitaires. Combinée à l'expansion démographique et à ses nouvelles structures (fortes poussées des tranches d'âge de moins de 25 ans), cette orientation sape la formation d'un capital humain susceptible de devenir un moteur pour la croissance future de ces économies en direction d'activités à forte valeur ajoutée. Ainsi, une course contre la montre est engagée dans ces pays afin de ne pas aboutir aux mêmes conséquences économiques, sociales et politiques qu'en Algérie. Chaque pays réagit à la mutation à sa manière. La Tunisie officielle a choisi une dictature politique et l'économie de marché tandis que le Maroc tente une expérience démocratique en s'intégrant à la mondialisation tout en s'intéressant de près à la décentralisation et au développement local. C'est dans ce contexte que l'on assiste à une montée, sans précédent, du secteur associatif dans la gestion des villes et des campagnes.

## 3. QUE CACHE LA « *BONNE MINE* » DU TIERS SECTEUR AU MAROC ET AILLEURS ?

Constatant que l'optique des P.A.S. conduit aussi à une impasse, les pouvoirs publics au Maroc semblent soutenir un large tiers secteur afin d'atténuer les effets de pauvreté et d'insécurité qui accompagnent la mutation de la société marocaine. En multipliant les lois sur la décentralisation, le pouvoir officiel cherche, en théorie, à diluer le pouvoir afin de mieux combattre la corruption et de créer les conditions de la participation des acteurs de chaque situation au changement qui s'impose. L'idée que le développement est un processus coproduit par une pluralité d'acteurs fait son chemin, d'où l'intérêt accordé à la montée en puissance des organisations de la société civile.

Le Roi Mohamed VI, « *Roi des pauvres, voire du tiers secteur* », s'implique beaucoup plus dans cette voie que le gouvernement à dominante socialiste. Celui-ci se cantonne dans la gestion des grands équilibres macro-économiques en délaissant le terrain qui se voit investi par toutes sortes de mouvements allant des organisations se réclamant de la mouvance islamique aux O.N.G. de la société urbaine marocaine qui se préoccupent de la pauvreté, des femmes, de la démocratie, des droits de l'Homme, de l'environnement, du patrimoine, des langues et cultures régionales, etc. Ce foisonnement d'organisations sans but lucratif exprime aussi une crise des partis traditionnels même si l'expérience démocratique est récente. La prise de parole semble se disséminer dans l'ensemble des tissus de la société. La liberté d'expression acquise et, de par la grande pluralité de la presse nationale, produit ses effets.

Au plan économique, le problème qui se pose c'est comment amarrer ce tiers secteur légal et reconnu par les autorités avec les dynamiques « informelles » souterraines dans lesquelles les populations ont trouvé, depuis longtemps, certaines de leurs solutions en termes d'emplois, de revenus, d'apprentissage, d'entrepreneuriat, etc. Ces organisations dont l'informalité est variable selon les situations se sont développées en raison des grandes insuffisances de l'économie formelle. L'expérience montre qu'elles fonctionnent sur des bases que les responsables du secteur formel des organisations à but non lucratif risquent de méconnaître ou de manipuler.

En effet, les organisations formelles à but non lucratif ont tendance à reproduire mécaniquement les anomalies des grands modèles de développement sur des petites échelles par manque d'expériences et de recherche. « *Small is not always beautiful* » ou « *Ce n'est pas parce que l'on est petit qu'on est gentil* ». Ici, les organisations à but non lucratif peuvent être à but lucratif même si leur statut formel ne l'exprime pas. La particularité apparente de ne pas chercher un quelconque profit ou la contrainte de non redistribution du profit est vite détournée sur le terrain. On ne peut nier le fait que des acteurs du tiers secteur recherchent, au travers de leurs actions civiques, des retombées immatérielles (prestige politique, accaparement du pouvoir, prise en otage de populations locales, etc.) susceptibles de se métamorphoser, dans de nombreuses situations, en intérêt matériel particulier.

D'ailleurs, un bon nombre de ces organisations se créent sur la base de la recherche d'une reconnaissance politique dont le but est d'accéder à la rente et au pouvoir. Au Maroc comme dans les autres pays, des hommes politiques y trouvent un intérêt certain et contribuent, par conséquent, à leur naissance et à leur développement. Ils profitent ainsi du fait que les O.N.G. ont « *le vent en poupe* » pour s'intégrer au mouvement associatif. Ces processus de déguisement relèvent le plus souvent d'une stratégie d'adaptation aux évolutions du marché politique. Les acteurs du site ont donc mille et une manières de récupérer les changements de situation afin de maintenir des statuts, des rôles politiques et sociaux, des intérêts particuliers, etc. Le site se déguise d'où les difficultés à identifier les vrais acteurs d'une situation et les véritables besoins des populations. Tout le monde parle au nom des populations ou de l'intérêt général. Cet énoncé est donc à prendre avec prudence en matière d'identification et d'évaluation des contributions à l'économie sociale.

Si l'opportunisme et l'asymétrie de l'information ont conduit l'analyse économique notamment anglo-saxonne (Nyssens, 2000) à reconnaître les avantages comparatifs par rapport au marché qu'apportent les organisations du tiers secteur, il ne faut pas céder à un « *angélisme des ONG* ». D'ailleurs, plus elles se professionnalisent, plus elles tendent à ressembler, par certains aspects, à des organisations de marché quant à leurs buts cachés. Elles perdent de vue leurs éthiques fondatrices et s'orientent vers des comportements comparables à ceux du monde du marché. Tout se passe comme si la chasse aux subventions et l'adaptation aux évolutions du marché des projets sociaux détruisaient leurs finalités originelles. Leurs objectifs deviennent des objectifs de reproduction auxquels sont attachés des acteurs influents de l'organisation. La dynamique de l'organisation non marchande se voit progressivement truffée d'intérêts particuliers pouvant être ceux de ses dirigeants, de ses usagers et/ou de ses bailleurs de fonds publics ou privés. Des alliances peuvent, ainsi, se nouer de mille et une façons entre ces différents protagonistes de l'organisation, selon les situations. C'est donc un nœud de relations et de conventions implicites et explicites pouvant répondre aussi à des stratégies individuelles et/ou collectives.

Ces enchevêtrements d'intérêts posent de redoutables problèmes éthiques et économiques. En effet, le capital « *confiance* » ou le capital « *démocratie à la base* » et d'autres valeurs du même type sont susceptibles de faire l'objet d'un « *décodage stratégique* » qui selon les situations, transforme de nombreux projets en appâts. A l'évidence, les valeurs morales (démocratie, intérêt général, lutte pour les droits des pauvres et des femmes, etc.) deviennent des biens immatériels dont la production attire des financements au profit de ceux qui, en réalité, orchestrent un problème réel ou imaginaire à leur profit.

Sur les terrains, les organisations que l'on rencontre, le plus souvent, au Maroc ou ailleurs, dénotent une forte structure hiérarchique dominée par des leaders dont le comportement répond rarement à un mode de fonctionnement démocratique. C'est souvent toujours les mêmes qui dominent l'organisation et en tirent des intérêts particuliers. Du fait même de cette position de leaders, d'autres membres de l'organisation et notamment ses salariés ou les réseaux d'experts associés ne doivent leurs rôles, fonctions et intérêts matériels qu'au bon vouloir des membres influents du Conseil d'Administration et des leaders salariés de l'organisation.

Ainsi, sur le terrain, des simulacres de démocratie et d'efficacité sont souvent à l'œuvre face à l'environnement extérieur et, surtout, lorsqu'il s'agit de partenaires étrangers susceptibles de contribuer au financement de l'organisation. Ici, l'asymétrie d'information revient sur le tapis et nous questionne sur la performance citoyenne de telles organisations. En la matière rien n'est acquis en raison de la grande diversité des situations et des stratégies des acteurs en présence.

La théorie sociologique et économique des organisations quelles qu'elles soient, entreprise ou organisation non marchande, nous apprend que les modes de fonctionnement formels ne reflètent pas réellement les mécanismes qui sont à l'œuvre en situation. Dans ces univers occultes, l'organisation cache sa « *boîte noire* » avec son « *non-dit* » ainsi que des stratégies inavouées comme nous venons de l'exposer. Certes, l'informel d'une organisation lui confère une plasticité dans son fonctionnement. Il peut même être la source de sa capacité à innover et à s'adapter aux évolutions de l'environnement. Mais ces qualités n'enlèvent rien de la portée des manipulations dont elle peut faire l'objet en direction d'intérêts particuliers masqués par un intérêt dit général. Le problème ici posé est celui de l'éthique qui se voit orchestrée par la technique de captage des ressources. Cette prise en otage de l'éthique conduit tôt ou tard à la destruction de l'organisation civique. Les leaders d'organisation à but non lucratif peuvent donc être aussi considérés, dans certaines situations, comme des « *passagers clandestins* » lorsque les principes de transparence et de démocratie directe ne sont pas respectés.

# 4. L'ECONOMIE MORALE DES ORGANISATIONS ECONOMIQUES ENDOGENES

## 4.1. Les espaces symboliques

L'étude approfondie des microdynamismes informels au Maghreb (Zaoual, 1992) et en Afrique subsaharienne (Zaoual, 1994) montre, en effet, que ces organisations économiques, quant à elles, trouvent leur dynamisme dans une certaine permanence de la morale des groupes d'acteurs qui les animent. L'expérience des Soussi montre, en effet, que leur dynamisme commercial au Maroc résulte d'une éthique de groupe (Zaoual, 1990). Leurs résultats au plan de l'économie sont étroitement corrélés à une « *éthique du droit chemin* » : *Agharras Agharras* qui veut dire en berbère : *le droit chemin.* Cette formule exprime une profondeur quasi spirituelle dont le décryptage présuppose la prise en compte de l'ensemble de leur site symbolique d'appartenance.

Au Maghreb, le clan reste omniprésent. Le groupe constitue le centre de gravité de l'individu. Ce dernier n'est rien sans lien d'appartenance. Les origines communautaires imprègnent l'individu et mesure sa puissance ou sa faiblesse. C'est son capital social, son réseau. Et le tout est régulé et signifié par des rapports imaginaires aux ancêtres. Dans ces conceptions locales, l'ancêtre est suzerain invisible et protecteur. Les morts y gouvernent les vivants[9]. Le changement n'est accepté que s'il respecte le passé. Dans l'imaginaire populaire, chaque individu, chaque fraction de tribu, chaque clan, chaque village, etc., a son gardien invisible. Les

---

[9] Comme l'écrit l'ethnopsychiatre, T. Nathan (1994, p. 157) : « *entre les vivants et les morts, il existe un monde intermédiaire, celui des rituels et de la tradition* ». Cette vie intime du site ne se formalise pas, ne se calcule pas. Le site tend à clôturer les individus. C'est un espace/temps particulier de par ses profondeurs culturelles et historiques. Chaque site a son monde spécifique de clôture et d'échange avec le monde extérieur. Pour les individus qui le peuplent, la vision qu'a le site du monde va de soi. « *Une culture est une organisation transportable de l'univers permettant à chaque membre d'une société donnée de percevoir le monde sur le mode de l'évidence, comme naturel, comme allant de soi* » (Nathan, 1994, p. 179).

grandes religions comme le Judaïsme, le Christianisme et enfin l'Islam ont dû composer avec ces fortes traditions locales[10].
A ce sujet, Jean Servier[11] note, à juste titre, que : « *Le*

---

[10] Selon Sarah Ben Naffissa (1985) : « *Le Coran a transcrit de nombreuses coutumes pré-islamiques, en opérant cependant quelques modifications. La coutume est devenue la loi du Coran*» et de rajouter : « *Ce sont les coutumes des pays conquis qui sont devenues les rites du droit musulman. Les coutumes islamisées ou demeurées coutumes jouent un rôle fondamental dans la régulation sociale des pays musulmans* », p. 28. Le concept de *Sunna* représente un héritage de la société arabe anté-islamique. La Sunna est un ensemble de règles coutumières léguées par les anciens. Seuls les anciens, vivants ou morts, ont le droit de dire le droit. En situation, les vivants sont censés être capables de choisir les règles qui conviennent pour traiter d'un problème de société. Ils doivent faire preuve d'un savoir et d'une expérience leur permettant d'interpréter la situation afin d'ajuster au plus près la décision la plus adaptée. Dans la philosophie sociale des sociétés arabo-musulmanes la légitimité passe, donc, par les personnes les plus morales et les plus compétentes, ou reconnues comme telles, à traiter du gouvernement des choses et des hommes. En effet, comme le fait remarquer Sarah Ben Naffissa (1985, p. 36) : « *La seule autorité reconnue et légitime chez les musulmans est l'autorité humaine et personnelle. La perception de l'Etat chez les musulmans passe par celle des individus qui les gèrent et le dirigent. Ce sont les qualités intrinsèques des hommes au pouvoir qui font que l'Etat est bien ou mal perçu. Les principes abstraits tels l'"intérêt général", la "raison", le "service public" sont difficilement compréhensibles ; par contre les qualificatifs humains tels que la "confiance", la "réputation", le "bon conseil", la "sage opinion" sont très importants* ».

[11] Jean Servier, dans son ouvrage sur *Les Berbères*, (1990, p. 70), s'appuie, entre autres, sur le grand sociologue et historien du XIVème siècle Ibn Khaldoun qui écrivait explicitement dans son *Histoire des Berbères*, t.1, p. 199 : « *Nous croyons avoir cité une série de faits qui prouvent que les Berbères ont toujours été un peuple puissant, redoutable, brave et nombreux ; un vrai peuple comme tant d'autres dans le monde, tel que les Arabes, les Persans, les Grecs et les Romains* ». Le terme de *Berbère* est selon J. Servier, inadéquat. Il dérive du mot grec *Barbaroi* puis de l'arabe *brabra*. « *Il désigne en premier des gens dont on ne comprend pas la langue. C'est une appellation méprisante donnée par un vainqueur à un vaincu ou par un voyageur sûr d'appartenir à une civilisation supérieure. Ce n'est pas le nom qu'un peuple se donne à lui-même* » (p. 7). *Imazighen*, mot présent dans les dialectes berbères, est le plus proche de la vérité. C'est ce nom que l'on retrouve aussi chez les auteurs de l'Antiquité. Les Romains ont transcrit *Mauri* dont les Grecs ont fait *Maurosioi* un dérivé (possible) de *Mahourim* qui veut dire en phénicien « *occidentaux* », cf. p. 13. Le Maghreb a toujours été une zone de brassage de populations et cela depuis des millénaires. Tous les peuples de la Méditerranée sont passés par l'Afrique du Nord.

*christianisme a adopté les tombeaux et les hauts lieux comme ailleurs, les pierres, certains arbres et les sources ; le rigide judaïsme puis l'Islam ont accepté les morts comme intermédiaires entre les hommes et l'invisible, leur ajoutant une couronne de pieuses vertus et de miracles, monotones dans leurs répétitions* ». L'Islam maghrébin reste, donc, fortement influencé par ces conceptions. La liste des Saints Hommes y est, d'ailleurs, infinie. Le mélange des traditions locales avec l'Islam s'est fait de manière harmonieuse d'autant plus que le Coran contient des Saints personnages sans qu'ils fassent l'objet d'un quelconque culte : *al wali* (l'ami de Dieu) ; *as-salih* (le pur) ; *as-saddiq* (le juste) ; *al-muqarrab* (le protégé). Le développement du Maraboutisme en Islam maghrébin (culte des Saints) est donc lié à cette articulation entre les apports de l'Islam et les systèmes de croyances endogènes de cette aire géographique qu'est le Maghreb. La *tarîqa* est une voie mystique que choisissent des confréries. On y accède par initiation. Il est à constater une constante au fin fond des systèmes de croyance maghrébins : primauté de la vie spirituelle sur la vie matérielle. L'imam Yacoub ne touchait à une pièce de monnaie qu'en la poussant du bout d'un bâton, indique Jean Servier[12]. Les Berbères se caractérisent, selon cet auteur, par une éternelle aspiration vers un idéal d'austérité. Le matérialisme est à accueillir avec méfiance. Ce trait de caractère est présent dans la culture néotribale d'entreprise des Soussis que nous avons eu l'occasion de décrire.

Tout lieu a son gardien disent les hommes du Maghreb (Saints protecteurs, ancêtres, génies gardiens, etc.). Il y a toujours un « *génie présent du lieu* » qui organise la communauté, tribu ou clan. La grande famille ou tribu est une communauté de protection ; ainsi, le site s'entoure non seulement d'une protection « *économique* » de ses ressortissants mais aussi d'une protection spirituelle. Le site veille sur ses rites, ses mythes et en fin de compte sur son propre monde. Le site a toujours son ancêtre fondateur. Les souks, marchés hebdomadaires, se développent souvent autour des enceintes du tombeau d'un (ancêtre) saint homme. La morale domine et entoure le marché. Et comme

[12] Ibid, p. 80.

l'exprime Jean Servier (1990, p. 110) : « *Ainsi le marché possède, comme le village ou la maison, un horma ou caractère sacré ; à l'opposé du moulin banal ou de la forge. Les rixes y sont interdites ainsi que les actes répréhensibles et les paroles déplacées* ».

On chante les Saints, on vend et on achète sous leur protection ou derrière la Mosquée, le bazar. L'analyse de l'étude de terrain faite par F. Reysoo (1988) est révélatrice de ces relations cachées entre le commerce et l'éthique des sites en question.

## 4.2. L'éthique économique des *Moussems*

### Les fondements moraux d'une économie sociale locale

Cette étude sur les *moussems* du Maroc, *fêtes maraboutiques*, est un document non publié. Il existe en deux versions, l'une en français et l'autre en néerlandais puisque F. Reysoo est originaire des Pays-Bas. C'est une étude fouillée sur les *phénomènes maraboutiques*. Elle porte particulièrement sur les fêtes patronales qui sont célébrées chaque année autour des tombeaux des saints. La conduite de cette recherche a nécessité le concours de plusieurs institutions hollandaises, françaises et marocaines (ambassades, ministères, bibliothèques, universités, centres de recherche, etc.). Elle débute en 1982.

L'auteur est frappée par la variété des pratiques religieuses et spirituelles locales. L'image d'un Islam monolithique y disparaît. Dans la vie courante des sites marocains, il endosse une pluralité de figures. De cette observation, l'auteur en déduit la pertinence de la théorie de Redfield (1971). Celui-ci fait, en effet, une distinction entre la culture dominante de la *Grande Tradition,* celle de l'élite lettrée, et les cultures locales de la *Petite Tradition.* Redfield écrit en substance : « *In a civilization there is a great tradition of the reflective few, and there is a little tradition of largely unreflective many. The great tradition is cultivated in schools or temples ; the little tradition works itself out and keeps itself going in the lives of the unlettered in their village communities* » (1971, pp. 41-42, cité par F. Reysoo, 1988, p. 4).

Ainsi, les pratiques observées par F. Reysoo laissent entrevoir au plan religieux marocain l'Islam officiel (orthodoxe, normatif et universel) et les « *islams informels* » (hétérodoxes, populaires, locaux ou particularistes, etc.). Dans son étude, l'auteur nous montre, justement, les imbrications des deux sortes d'islams si bien qu'ils sont, à la fois, spécifiques et autonomes tout en intégrant des influences réciproques. La Grande Tradition et les Petites Traditions s'influencent mutuellement. La Grande méprise souvent les Petites, mais elle en a besoin pour vivre et gouverner. Ceci rappelle, étrangement, le rôle des mécanismes « *informels* » dans toute organisation formelle, économique ou autre.

En effet, les *moussems* sont des périodes favorables à une rébellion « *contrôlée* » et à la critique de l'ordre établi. Il y est question d'inversions symboliques du monde. Tout se passe comme si ces pratiques locales avaient une « *fonction de soupape sociale* ». D'ailleurs, Gluckman (1963, cité par F. Reysoo, p. 8) souligne ce caractère par la formule : « *rituals of rebellion* ». A son tour et à sa suite, F. Reysoo (1988, p. 9) note : « *Ces rituels seraient une contestation institutionnalisée, qui, apparemment, critique l'ordre établi, mais qui en dernière instance le bénit afin d'atteindre la prospérité* ». Les inversions symboliques s'opèrent, par exemple, lorsque : « *les faibles ont l'occasion de disposer du pouvoir des forts, et les forts doivent se soumettre symboliquement à leurs subordonnés* » (p. 90).

De cette façon les *moussems* renforcent la cohésion du groupe d'appartenance tout en étant un moment divin et de soulagement. Tout se passe comme si les *moussems* rechargeaient les moteurs symboliques des communautés en question. C'est ainsi que : « *Le moussem est renouvellement parce qu'il donne lieu au soulagement et à la dissolution des tensions sociales. Ce rite saisonnier donne la force et la protection divine à toute la communauté pour affronter les difficultés inhérentes à la vie en société pour un cycle nouveau* » (F. Reysoo, 1988, p. 91). Ces forces spirituelles mettent en contact l'humain avec le divin en créant un lien entre le monde invisible, celui des Saints et de Dieu, et le monde ici-bas, celui de la communauté concrète. La vie courante est ainsi imprégnée de fragments de spiritualité qui aident à réguler la réalité. Dans ces rituels, la plupart des acteurs de la situation ne sont pas conscients des origines de leurs croyances et de leurs pratiques. La réponse couramment donnée face à des questions portant sur les significations profondes de leurs pratiques est la suivante : « *Nous le faisons, parce que c'est notre religion* ». « *Les moussems sont des manifestations par excellence pour s'imprégner de baraka* » (grâce et bénédiction divines).

En fin de compte, comme dans d'autres sociétés, ces fêtes sont un mode de stimulation des valeurs de cohésion du site et des groupes qu'il structure spirituellement et socialement. Les individus ressentent ainsi le besoin de renforcer leurs liens sociaux, de consolider l'ordre symbolique du site et du monde dans lequel ils vivent. L'encodage des individus par leur site est tel que les rites rythment leur vie « *du berceau à la tombe* », processus qui imprègne et façonne les modèles de conduite. Et, comme l'indique aussi la théorie des sites symboliques (Zaoual, 1999, 2002), F. Reysoo (p. 11) écrit : *« Dans ce sens, tout rite apparaît comme une forme de communication, un code symbolique qui peut être déchiffré »*.

Comme les autres conceptions du monde y compris celle d'une république laïque, « *L'Islam*, disait Louis Massignon, *est une volonté de vivre ensemble* » (cité par Gardet Louis, 1978, p. 19) laquelle volonté s'exprime par la mise en œuvre des relations sociales « *mu'âmalat* ». En terre musulmane, éthique et règles morales de conduites trouvent leur résumé dans les « *akhlâq* ». Ces normes de conduites inspirent les modèles de l'action quotidienne des membres du site. Elles les façonnent, les orientent et leur donnent un sens et une direction. Les *mu'âmalat*, les relations hommes/hommes, y trouvent des référents, en somme des dispositifs cognitifs de coopération et d'échange. L'effort moral consiste en une morale de situation, celle dans laquelle on juge la situation à la lumière des grands principes moraux de la société. En raison de la grande variété des situations, la procédure choisie est celle du tâtonnement[13]. C'est le dispositif « *qiyâs* » qui consiste à rechercher en toute situation, un équilibre, une adaptation et une

[13] « *Le moindre de deux maux est encore un bien relatif que tout homme intelligent doit préférer* » dit le grand penseur arabo-musulman Ghazzâli dans son traité de *Kalâm-Al-Iqtisâd*, Editions du Caire, p.98 cité par Louis Gardet (1978, p. 47). En d'autres termes, comme le souligne le Coran, lui-même : « *Nous avons fait de vous une communauté de juste milieu* (wasat) » (2, 143).

conformité aux textes sacrés. Le tout doit se faire dans la convenance, la tolérance et la confrérie des hommes. Dans le Coran, il est écrit : « *les croyants sont des frères* » de même dans un « *hadîth* », il est déclaré que : « *Les hommes sont égaux entre eux comme les dents du peigne du tisserand. Pas de distinction entre l'Arabe et le non-Arabe, entre le Blanc et le Noir, si ce n'est le degré de crainte de Dieu* » (cité p. 23). Et, à Gardet Louis (p. 23), de préciser, à son tour : « *L'histoire des peuples musulmans se déroule selon une dialectique unité-diversité, où la diversité, sans s'abolir, se nourrit de l'unité* », et vice-versa. C'est aux « *gens qui délient et lient* », ceux qui connaissent le *sens caché*, de trancher quant à la résolution d'un problème à la lueur et la lumière des textes coraniques. « *Le sens caché est le seul réel, le sens apparent s'y abolit* », commente Louis Gardet (p. 45).

Fêtes et rituels montrent ainsi tout leur statut de mode de régulation des sites concernés. Ce qui confirme le fait que le site est une sorte de *modèle de sens* incarné par des symboles, des normes et des pratiques d'un groupe humain donné. Et, à la surface des faits de société, il indique la voie d'un modèle d'organisation sociale intégrée. Les sites enchaînent donc les individus à leurs sociétés locales et donnent à celles-ci des repères collectifs de cohésion. D'ailleurs, le mot *marabout*, de l'arabe *murâbit*, racine *r-b-t* veut dire *être lié* (entre autres à Dieu). A l'origine, un marabout est un habitant d'un *ribât* : un *couvent fortifié*. Un *ribât* est, en fin de compte, une forteresse. Le mot *marabout* est utilisé par les Français et les Marocains d'expression française. Par contre dans le langage populaire, les termes *Mûlay/Sîdî* pour les hommes et *Lala/Sayyida* pour les saintes femmes sont utilisés avec un très fort *sens de respect*. La gamme de ces mots est variée. Les chaînes initiatiques se mettent en place dès le jeune âge par le biais des codes et des mécanismes de socialisation. Les normes d'un lieu ne sont qu'une formalisation de ces liens sociaux autour des divinités et croyances du site.

La démarche de Fenneke Reysoo s'est construite à l'aide d'une étude de terrain de longue haleine (juillet 1983-juillet 1984) et de séjours cycliques de courte durée. Son attention s'est portée sur deux groupes de population : celle des *Menasra* d'*Ulad Nahla* (région de Kénitra) et celle de l'ordre religieux des *Gnawa* et des *Jilala* (aux environs de Salé).

En théorie, on peut, effectivement, distinguer l'Islam officiel, celui des clercs et docteurs, de celui des marabouts et des Saints. Ces derniers sont des maîtres soufis. Ils sont considérés comme des *walî*, des proches et des protégés de Dieu. En étant ainsi, ils ont le statut d'intercesseur entre Dieu et les hommes. Ils ont aussi les qualificatifs suivants : *as-salih*, le pur, *as-siddîq*, le juste, *al-muqarrab*, le protégé ou l'ami proche. F. Reyzoo note que : « *L'islamisation des contrées rurales s'est faite au cours de l'histoire par des mystiques errants* » (p. 196). Les mystiques dispensaient des enseignements et fondaient, parfois, des *zaouias* de leur vivant. Dans la terminologie des sites, les *Moussems* sont des lieux, des marqueurs sociaux, rites de passage.

Même si l'Islam officiel a un caractère abstrait, urbain et lettré, c'est par le mélange avec les traditions et les spiritualités locales qu'il progresse dans les profondeurs de la société globale. Il avance par l'intermédiaire de ce qui lui semble rebelle. D'ailleurs, l'islamisation du Maroc profond s'est faite autour de personnages réputés saints par les sites locaux de leur vivant. Après leur mort, leur tombeau fait l'objet d'un culte. Les gens simples y cherchent protection et baraka (grâce divine, etc.). Ce qui contribue à créer des sites spirituels de référence et donne lieu, après coup, à des *zaouias* et des ordres religieux. La vie locale s'en imprégne.

Pour gouverner le Maroc, la France avait exploité cette diversité en opposant les particularismes endogènes au pays : *zaouias*[14] contre l'islam du pouvoir central, *zaouia* contre *zaouia*,

---

[14] Une *zaouïa* est une confrérie. Les *zaouïas* sont des institutions religieuses et maraboutiques. Un marabout c'est généralement un homme religieux doué d'une grande sagesse et qui fait du bien autour de lui. Après sa mort, ses fidèles construisent en général une *koba* au-dessus de son tombeau et ce lieu devient un site de pèlerinage, un lieu de culte où les personnes viennent se recueillir pour avoir sa *baraka* (sa sainteté pour guérie d'une maladie, pour être tout simplement bien avec le divin, etc.). Ces institutions spirituelles sont endogènes aux pratiques religieuses au Maghreb et son héritage des traditions berbères. Elles se sont mélangées avec l'Islam car les phénomènes maraboutiques sont plus rares dans les autres contrées de l'Islam comme le Moyen-Orient. En conséquence, l'Islam n'est pas totalement le même partout, il a aussi été décrypté par les sites

tribu ou confédération de tribus contre d'autres, ethnie contre ethnie, ainsi de suite. Les Français avaient donc toléré, voire encouragé les différentes formes d'expression mystique. Triminghan (1971, p. 255 cité par F. Reysoo, p. 44) notait : « *The French had encouraged the order in Morocco, recognizing their leaders and festivals, as part of their attempt to maintain a balance between the different forces in the country, especially opposing them to the orthodox, reformist, and progressive* ».

Le culte des Saints maghrébins est un des éléments de base des complexes culturels locaux. A contextuer, ces filiations, ces aliénations sont productrices de sens et d'espoir pour les adeptes. Comme le fait remarquer Gelner : « *It is important to understand just what the saints do and what they mean in their context* » (Gelner, 1981, 129, cité par F. Reysoo, p. 46).

La *Koubba* est le sanctuaire du Saint homme. Elle est toujours de couleur blanche, signe d'une pureté. C'est autour de la *Koubba* que s'organisent les festivités du site : rites, pèlerinages, tentes et commerce. *Moussem* vient de *mausim* qui veut dire *saison*, période de l'année et *moisson*. La seconde propriété c'est d'être un rassemblement des adeptes, des pèlerins. Deux mots désignent ce fait. *Camâra*, du verbe *camara* qui signifie remplir, être peuplé/habité/être plein. Le second mot fréquent est *Iamma* du verbe *Iamm* qui veut dire *s'assembler* ou *se réunir*. Le troisième caractère d'un *moussem*, c'est une fête inséparablement liée à un Saint dans l'imaginaire populaire : « *Les trois constantes des moussems sont donc,* écrit F.Reysoo (1988, p. 34), *la périodicité, la plénitude et la vénération d'un saint* ».

**L'économie cachée des moussems**

L'intérêt de l'économiste ouvert aux principes de la théorie des sites consiste à tenter de comprendre les articulations éventuelles entre les formes spirituelles qu'endosse la vie d'un site et les formes d'existence matérielle de son organisation

---

antéislamiques (d'avant l'Islam). Les *zaouïas* ont donc leur propre lecture de l'Islam, une lecture très locale.

économique. C'est dans ces relations, le plus souvent cachées que résident le secret des singularités locales qui résistent ou qui se recomposent avec le modèle général de la science économique tel qu'il s'introduit dans ces contrées. Les logiques économiques des sites, si elles existent, ne peuvent être appréciées dans toute *leur pureté* qu'à travers les rites des organisations sociales du site. C'est dans cette perspective que les *moussems* peuvent être considérés comme des laboratoires d'exercice de la réflexion économique. Comme nous l'indiquions, les *moussems* au Maroc sont des fêtes cycliques organisées autour des Saints-Patrons. Dans cette atmosphère, tout est imprégné de divin : les choses, la faune, les hommes, leurs relations, les mots, etc. Les univers symboliques se chevauchent tout en s'excluant à certains niveaux.

Visiter des Saints, c'est aussi accroître sa respectabilité, l'estime du groupe. Sa réputation auprès des autres en dépend. Et, comme l'observe F. Reysoo (p. 114) : « *L'accumulation de baraka après la visite pieuse aux grands lieux saints procure un statut symbolique de plus en plus élevé* ». Mais toutes ces pratiques induisent des dépenses importantes et, par voie de conséquence, une augmentation considérable de la circulation de la monnaie, des dons et des biens. Dans son étude, F. Reysoo focalise aussi son approche sur les aspects économiques des saintes fêtes des sites marocains. L'examen de cette dimension l'amène à distinguer analytiquement trois figures dans ces économies enchantées par la sainteté :

- le partage des revenus des sites spirituels ;
- les échanges commerciaux qui s'opèrent à l'intérieur de ces univers ;
- le circuit symbolique des marchandises imbibées de la *baraka* du Saint vénéré.

Elle en dresse la comptabilité comme suit.

Les ressources drainées dans le sillage des *moussems* sont essentiellement constituées de dons. Ces derniers sont en argent ou en nature (bougies, voiles, tissus, animaux, etc.). Ces dons comprennent aussi les revenus du produit de la vente des animaux sacrifiés. Les prix se situent par rapport au site. Les prix payés par les pèlerins intègrent l'effet de la *baraka* puisque ces « *viandes* » ne sont pas comme les autres ! D'autres revenus peuvent jaillir des propriétés *habous* (maisons, monuments, terres, etc.) qui sont, généralement, des légations pieuses inaliénables offertes au Saint ou à sa communauté de croyants. Ces sommes, et spécialement celles générées lors des fêtes patronales, font l'objet d'un partage dont les modes de calcul restent mal connus en raison de leurs caractères secrets. Globalement, une part de ces flux financiers sert à renouveler et à entretenir les structures physiques du site spirituel (surveillance, restauration du sanctuaire et de ses annexes, financement des *zaouias* et des confréries adeptes, etc.). Le reste est dirigé vers les ayants droit, généralement les lignages qui descendent du Saint et des pauvres[15].

Le second aspect que F. Reysoo souligne dans ces économies *maraboutiques* est le fait que le *moussem* autour du Saint constitue un lieu privilégié d'échanges économiques. S'appuyant sur de nombreux anthropologues, l'auteur met en valeur la coïncidence entre les foires annuelles et les lieux de pèlerinage. Ce qui veut dire que dans ces mondes, la croissance de l'activité économique est à rapporter à des moments précis de leur vie sociale. Ici, le sacré pénètre l'économie locale, l'amplifie et l'oriente. Le cycle des affaires en porte les empreintes. Autrefois, cette interpénétration était encore plus prononcée. Aujourd'hui, elle s'atténue avec les transformations du pays. Mais, ses traces demeurent vivaces dans la géographie mouvante des lieux d'échanges commerciaux. Même dans les années 80, le regretté sociologue franco-marocain, P. Pascon, notait en 1984 (p. 142), au sujet du Souss : « *le moussem est un souk qui a réussi* ... ». Les *moussems* arrivent ainsi à créer des microdynamiques économiques locales que *les planificateurs en développement* ont du mal à reproduire dans la mesure où leurs approches restent entachées par le réductionnisme économique et technocratique, d'où l'intérêt d'une approche économique plus ouverte sur l'ensemble des données anthropologiques des sites concernés par l'aménagement des régions du Maroc moderne.

C'est ce qui nous amène à noter que tout se passe comme si : « *Le lieu saint constituait un îlot de paix et de sécurité. Tout*

---

[15] L'*homo situs musulman* fait beaucoup de choses/actes « *li wajh Allâh* », « *pour la face de Dieu* ». Car il est censé savoir que Dieu « *aime ceux qui font le bien* ».

*contrevenant à cette paix était passible de sanctions surnaturelles. Par leur caractère sacré, les lieux saints étaient les endroits par excellence pour s'adonner au commerce. Ils étaient neutres, souvent situés sur des frontières géo-politiques. Les commerçants y jouissaient de la protection divine* » (F. Reysoo, p. 119). Ceci dénote la fonction de coordination économique qu'ont les *moussems* dans la mesure où ils constituent des espaces de transactions interrégionaux. Les *souks* et les *moussems* interfèrent. Tous deux sont profitables aux commerçants et, de manière plus générale, aux échanges. Les *moussems* contiennent et dynamisent les *souks*. Même si ces derniers, à part entière, se tiennent hebdomadairement tandis que les *moussems* annuellement, les premiers portent l'ancrage des seconds. L'imprégnation du *moussem* permet aux acteurs de se situer dans l'espace-temps. Lors du *moussem*, c'est là que, au travers de la bénédiction des saints, l'imprégnation du site est à son paroxysme. Les marchandises en portent l'auréole. Elles s'en trouvent imprégnées de *baraka*. Les biens en question (des fruits secs le plus souvent et/ou des objets en métal, en argile ou en étoffe) ont le qualificatif de *barûk*. Ils matérialisent ainsi une visite pieuse *(zyâra)* d'où leur attrait. Morphologiquement, le marché d'un *moussem* ressemble à un *souk* quelconque mais, dans sa profondeur, il véhicule, derrière les offres et demandes, des mobiles relevant de la sphère de l'éthique des Saints. L'auteur note, à juste titre, : « *En général, les pèlerins achètent une grande quantité de barûk pour relativement beaucoup d'argent ... Les gens tiennent à porter sur eux des objets achetés pendant un moussem, car ils contiennent la baraka du saint* » (F. Reysoo, p. 127). Ils en redistribuent une grande partie aux proches. Cette économie du don est considérée comme un don de Dieu en direction des gens du lieu.

Dans ces univers : « *La valeur symbolique l'emporte sur la valeur d'usage, dans le sens où ces objets renforcent certaines relations sociales* » (F. Reysoo, p. 127). C'est ainsi que des biens économiques deviennent aussi des biens spirituels. C'est leur *usage situé* qui en détermine l'importance beaucoup plus que la valeur d'usage et *a fortiori* la valeur d'échange au sens économique.

En somme, le *barûk* rappelle, en permanence, le monde surnaturel et la constellation des saints. Ces forces divines veillent sur la communauté et renforcent sa cohésion à travers le circuit symbolique des *barûks* dont la destination est d'être des dons aux membres de la communauté. Ainsi, « ... *les moussems sont la célébration de la communauté. Elle célèbre ses liens avec le monde surnaturel et le renforcement de certaines relations sociales* » (F. Reysoo, pp. 185-186). Elle s'y célèbre elle-même.

Cette circulation d'argent et de biens, de par son impact symbolique, est au cœur du mécanisme de reproduction de l'organisation sociale du site. Ces dépenses ont un sens, celui d'une *rationalité située* qui reprend l'ensemble des dimensions de la société. Elles ne sont aucunement perçues comme des dépenses improductives ou du gaspillage. Les mobiles sont donc à rechercher au plus profond de la nature humaine de *l'homo situs local.* C'est donc des formes de circulation monétaire enchâssées dans le social spirituel du site[16]. A ce sujet, F. Reysoo note, à juste

[16] Seuls ceux qui savent écouter accèdent aux mots et aux choses du site, à sa culture et au sens qu'il donne à son monde. Dans l'ouvrage collectif de Mohammed Arkoun et Louis Gardet, Mohamed Arkoun (deuxième partie intitulée : La pensée. Comment parler de l'Islam aujourd'hui ?) écrit : « *La pratique scientifique occidentale a mis au point les recettes d'une "objectivité" qui a longtemps dissimulé sous les traits avantageux d'une connaissance "vraie" les généralisations de présupposés contestables* » (p. 120). Il est inévitable que chaque culture crée son monde. Le produit intérieur brut (PIB), catégorie fondamentale de l'économie entretient des relations violente avec la personnalité islamique de base (PIB). En fait, chaque site repose sur une personnalité de base qui transparaît dans les comportements des individus qu'il imprègne par sa vision du monde. Ainsi, si nous prenons l'aire culturelle du monde arabo-islamique, nous pourrions avancer, à la suite de M. Arkoun, qu'une personnalité islamique de base ayant des traits spécifiques existe. L'identification de ses caractères (religion, éthique, rites, cultes, tempéraments, normes de conduite, parcours historique, etc.) est un préalable à toute théorie du changement social. La mise en évidence du sens caché de la PIB permettra de mieux comprendre la nature des mécanismes de sa rébellion par rapport au modèle d'évolution du PIB des économistes projeté sur elle. Ainsi, c'est la PIB au sens d'Arkoun mais non le PIB de l'économiste qui est, préalablement, importante à étudier. En effet, « *Le travail du concept de PIB* (personnalité islamique de base) *devient particulièrement instructif quand se produit la confrontation avec la modernité. Plutôt que d'opposer, selon un procédé courant, un Islam idéal, invariant, monolithique à une modernité, à la fois honnie et désirée, on est amené à déterminer pour chaque composante, les niveaux de rupture ou les points de suture, les abandons et les annexions, les reniements et les métamorphoses, les altérations et les*

titre, que : « *Pendant chaque moussem, les activités qui relèvent de la sphère profane sont imbriquées dans les rituels dirigés vers le sacré* » (F. Reysoo, p. 133). En somme, « *Le moussem est un lieu - moment où les deux sphères (sacrée et profane) s'interpénètrent* » (F. Reysoo, p. 157). Ce qui induit des ambivalences.

Dans notre démarche, l'économie des *moussems* n'a été qu'un exemple parmi d'autres pour montrer toute l'importance du contexte dans lequel s'exercent des comportements et des échanges à caractère économique. Cette étude sur les *moussems* présente un grand avantage d'intelligibilité des pratiques locales. Elle permet de saisir les sites dans toutes leurs profondeurs locales lors de leur manifestation furtive. Dans la vie courante, ils continuent d'influencer les comportements individuels et collectifs avec une plus ou moins grande intensité. Cette approche du dedans dévoile que les sites enchâssent et signifient les comportements profanes[17]. Ni l'économie qui se veut pure ni même l'économie sociale ne pourront échapper à l'attraction des sites que les hommes façonnent à l'image qu'ils ont de leur monde. Ce constat renforce l'idée que l'approche économique dans son ensemble présuppose un relâchement total de ses hypothèses et postulats de base. Cette nécessité découle de l'observation des faits qui dévoile une grande diversité rebelle au réductionnisme classique[18]. Cette multiplicité

---

*substitutions…* » (p. 153). Faute d'une conception renouvelée dans les pays musulmans : « *L'Islam s'épuise à reproduire des fragments importés de scientificité* » (p. 242). A Louis Gardet de lui répondre en soulignant dans la conclusion de leur ouvrage collectif : « *les civilisations musulmanes, si elles savent rester fidèles au meilleur de leur inspiration, ont beaucoup à apporter à la culture universelle d'aujourd'hui* » (p. 255).

[17] Un site n'est pas un « *ribât*», un couvent fermé et fortifié. Il est ouvert aux vents des autres aires culturelles. Il faut donc distinguer, à partir de chaque site, les « *innovations concertées et blâmables*» de celles qui ne le sont pas. Pour l'observateur extérieur, un site est toujours une *terra incognita*.

[18] La remise en cause de l'économie standard passe par la réintroduction de la pluridisciplinarité. Michel Galloux, dans un texte intitulé *L'économie islamique ou le retour du normatif en économie*, montre que la remise en cause de la prétention qu'a l'économie politique d'être une science n'est pas le fait uniquement des penseurs musulmans. A cet effet, il souligne l'originalité de la pensée d'André Piettre qui, dès les années quarante, menait un programme de réflexion mettant en évidence la dégénérescence de la science en scientisme et de

conduit à l'implosion du paradigme économique en faveur d'une économie politique non violente vis-à-vis de l'Homme et de la Nature. Ainsi, l'économie sociale sera une économie morale de la diversité ou ne sera pas. C'est ce qui fera sa force vis-à-vis de l'économisme dont elle tente de corriger les errements.

# CONCLUSION

Ce long cheminement dans les expériences maghrébines permet de souligner que les lois économiques sont, en réalité, des lois morales au sens que, contrairement, à l'utilitarisme, elles n'acquièrent leur efficacité pratique qu'en étant encastrées dans l'éthique des acteurs. Cette nécessaire mise en relation n'est pas seulement d'ordre éthique mais elle est aussi technique.

En effet, l'expérience montre aujourd'hui, que la grande séparation entre l'économie et les valeurs des sociétés conduit directement à des impasses économiques, voire à des catastrophes multiples. Tout le projet scientifique de l'économiste consiste à supposer qu'il existerait une « *nature économique* » indépendamment des croyances, des cultures et des histoires de sociétés. Et, c'est la connaissance de cette « *nature* » qui permettrait de codifier des lois scientifiques à caractère universel. Cette « *nature* » est donc supposée observable, en toute neutralité et théorisable dans des modèles. Au delà des différences décelables ici et là, à la racine, la science économique repose sur ce principe.

En conséquence, elle interdit (ou censure) l'influence des facteurs ne relevant pas de son domaine classique. Le site intellectuel de l'économie politique est donc sélectif et relativement clos. Les procédures qui en découlent sont, en conséquence, appauvrissantes pour la connaissance des organismes sociaux et économiques. De fait, les comportements économiques ne sont pas, en réalité, des objets extérieurs à la perception de l'observateur et à l'influence des facteurs du milieu sur les comportements des individus et des organisations. Ce que nous

---

la liberté en libéralisme. Le positivisme a contribué à couper l'économie de la société et à écarter la relation jugements de valeurs/jugements de faits.

séparons dans l'abstrait par nos disciplines, les hommes du site ne le séparent pas. Là est la pertinence de l'*homo situs* par rapport à l'*homo œconomicus* (Zaoual, 1998 : « De l'homo œconomicus à l'homo situs »). L'un intègre l'homme, l'autre le désintègre. C'est pour cette raison que le site ne laisse pas faire totalement le capital. Les limites des modèles de développement économique montrent bien que les modèles réducteurs sont producteurs d'illusions scientifiques. D'ailleurs, la théorie économique contemporaine l'a bien compris et s'oriente de plus en plus vers des visions plus complexes de la vie économique intégrant à la fois des dimensions institutionnelles et mêmes culturelles.

En effet, les populations des sites-cibles exigent d'intégrer *leur sens* dans le changement, l'économiste leur offre au mieux des *causes mécaniques*.

Comme nous tentons de le montrer dans nos recherches, le site est une sorte de matrice mythique dont la fonction est de générer des récits, un sens et de la cohésion de groupe. C'est un *« univers de référence »* dans lequel les comportements économiques trouvent une stabilité contre l'incertitude inhérente à l'entropie des organismes sociaux. Contrairement au marché, le site est une force d'imbrication des phénomènes économiques (Zaoual, 2000 : « De la modernité parachutée à la modernité située »).

# Chapitre 2

## L'ECONOMIE DES PRATIQUES INFORMELLES AU MAGHREB

« *Le système n'existe que par l'acteur qui seul peut le porter et lui donner vie et qui seul peut le changer* »

**M. Crozier et E. Friedberg,** 1977, p. 11

## INTRODUCTION

Ce chapitre reprend deux articles parus au Canada et en Grande Bretagne ainsi qu'un article publié dans le *Reporter*, un journal marocain. L'article sur la *Hisba* et les réseaux néoconfrériques est une reprise d'un texte paru en anglais et en français dans une revue canadienne[1]. Il résulte d'une collaboration avec le laboratoire d'anthropologie juridique dirigé par Etienne Leroy. Il est le fruit du hasard à tout point de vue. C'est au moment où nous entamions les premières lectures des premiers textes de l'école française des conventions vers la fin des années 80 que cette opportunité s'est présentée à nous. Ce courant de pensée a été pour nous une transition paradigmatique dans la formulation de la théorie des sites. Nous la proposons ici sans grands changements des textes de départ aux lecteurs des pays francophones d'Europe, du Maghreb et d'Afrique subsaharienne. De même, le texte portant sur les entrepreneurs soussis, sur incitation de mes collègues et amis suisses, Gilbert Rist et Dominique Perrot, est ici une version en français d'un article publié dans une revue anglaise spécialisée

[1] Cf. « Endogenous Cultures and Modernity in Maghreb », *International Journal of Intercultural and Transdiciplinary Research*, vol. XXV, Issue 117, 1992, pp. 2-13. Version francophone : « Cultures endogènes et modernité au Maghreb », *Revue Internationale de Recherche interculturelle et Transdisciplinaire*, vol. XXV, n°4, automne 1992, Cahier 117, pp. 2-14. En collaboration avec le Laboratoire d'Anthropologie Juridique de l'Université de Paris 1, Montréal, Canada.

sur les questions relatives au développement[2]. Il s'agissait de démontrer le rôle important que joue la culture néotribale d'entreprise dans le dynamisme des entrepreneurs soussis. Comme indiqué, ce chapitre intégre aussi un article sur les entrepreneurs informels à l'assaut de la « nouvelle économie » paru dans le *Reporter*, journal marocain précité.

## 1. LA *HISBA* ET LA CRISE DE SON COMMON KNOWLEDGE

Ce commentaire sur la *Hisba*, une institution endogène à caractère « *économique* » propre à l'aire culturelle du monde arabo-musulman, nous a été inspirée par la lecture d'un manuscrit d'une thèse d'Etat en Droit (M. Belmahjoubi, 1989, *L'Institution de la Hisba*) et par nos lectures en matière d'économie des conventions. En étant ouverte sur les phénomènes institutionnels, l'économie des conventions est d'un grand intérêt pour une lecture « *scientifique* » des fonctions économiques d'une institution aussi traditionnelle que la *Hisba*. C'est ce rapprochement que nous allons tenter de faire.

La *Hisba*, aujourd'hui en déclin, est encore un exemple qui confirme les principes de base de notre recherche : les phénomènes économiques véhiculent le sens commun du milieu et en conséquence, nous ne pouvons pas les comprendre si nous faisons abstraction de ce qui les entoure. Faisons d'abord découvrir au lecteur les croyances sociales sur lesquelles reposent la *Hisba* ainsi que les mécanismes qu'elle met en œuvre. Ils présentent des « *ressemblances* » et des « *différences* » avec ceux de l'économie moderne.

La *Hisba* vient du verbe *Ihtissaba* qui veut dire : « *faire ses comptes avec soi-même et sa conscience* ». C'est aussi faire ses comptes le jour du jugement dernier avec Dieu tout-puissant. Tel

[2] Cf. « The Economic System of the Soussi », *The European Journal of Development Research*, Vol. 2, N° 1, June 1990, pp. 59-64, Social and Political Sciences Department, Free School Lane, Cambridge, England.

est le sens que donne le milieu local à *Ihtissaba* et à ce qui s'y rapporte. Nous voyons ici que le mot « *compter* » ne se réduit pas à une simple technique de calcul. Il est imprégné par les représentations morales et religieuses de l'univers local. Le compte est à ramener au conte, le récit du site ! La *Hisba* peut apparaître dans les faits comme une institution d'essence religieuse ayant des fonctions économiques et sociales imbriquées dans la spiritualité musulmane. Concrètement, la *Hisba* exerce un contrôle sur les manifestations publiques du culte islamique en appliquant des interdits ayant des effets « *économiques* » : interdiction du négoce lors des prières. Elle sanctionne aussi l'usure, phénomène important pour un économiste.

De manière quotidienne, la *Hisba* supervise le fonctionnement des marchés (Droit des transactions). Elle gère la voirie publique ainsi que la sécurité de la cité musulmane. *Hisba* et police (intervention et régulation) se confondent ainsi dans un même organisme. La philosophie et les règles de fonctionnement découlent de la *Charî'a*, le droit canonique musulman. Les personnes qui la mettent en oeuvre doivent être musulmanes, compétentes, expérimentées et choisies par la communauté en raison de leur moralité. Ce sont les *mohtassibs,* littéralement « *ceux qui tiennent des comptes* ».

Nous constatons encore ici que les fonctions techniques (contrôle du marché) sont muselées et définies par une conception religieuse. « *L'autonomie du fait économique* » a du mal à se dégager dans un tel « *modèle de grandeur* » comme dirait Laurent Thévenot (1989). Le problème posé par Karl Polanyi (1983) sur le caractère « *embedded* » des phénomènes économiques est une interrogation centrale sur le terrain que nous examinons ici. Mais pour le moment, continuons à découvrir ce qui nous intrigue.

Dans ses pratiques, la *Hisba* avait une double mission. Elle organisait, de manière combinée, la « *stratégie du marché* » et la « *stratégie du combat contre le mal* » selon les propres termes de M. Belmahjoubi. Si nous interprétons la mission du *mohtassib*, elle apparaît comme une procédure de contrôle éthique qui vise à ce que l'économique n'échappe pas au statut que lui confère l'imaginaire social en question. La *Hisba* restitue dans le concret les significations morales du milieu. Ainsi, les aspects économiques et sociaux apparents sont prédéterminés et construits par les croyances locales. Le *mohtassib* y figure comme un combattant du « *mal* ». Les « *maux* » résultent du contournement des interdits. Outre ceux que nous avons déjà évoqués, d'autres règles que le *mohtassib* a pour mission d'appliquer sont les suivantes : contrôle de l'exactitude des poids et des mesures, la qualité des produits et des services, le bon déroulement des transactions commerciales[3]. Sur ces aspects du problème, « *l'universalité* » est de mise. La *Hisba* apparaît ainsi comme une force publique qui contrôle et détruit les « *maux moraux* » que le « *marché spontané* » peut induire. De ce point de vue, le *mohtassibisme* peut se concevoir en tant que forme spécifique d'un « *interventionnisme public* » propre à une culture déterminée. Le schéma suivant résume le parcours de l'objet en question des croyances jusqu'au niveau institutionnel :

| | |
|---|---|
| Religion et croyances sociales | Conception morale transcendantale<br>Faire du bien et prohiber le mal |
| | Principe conjoncturel : celui du souk, du marché, en somme, la vie économique et sociale concrète. |
| Économie et Société | « La Hisba » : un organisme de régulation et de contrôle du mouvement des affaires dans les critères éthiques du « *site* ». |

Ce schéma illustre les interactions entre la conception que le milieu a de lui-même, du « *bien* » et du « *mal* », en somme, du monde et ses pratiques de marché. Leurs formes d'organisation sont imbriquées dans l'éthique du site. C'est cette relation qui justifie l'exercice du *mohtassib*. Il est rémunéré par le « *Baït El Mal* » (la Maison du Trésor) pour ses services en faveur d'une certaine « *éthique du marché* ». Il est, par là-même, une espèce de « *commissaire-priseur* » de l'équilibre du marché sans que ce

[3] En raison de ses multiples prérogatives, le *mohtassib* était surnommé par les Fassis, ethnie commerçante de la ville de Fès, *El Fdouli* qui veut dire *l'indiscret*. Le commerce a besoin de liberté et surtout de discrétion !

dernier soit uniquement une simple structure économique. La correction des anomalies du marché dans les critères locaux est au centre des préoccupations de la *Hisba*. Ce qui fait d'elle la gardienne du *Common Knowledge* au sens de J. P. Dupuy (1989). Ainsi, tout indique que le *Souk* est une construction sociale et anthropologique[4]. Les opérateurs du système social en question sont imprégnés par les règles implicites ou explicites (comme celles de la *Hisba*) dictées par la vision du monde ambiant. Derrière le bazar, il y a la mosquée ! Ainsi, la loi de l'offre et de la demande présente une insuffisance du point de vue des substances éthiques du milieu qu'elle ne restitue pas. Elle s'exerce dans l'univers du souk et, par certains aspects, de manière encore plus prononcée (cf. insuffisance ou absence des techniques de stockage et structure atomique du souk) sans pour autant avoir la signification qu'elle a dans une économie industrielle de marché.

Avec l'avènement du colonialisme, puis les effets du développement « *indépendant* », la *Hisba* est entrée en décrépitude. Les transformations historiques ont vidé progressivement les institutions locales de leurs prérogatives économiques. La *Hisba* et l'*Amine* (chef d'un corps de métiers, expert et arbitre) en sont des exemples. L'administration moderne va reléguer le *mohtassib* dans les oubliettes de l'histoire. Quand il est maintenu dans ses fonctions, elle en fait un simple figurant (M. Belmahjoubi, 1989, p. 9). Dans cette transition, il est arrivé que les Pachas ou les Caïds (représentants politiques mais non économiques du Sultan dans un lieu donné) se substituent au *mohtassib*. Ce qui est le signe d'un compromis momentané dans la progression de la modernisation des institutions locales. Cependant, en dernière instance, la « *police économique* » est entre les mains des acteurs de la modernité. Cette décomposition des formes endogènes d'organisation de la vie économique et sociale va induire une multiplication des fraudes en tout genre, une régression des corps de métiers, en somme, la disparition de tout un mode de production et d'échange. Tandis que les institutions

[4] Notre lecture de Geertz, arrivée plus tard, confirme ce point de vue. Voir Geertz C., 2003, *Le souk de Sefrou, Sur l'économie du bazar*, Ed. Bouchene.

modernes qui exercent des fonctions comparables ne semblent pas venir à bout, dans leurs propres critères, des anomalies du marché. Toutes les réformes introduites vont échouer au point que P. L. Rivière (1926), en pensant à la *Hisba*, notera : « *Il est à regretter qu'il (le protectorat au Maroc) n'ait point entrepris de faire revivre, parallèlement une institution qui avait fait ses preuves* ». J. Berque (1955, p. 449) ira plus loin quand il interprête la destruction des institutions locales comme une spoliation des intérêts indigènes. Il écrit, en substance, « *Le libéralisme ne s'exerce qu'à sens unique contre les véritables intérêts indigènes* ».

Face à la réforme, le corps social d'accueil réagit de telle manière qu'il s'y corrompe irrémédiablement. Les emprunts extérieurs semblent brutaux et irréfléchis. Le discernement entre l'état des lieux et une sélection « *judicieuse* » des emprunts institutionnels exogènes n'ont pas été faits ni par le colonialisme ni par le gouvernement qui s'ensuivit. L'accumulation de ces échecs a amené le gouvernement du Maroc à chercher à ressusciter la *Hisba* de ses décombres. Mais, la réinstitution de la *Hisba* dans les domaines de la protection du consommateur (fixation et contrôle des prix, surveillance de la qualité des marchandises, etc.), de la loyauté des transactions, du respect des conditions de salubrité et d'hygiène sur les marchés urbains et ruraux, de la réconciliation, etc, se heurte à de nombreux blocages.

Depuis 1982, date de la remise des *dahirs* de nomination (décrets royaux) des nouveaux *mohtassib*s du Royaume, la *Hisba* fait figure, en réalité, d'une « *institution fantôme* ». Elle a peu d'effets réels car les moteurs symboliques (croyances sociales) qui lui donnaient un sens ont été érodés par les transformations de la société. Par ailleurs, la *Hisba* se heurte aussi à la concurrence d'autres sujets institutionnels tels que les services du Ministère des finances. Ces antagonismes se déploient dans un univers complexe au sens de L. Thévenot[5] marqué par le népotisme, les abus en tout

---

[5] L'univers complexe au sens de cet auteur est celui qui intègre plusieurs mondes à la fois. Ainsi les règles et leurs aléas respectifs y sont de nature différente. L'imprévisible y est donc au bout du chemin. Les ambiguïtés d'un tel monde limitent terriblement toute appréhension rationnelle absolue.

genre, etc. La création d'un corps de *mohtassibines* ne suffit donc pas au redressement. Les insuffisances sont notoires en moyens, en hommes et surtout en convictions. Le processus de déliquescence des institutions endogènes est entamé depuis fort longtemps et leur maintien formel ne leur rend pas toute leur vitalité d'antan. Tout ceci montre qu'une société peut aussi pratiquer un mimétisme formel par rapport à son propre passé.

L'examen du cas de la *Hisba* montre que les institutions et les règles qui ont un caractère économique apparent présentent, en réalité, des ramifications profondes avec leur milieu. C'est la conception de ce dernier qui les construit. En conséquence, elles nous apparaissent non plus comme des objets autonomes mais comme les modèles d'action d'une conception particulière. La référence à l'éthique et à l'imaginaire du site permet ainsi de « *désautonomiser* » les énoncés de l'analyse économique ou de toute science sociale qui se veut uniforme. Nous avons bien constaté que la *Hisba* périclite avec la disparition de son « *Common Knowledge* » que la modernité a précipitée du dehors.

D'un autre côté, les modèles d'organisation et d'actions économiques de la modernité ne semblent pas transférables sans leur propre « *Common Knowledge* ». C'est ce que nous entendons par « *culture du développement* ». Ce qui rentre c'est le développement au sens d'un « *amas matériel* » et au sens d'institutions sans sens. La non-adoption de la culture du développement par le site-cible conduit à un non-développement et à l'inefficacité des institutions modernes et en fin de compte à la remise en cause des principes d'automaticité de la théorie du développement. La situation concrète est celle d'une réduction à néant des « *deux mondes* » (celui de la *Hisba* et celui de la modernité) au sens de L. Thévenot (1989, p. 176). Un rapport d'un monde à l'autre est un rapport critique d'inversion. L'un est réduit à néant dans l'autre. C'est un conflit de « *natures distinctes* » dont le rapport reste à élucider en profondeur. Comme dans les autres cas empiriques étudiés dans cette recherche (Économie des Soussis, l'économie des réseaux néoconfrériques,...), nous avons affaire à un « *univers complexe* » fait de fragments qui se recomposent de manière aléatoire, voire critique. Tous les accommodements, les compromis, les fraudes sont les signes d'une adaptation des objets en question à une pluralité d'*épreuves de réalité* d'origine diverse. Comme chaque monde a son propre mode d'appréciation ou de self-estime il n'est pas aisé au « *sujet composite* » que nous investissons par l'abstraction de satisfaire toute la plénitude de tous les regards que nous portons sur lui.

## 2. L'UNIVERS HYPERCOMPLEXE DE L'ECONOMIE NEOCONFRERIQUE EN ALGERIE

Dans le monde arabo-musulman, le « *Cheikh* » fait figure de personnage modèle. Le plus souvent, c'est un individu âgé supposé représenter la tradition. Il cumule ainsi le pouvoir et la sagesse des ancêtres. En conséquence, ce personnage est un acteur central dans les cultures encore marquées par cette tradition. Malgré les destructions culturelles opérées par un modèle aussi planifié que celui des industries industrialisantes, l'Algérie garde certains fragments de la pratique sociale ici décrite. C'est ainsi que A. Henni (1989) nous décrit les « *mélanges* » qui s'opèrent entre ce « *personnage* » et les pratiques économiques modernes. Il met en évidence la non-automaticité des lois de ces dernières dans un milieu autre que celui des pays développés. Comme dans toutes les autres sociétés du Tiers-Monde, la société réelle de l'Algérie fonctionne sur la base d'un ensemble de comportements irréductibles à un modèle uniforme. La modernité y est décodée par le milieu. C'est ainsi que dans l'Algérie d'aujourd'hui : « *Le patron doit être Cheikh avant d'être capitaliste* » (p. 5). L'Économie moderne n'est donc pas au centre des relations sociales locales. Au contraire, sa survie et son efficacité dépendent des conventions implicites des réseaux qui résultent d'une recomposition sociale. La société réagit aux chocs extérieurs (développement, modernisation...) en filtrant de ses propres traditions, les éléments symboliques et institutionnels lui permettant d'assujettir ce qui vient de l'extérieur. Le *Cheikh* est un exemple d'institution sociale qui permet au milieu de coordonner son autorégulation et de neutraliser les perturbations extérieures non porteuses du sens implicite des pratiques locales. C'est pour cette raison fondamentale que Henni, dont la démarche n'est pas profondément pluridisciplinaire est étonné de découvrir que la performance de la production au sens capitaliste du terme vient à la « *périphérie* » des préoccupations du milieu dans lequel il vit. Il prend ainsi conscience de l'incomplétude d'une théorie économique aussi rigoureuse que celle de l'investissement. Comme le suggère notre critique interculturelle des catégories économiques, la notion d'investissement n'a pas le même sens dans tous les espaces socioculturels. Pour qu'un investissement acquière une nature capitaliste, il présuppose des comportements sociaux appropriés. La culture du développement en montre les principales caractéristiques. En son absence, les pratiques « *économiques* » d'un milieu ne restituent pas le sens implicite des catégories du développement capitaliste.

Si nous reprenons le *modèle du Cheikh*, nous sommes bien obligés de considérer que la destruction de l'efficacité supposée du modèle des industries industrialisantes adopté par l'Algérie durant une longue période et l'émergence d'une économie informelle[6] sont le fait des capacités de résistance du terrain. Henni nous rend bien compte des résultats de ce télescopage à travers l'altération des catégories de l'accumulation auto-centrée. Les réseaux locaux dans lesquels se mélangent du clientélisme, de la proximité comme diraient les théoriciens des conventions, l'ethnicité, des relations de famille, etc., sont des forces sociales qui donnent une autre configuration aux phénomènes économiques. Le *Cheikh* y apparaît comme un chef de clan.

Dans la sphère formelle de la société (Administrations, entreprises publiques et privées) ainsi que dans la partie encore invisible du pays (micro-entreprises...), la richesse et la puissance de ce personnage sont intimement liées à celle du réseau auquel il appartient. Pour se maintenir en tant que telle, l'adoption du code

[6] Dans cette dernière, la petite production marchande non capitaliste joue le rôle de centre de gravité. Voir les passages concernant le caractère hybride des dynamiques « *informelles* » dans notre ouvrage, paru plus tard, *Du rôle des croyances dans le développement économique*, Collection Economie plurielle, L'Harmattan, 2002.

de conduite du milieu est une nécessité. Si ce *Cheikh* est un « *entrepreneur* », il ne peut pas « *accumuler sans donner* ». Son réseau peut comprendre ses employés, le plus souvent originaire de la même tribu ou région, sa famille la plus proche et d'autres individus liés au réseau par toutes sortes d'affinités. A l'extérieur comme à l'intérieur, tout le monde peut « *travailler* », à un moment donné ou un autre, pour les « *affaires* » du réseau. Les individus ayant des fonctions administratives dans la bureaucratie peuvent être cités en exemple. Leur mission dans le réseau est de dénouer les blocages légaux ou illégaux (autorisation et investissement, possibilité d'importer des machines ou des matières premières, etc.) susceptibles de peser sur les activités des membres du réseau. Les apports des membres du réseau ne se limitent pas à une simple fluidité économique des affaires mais aussi à toutes sortes de problèmes personnels ou collectifs (santé, école, emplois pour les chômeurs du réseau, besoins administratifs divers...). Tout le monde s'occupe de tout le monde. Celui qui est le plus efficace dans ce système de combinaisons tend à devenir un « *Cheikh respecté* ».

Derrière toutes ces « *magouilles* » au sens d'un regard extérieur se dessine une sorte d'éthique de groupe. C'est ce qui amène, d'ailleurs, Henni à introduire une notion à forte connotation morale : « *le mode confrérique* »[7]. Tous les membres du réseau sont des « *frères* » car ils sont supposés adhérer à une morale implicite faite de fragments des cultures locales, (tribales et religieuses).

Cette morale est un système de conventions sociales qui dirige l'univers économique dans lequel sont impliqués les membres du réseau. L'entraide et la solidarité y font figure de valeurs centrales. Ces références éthiques, que construit le groupe

---

[7] L'auteur ne précise pas que dans le monde arabo-musulman une confrérie est synonyme d'une sorte de communauté religieuse, voire, dans certains cas, de « secte religieuse ». Il n'est pas étonnant que l'on redécouvre ce phénomène dans un contexte nouveau. On parlera ainsi de *néoconfrérie*. Dans son histoire, contrairement au Moyen-Orient, le Maghreb a connu de multiples « *hérésies* » religieuses sous forme de maraboutisme (culte des Saints) et de *zaouias* (confréries). L'Islam s'était mélangé avec des croyances locales propres aux Berbères.

sur la base de son histoire et du contexte dans lequel il est, ne se confondent pas avec celles de l'intérêt public au sens de l'État-nation et de façon liée avec celles d'un développement capitaliste authentique (tel qu'il est perçu par la théorie). Au contraire, les fonctions publiques sont recyclées au profit des réseaux et la machine étatique s'en trouve grippée[8].

L'ensemble des relations entre les membres des réseaux néoconfrériques en Algérie confirme la place importante de ce que l'économie des conventions appelle les formes de coordination. L'échange marchand n'est qu'une liaison interindividuelle particulière. Dans le cas algérien, ici examiné, nous constatons que l'échange marchand capitaliste est muselé par des formes de coordination endogène conformes au modèle néoconfrérique.

Ce sont elles qui déterminent, en dernière instance, les configurations de la réalité économique locale. L'engagement, la confiance, la loyauté, la solidarité qui sont au coeur du réseau néoclassique constituent des effets d'organisation au sens de la théorie des conventions. Comme le constate l'auteur du « *Cheikh et du Patron* », leur prise en compte nous éloigne de l'univers auquel nous a habitué la théorie économique conventionnelle ou marxiste[9]. A titre d'exemple la relation de travail décrite par Henni présente peu de ressemblance avec le salariat ordinaire. En se mélangeant à la culture du réseau, elle a une autre teneur : un rapport personnel, familial ou quasi familial. L'ouvrier n'est pas un salarié, il est membre d'un réseau. Tout individu sans appui confrérique n'est rien. Pauvre est celui qui est seul. En conséquence, la relation de travail, avant d'être une convention de productivité et un salaire en retour, est une fidélité au *Cheikh-Entrepreneur* et de manière plus large, à l'ensemble du réseau

---

[8] Voir les contributions dans lesquelles nous examinons les assauts de la société informelle dont sont victimes les structures étatiques dans les pays du tiers-monde.

[9] Pour montrer l'altération que subissent les catégories du capitalisme en Algérie, A. Henni utilise l'outillage de la théorie marxiste de l'accumulation du capital sans nous mettre en garde contre sa non-pertinence dans ce contexte. C'est un paradoxe dans la démarche de l'auteur qui, pourtant, s'attelle à montrer que la société algérienne fonctionne sur d'autres modes que ceux du capitalisme.

d'appartenance. « *Le rapport confrérique*, écrit A. Henni, *est un rapport de confiance* ». Le recrutement ne se ferait pas uniquement sur la base d'une efficacité capitaliste estimée. Les critères y sont multiples. Le « *Cheikh* » recrute pour produire mais aussi et surtout pour accroître son capital symbolique auprès du réseau. Comme dirait L. Thévenot, chaque monde a son « *épreuve de réalité* ». Autrement dit, toute action prend appui sur son monde. L'univers néoconfrérique peut être considéré comme un monde en soi. Ces procédures traduisent un enchâssement de l'économique dans les valeurs néoconfrériques. C'est l'existence de cette pluralité des mondes qui déroute A. Henni. Il fait des constats intéressants mais, il ne pousse pas l'abstraction au point de dépasser l'unique monde des catégories marxiennes. Pourtant, la pluralité des réalités « *observables* » exige une pluralité des théories. Ces dernières ne peuvent pas être indépendantes du sens commun propre aux contextes qu'elles voudraient élever au stade du concept (procédure de restitution du réel). Pour réaliser cette exigence, nous pourrions concevoir les comportements néoconfrériques comme des formes d'émergence d'un « *site* »[10]. Ce lieu historique est porteur d'un sens implicite, celui que dévoilerait une écoute du principe civique[11] des pratiques économiques néoconfrériques. Cette méthodologie du lieu dévoile la formation d'une identité locale. Elle émerge de la zone cataclysmique entre la modernité qui arrive du dehors et les traditions locales. Les cohérences des deux

[10] Pour désigner des systèmes sociaux L. Boltanski et L. Thévenot utilisent la notion de *cité*. Par ailleurs, L. Thévenot utilise aussi la notion de « *modèle d'ordre de grandeur* ». Il nous semble que la notion de *site* est plus suggestive surtout quand on réfléchit sur les problèmes que pose le *sens commun* d'un lieu aux catégories de l'analyse économique qui se veulent uniformes et universelles. Par la suite, la notion de *site* a fait l'objet d'un développement théorique beaucoup plus dense et rigoureux. A ce sujet se reporter à nos plus récentes contributions.

[11] Les motifs que dévoile la sociologie des organisations humaines peuvent être condensés par ce que L. Thévenot appelle le *principe civique*. Du point de vue de la théorie des organisations, nous pouvons considérer que les institutions sociales ont des fonctions économiques (spécifiques et informelles) inavouées. Ces apports sont de nature non marchande. Ils prennent naissance à partir de multiples valeurs telles que l'adhésion, la loyauté la solidarité, la proximité... en somme des aspects qui caractérisent directement une économie domestique. Ivan Illich appellera tout cela du *travail fantôme*.

univers se fragmentent sous le choc et se recomposent dans des modes particuliers jusqu'alors inconnus. Par interaction avec ce qui vient de l'extérieur, les particularités du terrain local feront du système économique néoconfrérique un site unique en son genre. Il restitue des spécificités locales décodées sous la contrainte d'un contexte nouveau dans lequel la « *modernité uniforme* », celle des abstractions généralisantes abusives, n'échappe pas, à son tour, à une destruction partielle. Ainsi, l'organisation néoconfrérique apparaît comme un mode de régulation dans un univers complexe. C'est une situation dite critique dans la mesure où elle émerge d'une confrontation de deux mondes. C'est un univers « *composite* » animé par des êtres relevant de plusieurs « *natures* » L.Thévenot, 1989, p. 177). Le choc entre deux « mondes », deux « *natures* » donc entre plusieurs formes de coordination crée les conditions d'un « *opportunisme* » (capacité d'adaptation et de capture des opportunités) dans lequel les accommodements et les arrangements sont multiples et incertains.

Tout ceci nous aide à comprendre les raisons qui font que les pratiques néoconfrériques « utilisent » le marché et les rouages de l'État sans développer le capitalisme qu'attend la théorie ordinaire. A l'autre bout de la chaîne, pour ne pas dire la déchirure, le site restitue et impose les spécificités du terrain. De par les significations culturelles qu'elle sous-tend et des formes de coordination spécifiques qu'elle présuppose, cette « *self-estime* » du terrain contrarie le plein développement des catégories de l'économie d'accumulation capitaliste. Les épreuves des deux « *réalités* » sont permanentes sans être totales dans un sens ou dans l'autre. Ainsi, les modes de fonctionnement concret des réseaux néoconfrériques procèdent par équilibrations successives composites. Ce n'est pas un équilibre d'un monde mais entre deux mondes. L'hésitation permanente explique ainsi la forte teneur de type « *mélange* » dont la « *nature* » de synthèse n'est pas encore tout à fait claire. Dans un tel univers l'accommodement et la souplesse sont le signe d'une « *solution raisonnable* ». Les contingences imposent donc la prudence. « *La rencontre de plusieurs mondes*, écrit L. Thévenot (1989, p. 177), *porte donc en elle la possibilité d'une crise, puisque la forme même du probable y est douteuse et que plusieurs épreuves de réalité de natures différentes peuvent être engagées. Pour autant cette crise n'éclate pas toujours. On peut chercher à l'écarter par une opération de compromis. C'est une tentative pour éviter une telle crise et dépasser la tension critique entre deux mondes, en visant un bien commun qui ne relèverait ni de l'un ni de l'autre, mais qui les comprendrait tous deux* ».

La grille de lecture de la théorie des organisations permet ainsi de s'approcher de la réalité mouvementée du site néo-confrérique. Le profil économique qui s'en dégage est de nature composite, donc irréductible au modèle uniforme que nous connaissons. La diversité des formes de coordination accroît la stabilité d'un tel système soumis à des tensions d'origines diverses. En ce sens les constats relevés par A. Henni sont significatifs d'une diversité stabilisante. Ainsi, le capital est décodé par la stratégie du milieu comme un capital-réseau, un stock de relations. Le rendement de ce qui serait une entité économique déconnectée au sens de la théorie ordinaire (activités productives, investissements en machine...) présuppose un investissement massif en relations et en adhésion. Le circuit que parcoure une valeur économique en toute autonomie dans un univers capitaliste est envahi par les contingences locales. La matière baigne ainsi dans la manière qu'a le site d'opérer ses équilibrations dans un univers complexe.

La conclusion qui se dégage de cette analyse de la hisba et des réseaux néoconfrériques est essentielle pour la poursuite de l'élucidation des énigmes économiques. En effet les théoriciens des conventions, sans une grande distance pluridisciplinaire, montrent, à partir du territoire de l'analyse économique, l'incomplétude des paradigmes qui se sont construits sur le postulat de l'autonomie sociale des processus économiques. La théorie néoclassique du marché est un modèle de cette limite, celle de tout raisonnement qui se ferme sur lui-même. Selon, ces économistes des conventions, les procédures de marché n'épuisent pas la réalité économique. Le marché lui-même apparaît comme une construction sociale qui émane des interactions des acteurs (individus, organisations). Ce qui laisse apparaître que son univers n'est pas un point de départ mais le point d'arrivée d'un processus qu'animent des forces sociales (conventions, organisations, individu socialisé...). Cette restitution des facteurs institutionnels dévoile une conception sociale de la régulation des processus économiques. Autrement dit, le marché néoclassique ne se suffit pas pour de nombreuses raisons. C'est un modèle qui a une validité restreinte à la fois du point de son champ d'éclairage (marchés des actifs financiers) et du point de vue de ses capacités procédurales (une seule et unique procédure). Dans l'hypothèse d'une défection généralisée, la validité néoclassique des marchés financiers devient elle-même fragile. La polarisation mimétique travaille pour son érosion et déstabilise ainsi le seul mécanisme, celui des marchés financiers, qui accorde une vérité partielle à ce modèle. Dans un tel contexte, les « *bulles* » se jouent de la réalité « *objective* ». La reconnexion passe par l'appel à des conventions du genre self-contrôle pour ne pas multiplier le désordre que produit une uniformisation mimétique.

Si dans ce cas particulier, la théorie néoclassique est déjà malmenée par son propre objet (le marché), ailleurs son pouvoir d'interprétation décline au fur et à mesure que la critique des économistes des conventions se renforce. Pour se limiter à la question des formes de coordination, la force des théoriciens des conventions par rapport à l'attitude défensive des théoriciens du marché réside dans leur choix en faveur de la « *diversité procédurale* ». Dans la réalité, contrairement à l'utopie libérale, les systèmes économiques tirent la stabilité de leur dynamisme de la diversité des formes de coordination[12]. Ici, encore, l'uniforme serait déstabilisant. C'est pour cette raison que la montée de l'économie des conventions représente, pour nous, la victoire du multiple sur l'uniforme. Ceci contribue à réduire les incertitudes naturelles (propres à un seul monde) et critiques (coexistence de plusieurs mondes). Ainsi, la théorie économique s'ouvre à un « *soft-réalisme* ». Dans chaque situation (cf. l'économie néo-confrérique...), le principe de la diversité donne lieu à des recompositions de type *mosaïque*. Il combat ainsi l'entropie à laquelle conduirait un système uniforme. Les univers complexes prolifèrent. Leur verrouillage dans un modèle unique nous conduirait à une ignorance et à une situation explosive. On ne peut

[12] Procédure de marché, dispositifs d'organisation « *bureaucratiques* », formes de coordination domestique et néodomestique...

les accompagner que par une démarche ouverte sur le caractère multiple de leurs capacités d'adaptation. Une telle ouverture ne peut se faire au plan de la pensée qu'avec une coopération interdisciplinaire renouvelée. C'est une des conditions du passage à un autre ordre, celui de la prudence et de la distance, c'est-à-dire aussi celui de l'univers complexe. La nature humaine des phénomènes économiques font d'eux un mélange où la rationalité se mélange avec les impulsions irrationnelles [13].

En somme, la diversité des formes de coordination questionne le paradigme du marché. La découverte de l'utilité économique des tissus sociaux par les théories des organisations porte atteinte à la cohérence analytique du modèle de marché. Ce dernier ne reconnaît que les formes d'échange marchand. C'est face à cette uniformité que les économistes des conventions tentent d'élaborer une théorie générale capable d'intégrer de manière cohérente une pluralité de modes de coordination y compris celui du marché. « *L'économie de l'incertain,* écrit Favereau (1989, p. 321), *est nécessairement une économie de la complexité, où les schémas de coordination sont multiples, parce que chacun d'eux est insuffisant* ».

# 3. LES ENTREPRENEURS SOUSSIS

## 3.1. Géographie et traditions migratoires

Les Soussis[14] sont originaires des ethnies berbères du Sud marocain. La région qu'on appelle le Souss entoure la ville d'Agadir, s'étend jusqu'aux pieds de l'Anti-Atlas à l'Est et s'ouvre vers le Sahara au Sud. La région est, d'ailleurs, soumise à un climat présaharien. Les effets de ce dernier sur l'écologie et l'économie

---

[13] Sur ces « *mélanges* » dans les comportements qui se veulent les plus neutres, c'est-à-dire ceux de la science, voir Abraham A. Moles, *Les sciences de l'imprécis*, Seuil 1990, pp. 22 et suivantes.

[14] Dans le dialecte berbère, l'usage du mot « *Swasa* » est plus correct pour designer ces tribus du Sud marocain. Mais, dans la pratique, en raison sans doute d'une commodité dans la prononciation en arabe et même en français, le terme « Soussi » tend à prédominer.

locales sont décisives. Les plantes et les arbres qui s'y sont développés à l'origine sont économes en eau (amandiers, oliviers, palmiers, arganiers, orge, maïs). De même l'élevage est marqué par ces conditions climatiques à pluviométrie faible à travers la préférence qui est donnée à celui des chèvres. Une telle situation est à l'opposé des riches plaines du Nord-Ouest du Maroc où un climat tempéré par l'Océan Atlantique domine.[15]

Depuis fort longtemps, un tel climat associé à une permanence des modes traditionnels d'exploitation de la terre, incapables de faire face aux besoins de la croissance démographique de ces tribus, a engendré des mouvements migratoires. La pénétration européenne et les tendances à la désertification (baisse des nappes phréatiques, déforestation, invasions cycliques des sauterelles...) ont accéléré et forgé une tradition migratoire. Celle-ci va conduire les *Chleuhs* comme on les appelle là-bas à conquérir le commerce de toutes les villes du Maroc, du Nord au Sud et de l'Ouest à l'Est et parfois jusqu'en Algérie. Dès les années vingt, Robert Montagne (1989, p. 20) notait déjà que : « *Dans un pays aussi difficile, le problème de la subsistance matérielle domine tous les autres. Il absorbe toutes les forces et, comme les ressources locales demeurent insuffisantes, l'émigration temporaire devient une impérieuse nécessité. L'énergie des hommes en arrive à s'user, au cours de cette lutte constante : l'activité se détourne plus aisément de la vie politique et c'est plutôt par leur habileté commerciale que les Chleuhs de l'Anti-Atlas central se sont acquis, depuis de longs siècles, dans tout le Maroc, leur meilleure réputation* ».

Ce phénomène migratoire des Soussis va même déborder les frontières nationales. Les industries de l'automobile française (Simca, Renault) ainsi que les mines de charbon de l'ancien colonisateur vont puiser dans ce réservoir de main-d'oeuvre jusqu'à ces dernières années. Les recruteurs français qui connaissent le

[15] Pour une description géographique et humaine précise de la région du Souss, je renvoie le lecteur à l'un des ouvrages les plus intéressants sur l'histoire du Maroc, *Les Berbères et le Makhzen dans le Sud du Maroc,* Robert Montagne, pp. 19-39. Éditions Afrique-Orient, 1989, Casablanca. C'est une étude extrêmement fouillée, faite au début du protectorat français au Maroc, qui, au-delà des biais de l'ethnologie coloniale, garde une portée incontournable.

pays et ses diversités savent comment identifier les tribus du Maroc qui présentent le plus d'avantages comparatifs en termes de productivité et de soumission au travail. En puisant dans les populations du Sud du Royaume, ils n'ont fait que suivre cette remarque d'Abou Obeid El Bekri (1913, p. 308) qui, au XIème siècle, écrivait déjà « *les habitants du Souss et d'Aghmat sont les plus industrieux des hommes et les plus ardents dans la poursuite des richesses* ».

C'est avec cette mentalité que les Soussis se sont constitués une solide tradition dans les affaires économiques marocaines, changeant, ainsi, progressivement la vision méprisante qu'affichaient les citadins envers eux. L'origine de leur ascension sociale est la distribution alimentaire. La quasi-totalité des épiciers du Maroc est d'origine soussie. Progressivement, leur infiltration des tissus urbains s'est diversifiée à toutes les activités de distribution y compris celle des produits de la confection jadis contrôlée par les Fassis (habitants de Fès, descendants des arabo-musulmans refoulés au XVème siècle vers le Maroc par la Reconquista en Espagne). Les marchands soussis sont réputés pour leur esprit économe et leurs motivations pour le travail et l'accumulation dans la sphère de circulation. Ce dynamisme s'effectue à l'intérieur de l'entité marocaine à l'aide d'un réseau purement tribal. Leur avancée vers les grandes villes du royaume s'est faite par vagues successives sans que l'attachement aux tribus d'origine soit rompu.

C'est une économie qui fonctionne avec des racines et c'est là où résident les moteurs symboliques de leur maîtrise des affaires. Par une gestion qui leur est spécifique non apprise dans les grandes écoles de commerce, chaque épicerie, par un jeu d'accumulation et de solidarité clanique, engendre une multitude de fonds de commerce et ainsi de suite. Le plus souvent, les femmes et les enfants restent au *bled*. Les femmes, surveillées par les plus vieux, s'occupent des activités domestiques ainsi que du travail des champs. De manière rotative, les adultes mâles se partagent le travail, Certains demeurent momentanément au sein des tribus et veillent sur elles et sur les terres encore exploitées de manière traditionnelle. Tandis que les autres s'aventurent dans les tissus urbains du Nord pour y créer des « *poches de fixation* » et de prospérité sous forme d'antennes commerciales.

Les épiceries ont servi de tremplin à une conquête de toutes les branches du commerce moderne. Cette progression s'est faite vers les restaurants, les boulangeries, les pâtisseries, les hôtels, les magasins de chaussures et de vêtements. Récemment, le commerce des pièces détachées est aussi tombé entre les mains des trusts soussis. Leur présence dans les banques et dans l'industrie du textile est encore timide pour des raisons historiques. L'ethnie fassie, de par son rôle politique dans la société et sa capacité en matière d'encadrement, exerce encore un quasi-monopole sur les branches d'activités qui présupposent à la fois des appuis gouvernementaux et un verni de culture occidentale. La concurrence entre ces deux ethnies a toujours été rude. Westermarck écrit, à juste titre : « *Les Fassis et les Soussis cherchent sans cesse à gagner de l'argent, ils n'en dorment pas* » (cité par John Watterburry, 1975, p. 151). Historiquement, c'est à Fès que les premières tentatives d'implantation des Soussis avaient échoué en raison des résistances de l'empire commercial des Fassis qui a derrière lui une histoire de longue durée.

Ceci dit, le « *Soussi moyen* »[16] répugne à faire de la politique, son principal souci est « *l'accumulation des sous* ». Il ne voit pas toujours le lien entre la politique et l'argent. C'est en partie, ce qui explique sa sous-représentativité dans les instances dirigeantes du pays. Ce sont d'autres ethnies berbères, celles des Zemmours (Moyen-Atlas) et dans une moindre mesure celles du Rif (Nord du Maroc) qui remplissent cette fonction sans aucune coordination à la fois dans le parti du mouvement populaire (berbériste) et dans l'armée. Tout se passe comme si ce manque de facilités des Soussis dans les rouages de l'État produisait un effet contraire, c'est-à-dire un dynamisme économique continu. L'absence de rente et un surcroît de contraintes produit ainsi de

---

[16] Dans les quartiers populaires, le Soussi, méfiant par nature, refuse d'accepter les journaux de « l'opposition légale », même cédés gratuitement, pour enrouler les marchandises qu'il vend au détail. Il a une peur bleue d'être soupçonné de faire de l'opposition à l'ordre établi.

l'effort. « *Les Soussis*, écrit J. Waterburry (1975, p. 156), *ne rentrent pas dans la catégorie des privilégiés... Et pourtant, la cohésion de leur groupe et leur système de défense économique leur ont permis de prendre pied dans la classe dirigeante économique et par conséquent dans l'élite politique. Casablanca est le centre principal de leur activité commerciale* ». De par leur dynamisme économique, les Soussis ont acquis progressivement une capacité politique potentielle qu'ils n'exploitent pas de façon permanente. Cependant, dans certaines situations, la force de cohésion de ce groupe ethnique s'est exercée sur le plan politique. La conquête tumultueuse de la Chambre de Commerce et de l'Industrie (C.C.I.) de Casablanca en est un exemple (J. Waterburry, 1975, pp. 159-161).

### 3.2. Le modèle de l'épicerie : une culture néotribale d'entreprise

Pour revenir à la « *culture néotribale d'entreprise* » des Soussis, il est possible de dessiner ses contours à partir du *modèle de l'Épicerie* bien qu'à l'heure actuelle cette ethnie a déjà entamé aussi la conquête des transports et des travaux publics. Le plus souvent, le lieu d'activité est aussi le lieu de résidence. L'arrière-boutique sert à faire des économies de logement même quand l'espace y est exigu. De même, la consommation des biens ordinaires (aliments et vêtements) est comprimée au maximum dans la stratégie de l'enrichissement du Soussi. Il dort au beau milieu des biens de consommation qu'il fait circuler sans céder à la tentation. Par certains aspects, c'est un véritable ascète, ce qui le rapproche du puritanisme protestant et de l'activisme au travail du Japonais. Son enrichissement en milieu hostile (la ville) se fait grâce à une résistance culturelle par rapport aux besoins citadins qu'il estime décadents. Mais, même son islam rigoureux et sa culture ethnique ne l'empêchent pas de vendre du vin considéré comme l'apogée de la décadence. Le Berbère en question reste donc accroché à ses traditions tout en étant ouvert au monde des marchandises. Toute son énergie est canalisée vers le travail et l'attraction d'une clientèle. Il peut vous faire des prêts mensuels sur vos courses comme il peut les ramener jusqu'à votre demeure sans aucune majoration ! Le plus important pour lui c'est la confiance et la régularité du rapport. Il n'a qu'une seule parole.

D'ailleurs les citadins arabophones savent bien qu'il fonctionne sur le principe « *Agharas-Agharas* » qui veut dire en berbère le *droit chemin*. Le temps de travail ne se compte pas. Les magasins fonctionnent de manière continue de 6 heures du matin jusqu'à la fermeture tard dans la nuit. La disponibilité en faveur de la clientèle est donc quasi permanente. Dans ces microstructures économiques, il n'y a pas le moindre conflit de classes. Le salariat capitaliste n'y a pas sa place. C'est toujours une fraction de la tribu qui gère et travaille dans ces réseaux commerciaux. Les plus vieux initient, à tour de rôle, les plus jeunes qui arrivent de *Tamazighte* qui veut dire en berbère le *bled*, le *village. Amazir* ou *Imazighen* veut dire aussi l'*homme libre et indépendant.* Cette psychologie explique aussi le fait qu'au cours de l'histoire du Maroc, les régions du Sud ont toujours fait partie du *bled siba* (zones insoumises) par opposition à celles du *Makhzen* directement contrôlées par le pouvoir central.

Les jeunes restent au village jusqu'à la puberté qui est le signe de la possibilité du départ, donc de l'émancipation et de l'enrichissement sur le modèle des aînés. Après avoir baigné dans les traditions du village et fréquenté l'école coranique, ils sont amenés à la ville pour être initiés *au sens* du commerce. Au départ, les aînés leur affectent une fonction de commis qui leur permet de connaître les lieux, d'observer les comportements de la population citadine, d'apprendre l'arabe... Du point de vue de la gestion directe de l'unité, le Soussi ne s'embarrasse pas avec l'aspect bureaucratique de la comptabilité. Les principes y sont simples, il faut que les « gamins » sachent remplir les carnets de crédit des clients avoisinants de confiance et compter. Tout est superflu sauf les additions et les soustractions. La règle est élémentaire, il faut maximiser les rentrées du numéraire et minimiser ses sorties.

La formation des cadets est indispensable au mécanisme rotatif qui permet aux aînés des retours fréquents au village d'origine. C'est une manière de se ressourcer et de participer aussi aux activités agricoles comme les labours ou les récoltes. « *Le pays c'est comme un "bain maure"* dit un mineur berbère du Nord-Pas-de-Calais, *il ne faut pas tarder à y aller mais il ne faut pas s'y attarder* ». Les Soussis ont une forte propension à émigrer, ce qui les a même amenés jusqu'en Amérique du Nord et en Alaska, mais malgré ceci, ils restent attachés à leur terroir. Le besoin de retourner au village est cyclique. D'un autre côté, la maîtrise des affaires par les cadets permet une extension de la base économique du réseau tribal. En effet, à chaque fois que les jeunes arrivent à maturité, les plus vieux quittent l'unité commerciale pour aller conquérir d'autres fonds de commerce et ainsi de suite. Ce cycle est à la base de la reproduction élargie de leur commerce.

Les besoins en capitaux dans les acquisitions successives sont satisfaits par un autofinancement à l'échelle de tout le groupe. Dans ce mécanisme, l'esprit de clan fonctionne comme un moteur économique. L'ethnicité y est recyclée dans le sens d'un renforcement de la solidarité face à un milieu jugé étranger ou même hostile. C'est ce qui explique que l'endettement marchand est pratiquement nul. L'effet en est une énorme réduction des frais financiers qui, à son tour, stimule l'expansion du groupe. D'ailleurs, les acquisitions nouvelles en tout genre sont plus synonymes dans la culture de ces acteurs d'une propriété tribale, donc collective, que d'une propriété privée individuelle. Le sentiment qui prévaut est celui d'une propriété privée collective ! C'est un peu l'unité des contraires dans les critères occidentaux. Pour résumer, le don et le contre-don à l'intérieur du groupe est la règle de base de cette solidarité ethno-économique. C'est ce système de valeurs qui permet aux immigrés d'origine soussie licenciés à la suite de la restructuration de l'industrie de l'automobile dans la région parisienne de se recycler dans le petit commerce de la distribution et de la restauration.

De par nos origines, nous avons observé comment certaines affaires se sont montées à Paris dans les légumes, l'alimentation en général, la restauration. C'est exactement le mécanisme que nous avons décrit qui se reproduit de manière spontanée à l'intérieur même d'une société occidentale. Les locaux qui sont recherchés à Paris par les Berbères sont ceux qui présentent la possibilité d'un logement intégré afin que la disponibilité et que les économies d'échelle puissent jouer en plus de l'ardeur au travail. On les met au chômage et ils deviennent capitalistes d'un genre nouveau ! Face à ces formes de cohésion humaine animée par des cultures venues d'ailleurs, le chômeur fordiste occidental atomisé par une société individualiste est bien pauvre. Son seul contact avec le monde extérieur, c'est la télévision et l'agence nationale pour l'emploi, ce qui ne stimule guère quand il n'angoisse pas !

Ceci dit, l'expansionnisme marchand des Soussis articulé sur des rapports d'ethnicité se fait au Maroc en dehors de toutes les institutions du développement. D'ailleurs, les banques, contrôlées par l'ethnie fassie, s'en plaignent car la solidarité de ces réseaux claniques a aussi une fonction bancaire informelle et gratuite comme en Afrique subsaharienne (Constantin Napoléon, 1989, pp. 114-133). Ce qui est un manque à gagner pour ceux qui tirent des rentes des organismes comme les banques formelles qui ne sont pas toujours déterminants dans les dynamismes économiques constatés sur le terrain. Telle une dynamo, la culture néotribale d'entreprise des Soussis, contourne ainsi toutes les contraintes formelles du développement et produit sa propre énergie.

A travers cette expérience du commerce des Soussis, nous avons essayé de montrer le rôle économique que peuvent remplir des cultures endogènes. Elles ne constituent pas en soi des freins dans l'émancipation d'un groupe humain. Ces identités peuvent être des sources de prospérité ou de décadence. Tout dépend des rapports que noue une entité sociale en transition avec son passé et les apports extérieurs qui viennent la bousculer. C'est dans sa réaction à ces défis que s'établira la trajectoire qu'elle suivra. En restant fidèle à certains de ses principes qu'elle sélectionne positivement et conformément aux exigences de l'histoire, une culture peut amplifier les apports qu'elle reçoit au point de surprendre celles qui les ont émis. Pour cela, les coupures entre économies et cultures implicites à tous les raisonnements qui sont menés sur le changement social sont des pièges à éviter. On oublie le plus souvent que les symboles et les valeurs d'une société sont des réserves inestimables de productivité et de créativité. D'ailleurs, quand une économie ne repose pas sur l'idée d'un sens, catalyseur d'énergie humaine, elle se corrompt et tourne à vide malgré les aides.

# 4. LES ENTREPRENEURS INFORMELS A L'ASSAUT DE LA NOUVELLE ECONOMIE [17]

## 4.1. Le mimétisme destructeur

La recherche économique ne se réduit pas à des théories et à des modèles que l'on importe clefs en têtes qui donnent lieu à des projets clefs en mains, conçus en dehors des contextes concernés. La pratique du parachutage, malgré la faillite du développement, reste encore présente dans la conception des pouvoirs publics et des décideurs économiques privés. Le mirage du rattrapage dans le contexte de la mondialisation peut même accélérer ce mimétisme économique destructeur pour les pays n'ayant pas conçu un modèle approprié à leur potentiel de créativité et capitalisant les erreurs des pays développés dans divers domaines aussi différents que l'agriculture, l'industrie, l'environnement, l'urbanisation, l'éducation, etc. En effet, la théorie des sites symboliques d'appartenance, nous enseigne, maintenant, la prudence en la matière. La redécouverte de l'importance de la diversité derrière une mondialisation imposante et déboussolante incite à la prise en compte de la *capabilité* des gens au sens d'Amartya Sen, Prix Nobel d'Economie. Pour cet auteur, il faut être vigilant vis-à-vis des « *erreurs d'espace* ».

La *capabilité* dont il s'agit ne peut être discernée et

---

[17] Comme indiqué, ce paragraphe a fait l'objet d'un article de journal au Maroc. Il s'inscrit parfaitement dans la philosophie de la pensée vigile de la rubrique « Encre volée » animée par Nabil Ghazouane. L'auteur tient à remercier Madame Catherine Ghazouane pour l'avoir incité à donner un point de vue sur les phénomènes économiques rebelles aux belles théories encore enseignées dans les universités du Nord et du Sud. Cf. journal hebdomadaire: *Le REPORTER*, n° 161, p. 34, du 2 au 8 août 2001, Rabat, Maroc. Commentaire de la rédaction du journal Le *REPORTER* : « *Quant on est Marocain et qu'on vit en dehors de nos frontières, on a un double avantage : celui de ne pas se laisser berner par un discours préfabriqué à destination des "touristes", et celui d'accéder à des outils d'analyse qui échappent à l'inertie culturelle locale. Quand, de plus, le Marocain en question est un universitaire de renommée internationale, l'occasion de l'entendre réagir à notre réalité quotidienne ne se rate pas ! Avec Hassan Zaoual nous nous baladons au cœur de la zoutia r'bati (la médina de Rabat )* ».

repérée, que par l'observation des faits et par l'attention que l'on peut accorder à des phénomènes qui semblent marginaux aux experts de l'économie officielle. Si celle-ci fonctionne sur la base d'un mode rentier et générateur d'endettement, l'économie dite « informelle » fait preuve d'un dynamisme proliférant. Dans tous les pays notamment au Sud de la planète, elle engendre des emplois, des revenus et crée même les conditions nécessaires à des processus d'apprentissage qui touchent, non seulement, les microactivités traditionnelles (microcommerce, artisanat et néo-artisanat, construction, menuiserie, mécanique, électroménager, tôlerie, électricité, etc.) mais aussi les secteurs identifiés par la pensée économique dominante comme moteurs de l'évolution de l'économie contemporaine. Celui des Nouvelles Technologies d'Information et de Communication, *NTIC*, en est un parfait exemple.

En effet, on associe généralement la « *Nouvelle Economie* » aux grandes entreprises qui investissent dans les N.T.I.C., dans l'innovation et de façon générale dans le savoir. De par le monde, chaque région cherche à avoir sa propre technopole sur le modèle de *Silicon Valley.* Dans ce domaine, que de projets ont échoué ou restent très hésitants dans leur développement. Ici encore, cibler et parachuter peut conduire à de grandes erreurs stratégiques si l'on ne prend pas en compte les principes du paradigme des sites qui incite à l'intégration des acteurs locaux dans le changement. En réalité, toute économie est aussi une prophétie autoréalisante. En l'absence de croyances partagées, donc de motivations, c'est la destruction qui l'emporte sur la création des richesses.

A l'image des « *carrosseries sans moteurs du développement* » des années 60/70, la gestion précipitée des mutations économiques en cours peut aussi déboucher sur des gaspillages, des détournements en tout genre d'autant plus que les grandes entreprises publiques, semi-publiques, voire privées, sont phagocytées par une bureaucratie stérile. Celle-ci, malgré les progrès de la démocratisation dans certains pays comme le Maroc, reste omniprésente dans la gestion des affaires économiques. Elle change sans changer en gardant toujours le même principe : prendre au lieu d'entreprendre dans les critères-mêmes du capitalisme. Cette prédation sans limite nuit à la circulation des élites en fonction de l'éthique de l'effort et de la compétence. Dans ce pays saigné à blanc par la corruption et l'incompétence, tant que les crimes « économiques » n'ont pas fait l'objet de sanctions exemplaires, aucune réforme économique et politique ne donnera les effets escomptés. Ainsi, la culture du moindre effort se maintiendra et se diffusera dans le corps social. Ce qui amplifiera le vide éthique et technique au sein de la société. Dans ces conditions, la consommation prend toujours le dessus sur la production et la création.

Cependant, toute société a horreur du vide, c'est ce qui explique non seulement la montée en puissance des courants qui manipulent des paramètres tels que la religion, l'ethnie, la diversité culturelle des nations mais aussi la vitalité des microdynamismes de l'économie informelle. Le cours des événements au Maroc vérifie amplement ces constats. Au plan économique, l'informel vient corriger les dysfonctionnements du formel. L'anti-modèle semble être le véritable modèle.

## 4.2. 50 Dh la carte piratée : avec 5 euros l'informel rend heureux !

Aujourd'hui, l'observation des faits dénote la grande capacité de l'économie clandestine à s'infiltrer dans le monde des N.T.I.C. L'observateur extérieur est frappé par la prolifération des produits et des techniques issus de la révolution numérique. Les acteurs de l'économie informelle, étant exclus du festin du « développement gratuit », financé par la rente, sont en passe de devenir des as dans la maîtrise des domaines les plus avancés en matière de technologie. Après avoir maîtrisé la réparation des produits tels que la télévision, les magnétoscopes, les *petits entrepreneurs informels* se sont adaptés aux besoins de la nouvelle économie. Si les officiels ont beaucoup de difficultés à créer des *technopoles*, des *parcs technologiques* et à mettre en synergie les universités et les entreprises qui tentent d'épouser les nouvelles configurations de la mondialisation économique, les entrepreneurs informels, sans aide et financement de l'Etat ou des institutions internationales créent de véritables *microterritoires économiques intelligents*. De nombreux microparcs technologiques informels ont vu le jour dans les entrailles des médinas et des quartiers populaires. On y décode les portables les plus impénétrables. L'installation et la réparation des systèmes paraboliques n'ont plus de secret pour les acteurs de ces microentreprises informelles. Aujourd'hui, encore, le saut est fait en direction des systèmes numériques TPS. L'expansion du nouveau marché des portables, celui des TV numériques, etc., tout ce que nous voyons là, autour de nous, par terre et dans nos petites boutiques, toutes ces micro-activités non déclarées expriment la grande vitalité de ces réseaux de microentreprises et de leurs créateurs.

## 4.3. Des « bouquets » pour tous !

Sans formation formelle, les « *gens d'en bas* » font donc preuve d'un rapide apprentissage informel des Nouvelles Technologies. Ils en maîtrisent l'usage et un décodage évolutif. Ces organisations économiques plus ou moins clandestines présentent une grande flexibilité que n'ont pas les entreprises formelles privées et *a fortiori* semi-publiques et publiques. Outre l'usage de ces produits et techniques, ces derniers se voient, parfois modifiés, améliorés et adaptés aux besoins des consommateurs locaux. Les réponses sont immédiates aux problèmes techniques qui se posent. Ce savoir-faire est tel aujourd'hui que même les réseaux de chaînes payantes en Europe sont accessibles grâce à un piratage des codes et logiciels nécessaires. A des coûts fortement réduits par rapport aux prix pratiqués en Europe, l'économie informelle ramène ainsi le monde à nos portes. De cette façon, elle démocratise, dirait un sociologue de la consommation, les nouveaux produits. Elle déglobalise et pluralise à grande échelle l'information. Selon les systèmes, plus de 600 chaînes peuvent être captées. Cette ouverture va du Monde arabe à l'Amérique du Nord en passant par l'Europe. Face à cette capacité d'adaptation et d'évolution des organisations informelles, comparable à celle du toyotisme des entreprises japonaises (zéro délai, zéro papier, zéro défaut, etc.), les meilleures entreprises formelles notamment celles qui s'engagent dans la gestion des chaînes payantes et dans la réparation de leurs supports techniques font faillite sur-le-champ. D'ailleurs, l'entreprise Canal

Plus sur le terrain marocain a sombré totalement dans le Moins !

La morale de l'histoire c'est que tout se passe comme si les informels indiquaient aux officiels la voie à suivre en matière de management de l'économie du savoir et des Nouvelles Technologies. Le Maroc a eu la chance d'échapper partiellement à une industrialisation de grande échelle à coup de grands projets dévastateurs de l'environnement, des cultures locales et du patrimoine en général. Au croisement des chemins de l'évolution économique, il peut encore associer ses traditions, son écologie et les avantages que procure la société de l'information et du savoir. Cette économie immatérielle repose avant tout sur les capacités morales et politiques à croire dans l'ingéniosité des hommes. La confiance en soi est le premier des lubrifiants du dynamisme économique. Rien ne sert de croire en des lois économiques générales si elles ne trouvent pas un ancrage local. Et, c'est le site symbolique des acteurs qui le procure à la condition qu'ils sachent se coordonner autour d'un sens commun et de règles communes qu'ils s'inventent à partir de leur passé revisité et d'un avenir projeté. Le dynamisme de l'économie informelle trouve en effet son moteur dans un magma de relations interindividuelles marquées par les cultures locales. Ici les sites agissent comme des experts collectifs cognitifs en direction d'un plus grand dynamisme. Par contre, dans l'univers abstrait et désincarné de l'économie officielle, les sites sont autobloquants et dévorent, par clientélisme et toute sorte de détournements interposés, les capacités économiques de la nation.

En somme, l'économie des sites ne considère pas les gens d'en bas comme des populations-cibles. Elle est beaucoup plus relationnelle que rationnelle. Elle privilégie l'écoute et l'accompagnement des acteurs, en ce sens elle est humaine.

## 5. DECHIFFRAGE DES DYNAMIQUES INFORMELLES

De manière générale, les échecs fréquents du

développement dans les pays du tiers monde durant ces quatre dernières décennies dévoilent les limites d'une science économique qui s'est fermée sur elle-même. Ses obstacles épistémologiques et théoriques ne résultent pas toujours de la cohérence formelle des modèles de développement qu'elle propose mais surtout de l'absence d'un effort d'adaptation des théorèmes économiques de base aux milieux d'accueil. Cet effort aurait supposé une écoute des cultures et des histoires des microsociétés du tiers monde afin de rectifier en profondeur les théories économiques qui inspirent le changement économique et social dans ces contrées.

Mais, la pensée officielle continue de résister à cet impératif au nom d'un universalisme discutable. Le sacro-saint postulat de l'autonomie de l'économique est à la racine de ce blocage de la théorie du développement en général. La subdivision de l'homme reste un dogme hérité de la culture du XVIIIème siècle. C'est ainsi que même les origines culturelles et historiques du capitalisme occidental et du développement en général continuent d'être censurées au nom d'un *savoir éclaté* qui se veut efficace. Cette culture de la coupure a contribué fortement à transposer dans les pays du tiers monde des modèles économiques totalement fermés à leurs réalités profondes. En niant l'importance des croyances sociales locales, ce scientisme, sans introduire la « *culture du développement* » (Zaoual, 1989), a échoué à faire changer d'avis les peuples concernés par les projets de développement. Ces derniers sont le plus souvent neutralisés de l'intérieur par les réactions du milieu. Le développement prédit par la théorie est précipité, décodé et en fin de compte « dévoré » pour ne pas dire consommé. L'endettement en est une traduction empirique, un signe extérieur. Et c'est l'inertie qui prédomine dans les économies et les sociétés officielles du tiers monde jusqu'au moment où la démographie se chargera de faire basculer le despotisme qui y règne en maître.

Il nous semble que le principe d'inertie condense un bon nombre de faits économiques et sociaux rebelles à la théorie du développement. Ce théorème peut s'énoncer de la manière suivante : partout où le développement s'introduit, il disloque les anciennes formes de production et de vie tout en les transformant en de simples débouchés au profit du renouvellement de la culture de maîtrise du Nord. Même si ce phénomène s'exprime de manière différenciée étant donné la diversité du tiers monde, son fonctionnement est toujours similaire. C'est cette « *spécificité stricte* » (expression empruntée à Louis Gallien, 1969) qu'il faudra élucider avant d'avancer quoi que ce soit sur les autres aspects éclatés du développement (la dette du tiers monde, la stérilité du développement, le secteur informel, les rôles des cultures locales, etc.).

Les *paquets du développement* sont, en réalité, une forme inanimée que l'Occident vend au tiers monde. Ce dernier ne reçoit que le « *cadavre* » du capitalisme. Tout se passe comme si le réductionnisme prenait toutes les précautions nécessaires pour effacer les traces de la culture du développement qui en est la source symbolique. Ce stratagème laisse donc dans l'ombre les racines culturelles et historiques du dynamisme capitaliste. Un tel comportement induit un *extensionnalisme* meurtrier sur les sociétés des pays du Sud.

En effet, dès qu'elles s'engagent dans le développement saisi comme simple entité matérielle, leur dépouillement commence. Du fait des inadéquations culturelles entre les modèles économiques et leurs identités enfouies, les sociétés du tiers monde pratiquent, à leur tour, un sabotage systématique du développement. Tout le monde s'engage ainsi dans la résistance, la pensée orthodoxe comme celui à qui on refuse le statut de sujet. Ce qui résulte de cette guerre clandestine des perceptions, c'est la destruction et l'inertie. Par certains aspects, une telle situation fait le jeu de ceux qui sont habitués à un commerce avec les plus faibles et des élites locales atteintes « *d'occidentalite* », un genre de « *maladie* » qui consiste à contourner toutes les contraintes capitalistes ou non. A ce niveau, tout le monde participe au chaos de tout le monde. La règle en est l'intérêt immédiat. Mais, ce qui en résulte contrarie fortement et les prédictions de la théorie du développement et la dignité des peuples du Sud.

Cette situation où les sociétés officielles du Sud sont suspendues dans le vide marqué par une stérilité de la modernité comme de la tradition n'a pas été analysée par les nouvelles recherches qui voient dans l'expansion de l'informel un dynamisme recyclable du point de vue du développement. Le fait que le secteur formel a essentiellement une fonction d'absorption qui explique, en partie, les phénomènes d'endettement n'a pas été mis en évidence. Ces approches travaillent sur le secteur informel comme si le secteur formel était déjà à la fois de nature capitaliste et autodynamique. Or tout indique que c'est purement et simplement un « capitalisme virtuel » qui fonctionne sur le principe de la forme inanimée qui, pour se maintenir, a besoin d'injections externes, permanentes.

Dans son noyau dur, le secteur dit structuré n'est qu'un ensemble de rapports capitalistes formels et improductifs. En conséquence, si les experts pouvaient dynamiser le secteur dit structuré c'est déjà ça ! En partant des formes phénoménales du capitalisme, ils tentent d'intégrer, à leur tour, sous prétexte de les dynamiser, les formes de vie spontanées de l'informel dans le circuit de la mort, c'est-à-dire celui de l'inertie. Pourtant, tout indique que dans les « *régions* » de l'informel, les cultures locales recyclent positivement les « *débris* » de la modernité clef en main que reçoit et défait le secteur formel. Ce dernier a simplement une fonction de digestion et c'est ce qui explique sa non-rentabilité. Les « microdynamismes de l'économie informelle » sont en réalité, dus à une exclusion des facilités qui accompagnent le développement du secteur structuré. La marginalité y devient une contre-culture productive et innovatrice car elle se développe à l'intérieur des véritables contraintes du terrain. De ce chaos naissent des tentatives de mise en ordre et des formes d'adaptation au changement des conditions dans lesquelles les défaillances du développement sont parties prenantes. De ce point de vue, les comportements qui caractérisent les dynamiques informelles semblent obéir à un mécanisme endogène d'ajustement dans lequel se mélangent les fragments des cultures locales, les contraintes de la vie et les apports extérieurs. Ce qui provoque des fluctuations permanentes synonymes de la richesse des terrains historiques et culturels mais rebelles à toute codification surtout celles qui émanent des théories du capitalisme. La « *chose* » est complètement aléatoire et semble se déployer sur le modèle de l'économie mosaïque. C'est ce qui explique le caractère diffus et pénétrant des sociétés clandestines. Les dynamiques informelles sont partout y compris dans le formel.

Du point de vue de leurs formes économiques, les dynamiques informelles suivent la règle de la dispersion. L'informel prolifère sans se concentrer sur les modèles des lois du capitalisme. Il semble rebelle au concept d'accumulation capitaliste. Sans changer de mentalités conceptuelles, les recherches actuelles mettent en place des projets d'appui au secteur non structuré. Cette manière d'agir contient encore les erreurs du développement transposé. Sans écoute interculturelle, ces stratégies risquent de casser les ressorts de ces systèmes endogènes de synthèse culturelle et technologique. Il vaut mieux une maîtrise endogène que l'on accompagne de l'intérieur en faisant évoluer les mentalités locales que de plaquer, encore une fois, des schémas qui stimulent la clef en main et une productivité économique purement virtuelle. Les économistes du développement sont toujours empêtrés dans un finalisme difficile à détrôner dans la mesure où il conditionne la majeure partie de leur matériel conceptuel. L'alternative à ces erreurs ne peut venir que d'une prise en compte des perceptions et des conceptions des acteurs locaux.

Dans le passage accordé à l'étude des ethnies soussies, nous avons d'ailleurs essayé de montrer le rôle « économique » que peuvent remplir les cultures endogènes des sociétés. Les cultures ne sont pas des systèmes inertes, elles réagissent dans un sens ou dans un autre vis-à-vis des changements qui surgissent. Cet aspect des choses a été fortement négligé par les théories classiques du développement mais, malheureusement, les recherches actuelles sur le secteur informel, continuent de reproduire les mêmes erreurs. L'économisme se dissimule, encore une fois derrière des études qui affichent, en apparence, une ouverture sur les spécificités concrètes. Pourtant, l'exemple du commerce des Soussis au Maroc montre que c'est avec leurs systèmes symboliques qu'ils affrontent l'irruption de la modernité urbaine. Ce qui structure leurs comportements en apparence économique découle d'une mobilisation de leur patrimoine. La notion de réseau tribal synonyme de solidarité, d'entraide, remplit de manière spécifique, des fonctions économiques. Cette « culture tribale d'entreprise » fonctionne ainsi comme une dynamo qui produit sa propre énergie. C'est autour d'un certain *sens* que la stratégie de l'enrichissement des Soussis s'opère. Leur imaginaire (la croyance dans la force du clan, l'éthique du droit chemin, l'émigration vécue comme émancipation et enrichissement, la morale du modèle de l'aîné et de l'indépendance...) produit ainsi des moteurs symboliques qui actionnent les effets de surface que sont leurs pratiques économiques. Ces dernières ne peuvent aucunement être comprises et isolées du reste. Les racines sont là pour neutraliser toute application mécanique des catégories marchandes telles que le salariat, la comptabilité du temps et de l'argent, etc. Tout se passe comme si le phénomène soussi obéissait à une théologie de l'émancipation en milieu hostile. La faillite commerciale est vécue par le Soussi comme un déshonneur total. Elle est synonyme de non-appartenance au groupe. C'est sans doute cette perception culturelle du risque qui éloigne, par l'effort, l'avènement d'une faillite. Le code de l'honneur est moteur. C'est ainsi que le processus de la conquête des circuits de distribution du Maroc s'auto-entretient de lui-même. Ce trésor d'Ali Baba ne peut ni être isolé ni même acheté car c'est le produit d'une imprégnation ethnoculturelle spécifique. Ce constat montre que la prospérité d'un groupe humain prend sa source dans son système symbolique. C'est l'accès à ce dernier qui permet la remontée vers la spécificité de son économie et par là même de comprendre les forces qui la font émerger. Les mentalités ne sont pas uniquement mentales, elles sont aussi des matérialités dans lesquelles des sens symboliques s'expriment même si leurs aspects autonomes et fonctionnels nous illusionnent. Ce qui nous laisse, déjà, entrevoir la pertinence de la méthode des sites symboliques dont l'ambition est de faire fusionner les systèmes culturels et les comportements économiques.

# Chapitre 3

# LA GOUVERNANCE SITUEE AU MAROC : UN ESSAI D'APPLICATION

## INTRODUCTION

Ce texte se fixe comme objectif de concrétiser le plus possible le concept de *gouvernance située* dans le contexte de la décentralisation au Maroc[1]. Il s'attelle ainsi à illustrer la nécessité qu'a ce pays de repenser ses pratiques en la matière. L'ultime recommandation est de s'appuyer sur une approche transversale de ses réalités locales. De cette façon, la complexité des pratiques locales est réhabilitée face au réductionnisme ordinaire. Dans celui-ci, l'économisme uniformisant reste dominant malgré les échecs répétés des pratiques du développement et de la globalisation. *A contrario*, les dynamiques dites informelles au plan économique et institutionnel nous fournissent un bon laboratoire dans la manière d'aborder les territoires, les processus de décentralisation et de gouvernance.

Ce retour en force aux localités donne lieu à des débats dans lesquels le retour du *même regard*, celui qui est à la racine des échecs, est omniprésent. Face à ce risque, il est urgent de souligner de ne pas reproduire tels quels les concepts et les institutions du

---

[1] Ce chapitre intitulé « La gouvernance située au Maroc : un essai d'application » reprend les annexes empiriques d'un document de nature théorique intitulé : « Croyances et gouvernance. Vers une théorie de la gouvernance située » (17 p.). Annexes empiriques (10 p.). Communications au colloque international, *Gouvernance et gestion des zones arides* organisé par la Faculté de Droit/Sala El Jadida, le Laboratoire des Etudes Européennes, la *REMALD*, en collaboration avec la Fondation Hanns-Seidel à Marrakech, 09-11 janv. 2004. L'ensemble de ces textes sont publiés sous les mêmes titres : « La gouvernance située au Maroc : un essai d'application » (pp. 15-27) et « Croyances et gouvernance. Vers une théorie de la gouvernance située » (pp. 29-43), in *Gouvernance locale au Maghreb, Revue Marocaine d'Administration Locale et de Développement REMALD*, n°46, 2004.

paradigme économique parcellaire du changement. Les situations internationales, nationales et locales demandent une autre manière de voir. A ce niveau, il s'agit d'une révolution scientifique capitalisant les limites des pays du Nord comme du Sud en direction d'un débat de civilisations. Celui-ci devrait mettre en évidence la crise du progrès pour aborder les situations locales avec l'idée qu'un « bonheur » auto-construit localement, privilégiant la diversité et les singularités locales, est possible. Pour donner une image à cette utopie, cette démarche privilégie *l'acteur par rapport au tracteur*, synonyme d'un développement technocratique niant l'homme.

Dans une première étape, ce texte explore le contexte de l'échec de l'économisme des modèles de développement dans la sous-région du Maghreb. Ce qui permet aussi de mettre en relief la diversité des trajectoires économiques de deux grands pays de cet ensemble géographique, à savoir le Maroc et l'Algérie. La seconde étape de ce mode d'exposition est plus centrée sur les leçons de l'échec à travers la mise en évidence de l'approche locale des modes de gouvernance susceptibles d'être appliqués aux régions du Sud marocain.

## 1. LE CONTEXTE NATIONAL ET REGIONAL D'UNE IMPASSE

Le Maroc, au même titre que les autres pays du Sud et du Nord est confronté à la nécessité d'un changement en connaissance de cause des limites du développement et de la globalisation. Sa particularité réside dans le fait que sa modernisation ne s'est pas faite à un rythme accéléré notamment dans les décennies 60/70. Le modèle poursuivi, associant à la fois à l'agriculture et l'import-substitution, a été une modalité qui lui a donné un certain répit dans les échecs cumulatifs des modèles de développement. Une comparaison avec l'Algérie est assez suggestive à ce sujet.

En ayant opté pour un modèle d'industrialisation massive, l'Algérie a, en effet, vite épuisé les illusions d'un développement transposé. Alimentées par une importante rente pétrolière, les pratiques massives des usines clefs en main ont démontré en grandeur nature qu'un changement n'associant pas les populations dans leurs traditions, leurs cultures et leur créativité débouchait sur un déracinement collectif sans développement. Lorsque la démographie urbaine et la baisse relative du prix du pétrole s'en mêlent, c'est le chaos culturel et économique qui surgit. Et, c'est ce qui est arrivé.

*A contrario,* le Maroc, en optant pour un rythme moins accentué et en combinant des choix sectoriels plus variés (mines, agriculture, artisanat, tourisme, textile et autres industries légères, etc.) a donné lieu, sans une théorie au préalable[2], à une économie, certes dépendante, mais beaucoup plus variée et moins centralisée. Ce moindre volontarisme bureaucratique a aussi permis une plus grande survivance de formes de vie économique variées allant d'une économie de marché à une économie planifiée en passant par une économie informelle urbaine et une économie de subsistance rurale. Cet état de fait des décennies 60/70 a contribué à créer de multiples soupapes à l'ensemble de la société marocaine. A cette diversité, il faut aussi associer le rôle régulateur de l'émigration en raison du fort attachement de la communauté marocaine à l'étranger au pays natal, du moins la première génération des émigrants marocains. Tout ceci explique, entre autres, le décalage dans le temps de l'onde de choc de l'échec du développement entre le Maroc et l'Algérie (Zaoual, 1999). La seconde est un laboratoire vivant pour le premier : savoir ce qu'il ne faut pas faire !

Dans le contexte marocain, les processus d'équilibre ici décrits vont commencer à se détruire dans les années 80 en raison d'une accélération de l'urbanisation et d'une démographie de plus en plus jeune et scolarisée. La pression des programmes d'ajustement sur les budgets de l'Etat associée à une mauvaise gouvernance des affaires publiques va libérer une série de tensions

---

[2] Avant l'*altermondialisme*, la *classe compradore* au sens du *tiers-mondisme* militant, consommait au lieu d'investir au sens de l'économie dite moderne. Ce qui a eu comme conséquence inattendue dans le contexte du Maroc de moins ébranler, pour un temps, les fondements anthropologiques et économiques du Maroc traditionnel. Ce fait est tout à fait à l'opposé de la politique du modèle des industries dites industrialisantes de l'Algérie des années 60/70. Comme quoi, parfois, les parasites ou classes stériles sont utiles !

qui ira en s'accentuant. L'ouverture économique à la globalisation que la consommation et l'inégalité croissante accompagnent induit des frustrations et une marginalisation de pans entiers de la population. Le Marocain change radicalement au cours des années 80/90. Le Marocain ne se reconnaît plus. *Les Marocains n'aiment pas les Marocains !*, titre d'un article des média nationaux. Aigri et frustré, le Marocain moyen urbain devient la proie de l'*anomie*, celle de la maladie algérienne. Le trait de caractère porté sur le compromis, l'accommodement tend ainsi à disparaître. Ce qui se traduit par une dégradation dans les relations sociales et par une plus grande insécurité pour les riches comme pour les pauvres. Pourtant, il est de l'intérêt, à long terme, que les premiers respectent et prennent soin des seconds. Avec la parabolisation, ces derniers cherchent par tous les moyens à quitter le pays. Au-delà des Pyrénées, c'est le *Loft* et *Star Academy!* L'Europe s'est, ainsi, instituée comme un Eldorado dans l'imaginaire des sociétés maghrébines dans leur ensemble. Le « sauve-qui-peut » s'est emparé de leurs âmes (Zaoual, 2003 : « Le Maghreb, carrefour… »). Sans connaissance des réalités d'Occident, en raison aussi de son arrogance (bonne image de lui), les candidats au départ prolifèrent y compris dans les couches aisées en prise avec un malaise socioculturel profond. Pourtant, les Lumières occidentales se sont éteintes depuis longtemps. La crise y est aussi totale. Les gouvernements occidentaux n'ont aucune alternative à proposer à leurs propres populations si ce n'est une économie de marché déroutante, incertaine et porteuse de contradictions insurmontables au plan social et écologique (Zaoual 2003, Panhuys 2004, *La fin de l'occidentalisation …*).

C'est dans ce contexte tendu que débute la démocratisation du Maroc. Cependant, celle-ci n'est pas relayée par un réel dynamisme économique escompté par les thérapies prodiguées par les institutions internationales à l'économie marocaine. Celle-ci reste fortement dépendante de la pluviométrie au moment où sa démographie change rapidement dans son ampleur et ses structures. Le taux de croissance de l'économie marocaine peut changer du tout au tout. D'une année à l'autre, elle peut afficher des taux de niveau asiatique de l'ordre de 6 à 8% et dégringoler à des taux nuls ou négatifs. Ces aléas économiques restent fortement corrélés aux aléas climatiques dans un monde qui se réchauffe de plus en plus en raison des pollutions globales de la globalisation économique de la planète. Ces oscillations sont révélatrices de l'absence d'un esprit d'innovation. L'économie formelle du pays reste aussi prisonnière d'une économie de rente monopolisée par les vieilles élites oligarchiques. Les scandales à répétition des entreprises publiques et semi-publiques sont à ce sujet déplorables, surtout que les sanctions ne sont pas toujours à la hauteur des crimes économiques commis. Ce qui contribue à un laisser-faire lourd de conséquences sur l'ensemble du pays. Les détournements sont une perte considérable pour le budget de l'Etat qui se voit obligé de continuer à maintenir des entreprises de la nation déficitaires en raison des agissements de certains. Ce manque à gagner se traduit par moins d'écoles, moins d'hôpitaux et d'infrastructures et de logements pour les plus pauvres. Les racines de la violence urbaine sont aussi à chercher dans les comportements de l'élite stérile. Les peuples ont tendance à imiter leurs élites !

Malgré les directives du pouvoir royal quant à la nécessité d'une plus grande transparence et d'une moralisation de la vie publique et politique, les résistances au changement restent vivaces dans les échelons supérieurs et intermédiaires de la société marocaine. Le seul progrès notable est une plus grande liberté dans le domaine de la presse. Les lois relatives à la décentralisation restent, la plupart du temps, des coquilles vides en raison de la faiblesse de l'implication de la société civile et de celle du capital humain exigé par une « *bonne gouvernance* ». Les collectivités locales demeurent dominées par un esprit administratif inefficient et non entrepreneurial. Les emplois qui y sont créés sont des emplois improductifs et sources de corruption supplémentaires. Leurs budgets de fonctionnement sont des charges supplémentaires pour la société sans contrepartie au moins au plan de la gestion administrative. Ainsi, elles deviennent, elles-mêmes, des obstacles à une véritable décentralisation allant dans le sens du « *développement local* » des régions. Faute de recherche endogène, les modèles institutionnels appliqués sont importés et plaqués sans la moindre prise en compte de la grande diversité des pratiques locales. Or, l'expérience de quatre décennies de développement au

Maroc, comme ailleurs, démontre amplement que les institutions formelles du développement, en étant parachutées du haut vers le bas, se métamorphosent en une force de destruction des capacités d'innovation et d'évolution des sites d'accueil. Au total, le développement transposé produit de la dette et de la pauvreté pour le plus grand nombre. Dans ces conditions le retour au local devient indispensable dans le traitement des problèmes d'économie et de société. Ainsi, la « bonne gouvernance » des provinces du Sud présuppose tout court une meilleure gouvernance de l'ensemble des institutions marocaines.

# 2. LA GOUVERNANCE DANS LES PROVINCES MAROCAINES DU SUD

## 2.1. De la gouvernance située

Le Maroc est l'exemple même du pays carrefour. Son Etre est pluriel. Il est berbère, arabe, musulman, africain, hispanique, francophone et, pour finir, occidental. Toutes ses influences se sont accumulées au cours de sa longue histoire impériale et nationale. C'est ce qui fait de lui un creuset de multiculturalité qui s'exprime dans sa politique intérieure et extérieure. C'est cet atout qui est soumis actuellement à l'érosion des erreurs faites en matière de développement. Cette rente de diversité se consommera rapidement en l'absence d'un discernement.

Toutes les catégories et les institutions transposées, qu'elles relèvent de l'économie, de la démocratie ou même de la décentralisation, sont marquées par la culture d'origine. Le fait d'opérer des séparations entre ces entités et d'en adopter mécaniquement la partie visible de l'iceberg occidental induit des carambolages dans la pratique. A ce titre, l'organisation des collectivités locales (régions, villes, etc.) doit absolument tenir compte des singularités locales. Et, c'est ça la formidable diversité des sites marocains. Ces derniers sont faits d'histoires locales particulières, d'appartenance à des groupes imbriqués les uns aux autres et, à chaque fois singuliers. Ce sont tous ces fils invisibles qu'il faudrait renouer pour mieux gérer la diversité culturelle, sociale, écologique et politique du Royaume.

Les dimensions tribales et confrériques sont incontournables notamment dans les provinces du Sud dans lesquelles l'appartenance à des sites et à des fédérations de sites reste prédominante malgré l'urbanisation. Le fait urbain n'exclut pas le maintien de relations claniques ou néoclaniques ainsi que la formation de nouveaux groupes d'appartenance, ainsi de suite. Par conséquent, la réussite de la décentralisation présuppose une grande ouverture sur l'ensemble des acteurs coexistants dans les provinces. La gouvernance doit s'opérer au plus près des populations dans toute leur diversité afin de les impliquer dans des changements locaux articulés à l'ensemble de la formation nationale. Les échelles de ce processus sont multiples : tribus, confédérations de tribus, village, quartiers et villes. Les institutions vernaculaires (zaouïa, confrérie et jmaa) doivent être aussi associées aux associations dans lesquelles les élites locales scolarisées jouent un grand rôle. Le fait urbain n'est jamais totalement isolé, notamment dans les villes, petites et moyennes, des sites confrériques et tribaux environnants. Pas de découpage bureaucratique hâtif. Les espaces locaux s'entremêlent avec des trajectoires dans lesquelles se sont accumulées des visions et des pratiques locales dont il faut tenir compte dans les processus de réintégration et de changement. « *L'espace territorial du Maroc*, écrit Najib Mouhtadi (1999, p. 39), *est tellement jalonné de sites religieux chargés de valeurs symboliques et imprégnant les groupes qui s'y identifient, qu'on a pu parler d'une géographie du sacré à l'image d'une géographie économique, politique, etc.* ».

En conséquence, l'étude des sites de proximité est d'une grande importance dans la connaissance de la personnalité régionale de base de chaque province. Celle-ci doit être approchée dans ses représentations symboliques pour mieux cerner les valeurs auxquelles tiennent les populations dominantes dans la contrée considérée. Les valeurs de l'honneur, de l'estime et de la dignité telles qu'elles s'expriment dans la contrée sont essentielles pour une meilleure communication interculturelle avec le pouvoir central. Celui-ci doit faire preuve d'écoute pour mieux réussir l'intégration des provinces les plus éloignées en l'occurrence celles du grand Sud comme le Souss et les provinces sahariennes. Ces dernières doivent être considérées comme une des grandes sources de la longue histoire du Maroc. La valorisation des identités sahariennes est aussi celle du Maroc dans son ensemble. Avant d'être méditerranéen, le Maroc est saharien. Celui-ci, dépecé par le colonialisme, a pour devoir de mettre la grande diversité des parcours historiques de ses provinces (Nord, Centre et Sud) au service de son unité. L'une ne va pas sans l'autre. Cette dialectique est au cœur du conflit entre le Maroc et l'Algérie qui paye encore les erreurs de sa technobureaucratie uniformisante. Tolérez la diversité, l'unité viendra ! Comment réussir cette opération si ce n'est en étant complice des sites nomades du Sahara. Cette immersion conduit à l'imaginaire de la tente commune. Il faut donc partager les croyances communes des populations sahariennes. Celles-ci définissent l'homme le plus souvent par sa dignité et sa capacité à prendre soin de sa proche communauté. Le sens du partage y est essentiel. Déjà, les populations du Souss, avant celles du Sahara, nous donnent un avant-goût de ce tempérament.

## 2.2. Les fondements des économies relationnelles et confrériques du grand Sud marocain

Les solidarités de groupe, ici décrites, constituent le moteur symbolique essentiel dans les réussites commerciales des ethnies soussies comme nous avons eu déjà l'occasion de le démontrer dans un article portant sur le rôle des cultures de ces populations dans leur dynamisme économique (Zaoual, 1990). Les relations d'échange y sont enchâssées dans les sites d'appartenance. Ce qui garantit une grande capacité de coopération endogène au groupe capable de tenir tête à la concurrence tant adulée par les économistes. C'est pour cette raison que les économies relationnelles et confrériques sont d'une grande portée pour les régions du Sud du Maroc. Il faudrait les accompagner par le bas par des institutions adaptées aux mentalités de site. Ici, comme ailleurs, la gouvernance n'échappera pas aux contingences locales des sites, aux identités locales comme aux modes d'organisation les plus compatibles à elles. Si nous voulons réussir cet accompagnement, ne cédons pas au mimétisme intégral. La tente commune contient les solutions à la condition de la respecter. *A contrario*, les vents de sables l'emporteront. Les tempêtes de sables s'infiltrent là où la cohésion est absente. Le monde arabe et musulman nous en donne une triste image avec les guerres du Golfe à répétition. Le symbole de l'entente est la tente. L'habitat en dur adapté n'exclut pas le rôle structurant de la tente au plan symbolique. Fils de la même tente est une représentation symbolique importante dans la structuration et la motivation des organisations endogènes du grand Sud marocain.

L'univers des provinces du Sud nous plonge ainsi dans cette chaleur communautaire. Celle-ci est une atmosphère impénétrable par les catégories et les institutions d'une modernité parachutée, donc mal comprise (Zaoual, 2000). Il faut, par conséquent, s'inscrire dans un dialogue entre la modernité et les traditions locales. Il s'agit de la modernité située capable de s'ajuster aux données éthiques et pratiques des populations locales. Elle reprend à son compte les identités de site. Dans cette perspective renversée, de sites-cibles, les sites deviennent des sujets dans la démocratie participative et décentralisée. « *Les choses du monde*, écrit Baltasar Gracián, *se doivent regarder à l'envers pour les voir à l'endroit* ». La décentralisation qui réussit est celle qui respecte les personnalités locales de base des populations dans toute leur diversité. Ce faisant, elle les intègre en respectant l'intégrité de leurs sites. En l'absence de cette condition *sine qua non*, les sites développent toutes sortes d'intégrismes et c'est le *quiproquo* qui s'installe en bloquant la compréhension mutuelle et le changement recherché. Contrairement aux principes de l'économie du développement, ce sont les croyances partagées, exclues du raisonnement des économistes et des experts, qui sont un formidable moteur de coordination et de cohésion. Elles génèrent des institutions et des normes de conduite capables de combattre l'incertitude, premier grand obstacle à la stabilité cognitive et la prospérité économique d'un peuple.

Les confréries comme les zaouïas, au même titre que les associations sont, en théorie, des organisations à but non lucratif. Leur but ultime est de produire de la cohésion. Dans les premières, la solidarité d'appartenance est enchâssée dans les croyances locales tandis que les secondes, dotées d'un esprit moderniste, sont souvent à la recherche d'objectifs catégoriels et parcellaires dans lesquels le citoyen n'est pas toujours abordé dans ses multiples dimensions.

Cependant, l'histoire enseigne que cette multiplicité d'institutions joue un rôle essentiel dans les processus de régulation de la société marocaine (Aziz El Maoula El Iraki, 2003). Lorsque le Makhzen était faible, les zaouïas prenaient le relais, de même, actuellement, le besoin de s'associer se fait sentir en raison des déficits d'intervention des pouvoirs publics et des défaillances de l'économie de marché. Par certains aspects, la logique du Saint [3] est quasi identique à celle du leader associatif : faire du bien autour de soi, concrètement prendre en charge les problèmes existentiels et pratiques de la société. Le mixage de ces diverses institutions peut donner lieu à des innovations institutionnelles originales alliant le formel et l'informel, le moderne et le traditionnel, l'exogène et l'endogène, l'uniforme et le multiple, le global et le local, etc. De là peuvent jaillir d'innombrables organisations métisses capables de venir à bout des problèmes d'habitat, de santé, d'activités économiques, donc d'emplois et de revenus. Il s'agirait d'initiatives localement construites par les acteurs de la contrée, d'où l'importance actuellement accordée à l'économie de la proximité (Zaoual, Principe d'économie de la proximité et du site, 2003).

---

[3] Jérôme-Jean Tharaud écrit dans son ouvrage, *Marrakech ou les Seigneurs de l'Atlas*, Librairie Plon, Paris, 1920 : « *Car, au fond de l'âme berbère, à côté de ce goût effréné d'indépendance qui aboutit à l'anarchie, il y a un profond besoin d'aimer, de suivre des individus puissants, qui va jusqu'à l'idolâtrie et qui explique que la seule, la vraie religion de ces gens, c'est l'adoration des morts dans lesquels ils ont reconnu ou cru voir de la grandeur* » (p. 52). Ce sont ces penchants « naturels » des sites symboliques du grand Sud marocain qui, mélangés avec l'Islam, ont donné lieu au maraboutisme (culte des Saints musulmans). Ce qui donne un caractère spécifique à l'Islam marocain, voire maghrébin. Le Berbère ou l'homme du Sud en général est à la recherche du modèle du chef, celui qui, par son courage et/ou sa moralité, trace le chemin divin. C'est aussi dans l'unité avec le terrain d'une réalité humaine qu'apparaissent les significations d'un site symbolique. « *Elle vient à toi dans la mesure où tu vas à elle* » dit Ibn Arabi, cité p. 52 par Pierre-Jean Luizardo : « Le rôle des confréries soufies dans le système politique égyptien », *Monde Arabe Maghreb-Machrek,* n°131, janvier-mars 1991.

D'année en année, la recherche internationale confirme que la globalisation réduite exclusivement aux lois du marché est une impasse. Les alternatives résideraient plus dans des politiques sur des échelles territoriales conjuguant le marché, des institutions capables de lui assurer une plus grande certitude et des institutions développant des mécanismes locaux de coopération et d'entraide. Cette même pluralité est à associer à une révision radicale des valeurs du développement et de la globalisation en direction d'une économie non violente (Zaoual, 2003, « De l'entrepreneur économique à l'entrepreneur situé ») par rapport à l'homme et à l'environnement. Cette multidimentionnalité conduit à mettre l'acteur et ses représentations au centre des dispositifs mis en œuvre. De ce fait, la diversité en question est infinie, d'où la pédagogie d'accompagnement de la théorie des sites. En ce sens, toutes les catégories de la science économique officielle sont remises en cause. La croissance économique elle-même devient un problème. Elle génère plus de problèmes que de solutions lorsque l'on tient compte de l'ensemble des coûts économiques, sociaux, culturels et écologiques.

Ainsi, dans des milieux écologiquement fragiles comme ceux du Sahara, il est impératif d'en tenir compte et de faire évoluer les populations en rapport avec leurs longues expériences de vie. L'expert, c'est, avant tout, l'*homo situs* local. A ce sujet, les savoir- faire populaires, le commerce, l'élevage de subsistance, la pêche et le tourisme bien pensés, c'est-à-dire en tenant compte des cultures et des écosystèmes locaux ainsi que des limites des conceptions marchandes et industrielles, sont des voies à explorer. L'esprit commercial et migratoire est omniprésent dans la mentalité des populations du Sud (Revue Maroc-Europe, *Espaces et régions*, 1993). L'expérience commerciale des Soussis est là pour le confirmer. Dans ces contrées arides et semi-arides du Sud, les ressources ont joué séculairement à cache-cache avec la démographie. Ces contraintes sont incorporées dans les boîtes noires des sites du Sud et expliquent aussi les tempéraments austères des populations soussies et sahariennes. Pour employer une métaphore, « *le principal souci des Soussis est l'accumulation des sous* » pour faire face aux aléas individuels et collectifs. Cette attitude est tellement poussée que l'on pourrait parler d'une théologie de la libération face aux vicissitudes de la vie. La gestion du risque s'y déploie par diversification des activités et appui sur le groupe. La banque est le groupe d'appartenance, ce qui facilite le financement des activités économiques. Celles-ci se développent sur la base de réseaux. L'ensemble est soudé par le site où se mêlent le monde sacré et le monde profane (Zaoual, 2004). Ces valeurs ont un rôle coercitif sur les comportements individuels en direction d'une plus grande transparence et productivité économique. L'*homo situs*, l'homme de la situation, est un habitant habité par le site. Celui-ci joue le rôle d'un expert cognitif collectif assurant la coordination interindividuelle et de manière plus large l'harmonie du groupe. A l'image du collège invisible des communautés scientifiques, le site veille sur les normes et les vérités du groupe d'appartenance (Paul David, 2002).

N'oublions jamais que le Sahara est le creuset historique de l'identité nationale et du commerce caravanier au temps des splendeurs du Maroc et du Maghreb dans son ensemble. Le déclin de l'empire marocain s'est inscrit dans les faits à partir du moment où les caravelles ont commencé à court-circuiter les caravanes ! L'univers mental du Maroc contient cet héritage. Ce n'est pas un hasard si la *Marche verte* initiée par feue Sa Majesté Hassan II a eu un immense écho dans l'inconscient collectif du pays. Le monde a le devoir de savoir que l'attachement du Maroc à son Sahara est de l'ordre du sacré. Tout se négocie sauf les attachements séculaires que les tribus du grand Sud marocain entretiennent avec le reste du pays. C'est dans cette perspective qu'il faut aborder les régulations dont a besoin le grand Maghreb. Celui-ci, tant qu'il restera éclaté, est d'un faible poids dans les turbulences qui secouent la Méditerranée. La construction des Etats-nations n'est plus d'une grande pertinence *a fortiori* des micro-Etats. Les réalités de l'Afrique subsaharienne le montrent chaque jour. C'est dans un grand Maghreb uni et géré régionalement que la solution réside. En ce sens, sa diversité deviendra un atout incontestable. Les synergies et les complémentarités y joueront un rôle bénéfique au plan économique et social. L'UMA est l'Oumma de tous les Maghrébins à partir du moment où l'idée d'un Maghreb des régions est acceptée par tous.

En somme, et en dépit de leurs différences culturelles et

nationales, l'ensemble des pays du Maghreb est confronté aux mêmes énigmes. Le développement comme sa sœur jumelle la globalisation leur posent les mêmes les questions : le développement économique n'est pas reproductible tel quel. De même, la globalisation ne semble plus être la solution des tensions qui se font jour à tous les niveaux du spirituel jusqu'à l'économique le plus plat et immédiat. Il est temps d'imaginer un Maghreb des régions dans lesquelles la gouvernance territoriale jouerait un rôle fondamental. Ce faisant, la grande diversité du Maghreb sera prise en compte et valorisée. Seules les grandes fonctions seraient centralisées telles la politique de défense et la diplomatie afin de faire front commun face aux grands défis qui s'annoncent. Tout le reste devrait être décentralisé pour mieux s'approcher des réalités locales en stimulant des synergies nationales et transnationales pour le plus grand bienfait des populations. La théorie de la gouvernance située montre, en effet, que les institutions doivent être les expressions directes des croyances localement partagées afin d'impliquer fortement les populations dans les processus de leurs devenirs. Cet enchâssement ne signifie aucunement une autarcie de site dans la mesure où la théorie du site a démontré qu'aucun site ne peut se fermer sur lui-même sous peine de disparaître. Il a besoin d'emprunts de l'immense diversité qui l'entoure pour sauvegarder sa propre singularité, donc son authenticité. C'est cette alchimie, encore mystérieuse pour les esprits simples, que les décideurs marocains et, par extension, ceux du Maghreb doivent méditer s'ils veulent anticiper les menaces que fait peser l'uniformisation sur l'ensemble de la région.

# 3. RETOUR A LA CASE DEPART : SUR LES TRACES D'IBN KHALDOUN, L'ECONOMIE REDECOUVRE LA SOCIETE

## 3.1. L'actualité de la pensée d'Ibn Khaldoun

Dans l'univers du Maghreb, revenir à la pensée d'Ibn

Khaldoun s'apparente à un retour à la case de départ pour mieux avancer. En effet, sur les traces de cet auteur, l'économie redécouvre la société et la manière de la gouverner pour conjurer la décadence.

Dans un de sa préface à la pensée d'Ibn Khaldoun (1961, p. 11), G.H. Bousquet note que ce qui est économique chez cet auteur est subordonné au social. C'est ce que redécouvre la théorie économique contemporaine dans la mesure où la recherche internationale met de plus en plus l'accent sur l'importance des institutions, voire des cultures, dans le dynamisme économique des nations. Même le département de recherche de la Banque Mondiale s'y adonne. Cette posture de recherche fait appel à l'interdisciplinarité dans le déchiffrage des échecs et des réussites économiques.

En effet, les économistes ont pendant longtemps négligé le poids des sociétés sur la tournure des comportements économiques. Dans la pratique, les lois générales de leur science s'imprègnent du contexte et induisent, en conséquence, des effets différenciés d'où l'importance que revêt, actuellement, la problématique du local face à la mondialisation. Dans cette perspective, l'économique ne peut être saisi dans toute sa profondeur qu'avec la prise en compte des interactions entre les acteurs d'une société. Cette saisie sur site oriente la recherche vers la prise en compte des normes, des valeurs, des représentations, voire de l'éthique de leur site d'action. De ce point de vue l'idée d'un modèle unique devient même une aberration scientifique et fonde la pertinence de la théorie des sites symboliques d'appartenance qui privilégie les croyances et les parcours de chaque société dans la recherche du modèle économique le plus adapté aux contingences locales.

Dans sa théorie de la prospérité, Ibn Khaldoun note, dans un premier temps, que l'homme peut dans certaines conditions subvenir à ses besoins avec un minimum d'efforts. L'agriculture de subsistance, totalement gouvernée par la pluviométrie, en est un exemple. Mais cela ne peut durer qu'un temps dans la mesure où la lutte contre les aléas climatiques et les poussées démographiques imposent une association des lois de la nature avec le travail et le savoir-faire des hommes. Les dons gratuits de la nature ne sont que des auxiliaires au travail de l'Homme. Mais, contrairement aux tenants du marché et de la planification par le haut, ce même travail humain ne peut s'exercer dans toutes ses potentialités créatives qu'au sein d'une société organisée autour d'un ensemble de repères collectifs à la fois culturels et institutionnels pouvant mobiliser dans la transparence et le maximum de certitudes ses citoyens. Car l'économie d'un pays repose sur les croyances et les motivations de ses habitants. En ce sens, les lois économiques sont des constructions sociales *in situ*. La prospérité économique fait donc appel à l'ensemble des dimensions de la société. L'organisation politique, entre autres, doit encourager les relations dynamisantes entre les compétences, les motivations à l'invention et les responsabilités publiques et privées.

A l'opposé de cet impératif, la richesse et le pouvoir sans rapport avec le savoir et le devoir face au bien public sont un des moyens de s'enrichir au détriment des autres. Ce qui, par effet retour, décourage l'immense majorité dans son effort d'apprendre et d'entreprendre. Peu à peu s'institue l'idée qu'il est possible de s'enrichir sans effort. En devenant un sport national, ce penchant ruine de fond en comble la nation et lui fait perdre le sens de l'effort. Ce qui rend contemporains les propos d'Ibn Khaldoun (1961, p. 37) sur le rôle économique du droit et de la justice lorsqu'il écrit : « *à celui qui manque d'audace pour faire valoir hardiment ses droits, et est dépourvu de protections influentes auprès de la justice, il est recommandé de s'abstenir de commercer, car il s'expose à la ruine et à la perte de son bien : il sera, en quelque sorte, dévoré par les autres marchands, il ne réussira pas à se faire rendre justice contre eux. En effet, le plus souvent, les gens sont avides de ce que possèdent les autres, et en l'absence d'autorité publique, personne ne serait assuré de conserver ce qu'il possède. Cela est vrai, en particulier, des marchands du bas peuple et de la canaille* ».

## 3.2. L'élite doit respecter ses engagements moraux sous peine de disparaître

L'élite stérile, au Maroc comme dans les autres pays du Sud, a l'art de bien vivre sans effort. C'est cette même attitude que le peuple tend à imiter. Cette économie d'effort est nuisible à la productivité de l'économie nationale. La paresse et la recherche de la gratuité sont des modèles sociaux qui se diffusent rapidement du haut vers le bas si bien que personne n'échappe à l'aléa moral et l'inefficacité généralisée. Comme le souligne Ibn Khaldoun (1961, p. 61) : « *il est dans la nature humaine d'imiter les gouvernements* ». Actualisée, une telle description laisse entrevoir que les pratiques des mafias, le clientélisme, le détournement, l'injustice dans les affaires commerciales et dans les recrutements, le monopole sur les marchés publics ou non, etc., encouragent le principe du moindre effort et portent atteinte à la prospérité de la société prise globalement. En se diffusant, ces habitudes sociales gangrènent la politique économique rationnellement construite par les experts qui cherchent à maîtriser, par le haut, les dépenses publiques et à les gérer avec le maximum d'efficacité. Ici, sans un enchâssement social adéquat, la macroéconomie des grands équilibres est myope.

Dans le même mouvement, les processus d'innovation et d'entrepreneuriat sont découragés par les incertitudes de tout ordre en premier lieu juridiques et morales. La mauvaise foi dans les transactions économiques est l'une des premières causes de l'inertie économique. L'absence d'un véritable Etat de droit appliqué multiplie, de manière exponentielle, la démographie de ceux que les économistes appellent, aujourd'hui, les passagers clandestins : ceux qui profitent de l'organisation économique du pays sans y apporter une contribution productive. Ils peuplent, du haut en bas, les administrations, les sociétés publiques et semi-publiques et même les entreprises privées dont la rentabilité globale quand elle existe masque les rentes de ces prédateurs des temps modernes. L'absence de lien entre l'enrichissement et les impératifs de la compétition économique (productivité, compétitivité, innovation, efforts et motivations, qualité et transparence, etc.) crée un malaise social et moral et contribue à saper les fondements d'une économie de production et d'invention. Dans un tel contexte, la razzia se propage et institue l'incertitude dans les comportements économiques et sociaux, le premier ennemi du dynamisme économique. La société, même modernisée en surface, redevient une société de chasse et de cueillette ! Ce processus s'auto-entretient tant que les ressources naturelles arrivent à reproduire, même si c'est dans l'inégalité et le chaos, l'ensemble social. Ça ne dure qu'un temps, le temps de répit que peuvent accorder éventuellement la démographie, ses structures et les possibilités migratoires.

Dans une telle société, l'esprit humain se surprend à chercher les mille et une manières de contourner les contraintes morales d'une économie de production. La société devient un assemblage désordonné d'individus méfiants, paranoïaques et cyniques. A ce sujet, sans recourir aux nouvelles théories anglo-saxonnes de l'économie qui mettent en évidence l'importance de l'éthique dans les phénomènes économiques, la pensée d'Ibn Khaldoun (1961, pp. 59-60) est aussi d'actualité lorsqu'il décrit les mécanismes sociaux qui sont à la racine d'une décadence économique : « *L'immoralité, la méchanceté, la dépravation, les habitudes de ruse pour se procurer un moyen de vivre, honorablement ou non, augmentent. L'âme se surprend à méditer sur ces choses, à les étudier à fond, et à mettre sur pied d'ingénieuses combinaisons, en vue de parvenir à ses fins. De la sorte, on trouve les gens portés au mensonge, au jeu, à la tromperie aux discours enjôleurs, au vol, à la scélératesse quand ils prêtent serment, à l'usure dans les opérations commerciales* ». Au lieu de s'investir dans le travail et l'innovation, les acteurs de cette situation excellent dans les nuances vicieuses pour parvenir à leur fin, toujours conformément au principe du moindre effort. Ils abandonnent aux autres le dur labeur et délèguent le pouvoir d'innover aux pays étrangers qui les dominent avec qui ils fonctionnent comme des concierges rémunérées à la commission dans le circuit économique mondial. Un luxe mal gagné n'est que ruine de l'âme. Il n'est ni le produit d'un effort physique ni celui d'un effort intellectuel et scientifique. Tel est le profil de « l'animal argenté du tiers monde ». Cet animal démotive le peuple, ses intellectuels et ses véritables entrepreneurs, ceux qui ne peuvent que se soumettre aux contraintes des dures lois économiques. L'argent sans odeur endort ! Tout individu qui ne gagne pas son pain sans effort physique et/ou intellectuel pratique de l'usure et profite ainsi des efforts des autres ou tout simplement des dons momentanément gratuits de la nature. L'argent de l'usure use et inhibe l'esprit et le corps. Cet argent sans odeur devient une force de décadence de la société. Il monte à la tête et déstabilise les principes moraux de la société. Et, c'est l'anomie qui l'emporte sur l'économie.

# Chapitre 4

# LE MAGHREB, ESPACE DE RELATIONS ENTRE L'AFRIQUE, LA MEDITERRANEE ET L'EUROPE

## INTRODUCTION

Ce texte est celui d'une conférence tenue à Barcelone sur l'invitation du Fonds Catalan de coopération au développement[1]. Il s'agit d'abord de situer le Maghreb dans la dynamique passée et récente du développement et de la mondialisation. Un regard de longue durée permettra de souligner son rôle historique d'intermédiaire entre plusieurs cultures et civilisations. Ce qui en fait un des carrefours essentiels de la grande mosaïque qu'est la civilisation méditerranéenne. Ces enchevêtrements sont innombrables et démontrent que la Méditerranée est une plaque sous-jacente à la globalisation qui tend, aujourd'hui, à accroître le fossé économique entre des entités organiquement liées par l'histoire et les échanges culturels depuis la nuit des temps. Rive Sud, rive Nord, personne n'est à l'abri des turbulences contemporaines en l'absence de régulations, de compromis et de concessions de part et d'autre. Pour mieux identifier les causes des ruptures et des tensions à l'œuvre aujourd'hui, une brève description des trajectoires économiques des grands pays du Maghreb et de l'Afrique, en général, s'impose. Elle permettra de décrypter la faillite du développement indépendant et leur intégration forcée à la mondialisation dont les issues sont incertaines. De là jaillissent des recompositions dont les conséquences touchent directement les pays de la rive Nord. Ce qui fonde la nécessité de repenser les termes de la coopération au

---

[1] Communication au colloque international : « Le codéveloppement, une nouvelle forme de partenariat dans la coopération Nord-Sud », Fonds Catalan de Coopération au Développement, Barcelone, 29 et 30 novembre 2002.

développement. Cette réorientation se présente déjà sous la figure encore brouillée de la notion de codéveloppement ici débattue dans cette rencontre.

# 1. L'EPUISEMENT DU DEVELOPPEMENT ET DE LA MONDIALISATION

## 1.1. Un regard de longue durée

Rappelons-nous que les cultures et les pays de la Méditerranée n'ont pas attendu la mondialisation contemporaine pour être interdépendants. Ici, même en terre d'Espagne, la civilisation andalouse est un héritage de l'interfécondation entre une pluralité de cultures et de religions dont l'Islam. Depuis l'aube des temps, les échanges commerciaux et les emprunts culturels ont alimenté la diversité de la civilisation méditerranéenne et c'est ce qui a fait sa vitalité et son originalité. A son échelle, le Maghreb a toujours joué un rôle d'intermédiation entre l'Orient, l'Afrique et l'Occident. C'est d'ailleurs ce qui avait fait sa prospérité durant les siècles passés et lui donne, aujourd'hui, un caractère métissé à tout point de vue. Le Maghreb dans sa profondeur est un être pluriel alliant la berbérité, l'africanité, l'arabité, l'islamité et l'occidentalité. D'ailleurs, la personnalité de base du Maroc porte les empreintes de ces influences croisées. Ce qui fait de lui un pays carrefour par excellence. Cette sédimentation culturelle fonde la tolérance et la diversité dont il est le dépositaire. Elle transparaît dans ses aptitudes à réguler les conflits et sa capacité à trouver une voie moyenne dans la résolution des problèmes.

Cependant, cet héritage plus ou moins partagé par l'ensemble des pays du Maghreb est guetté par la globalisation dont les effets sont destructeurs quant au maintien de la diversité culturelle stabilisante. L'homogénéisation fait perdre aux peuples leurs capitaux symboliques accumulés dans l'épreuve et la durée historique. Ce signe de l'aplatissement devant les impératifs du marché planétaire est celui de l'amenuisement de leurs capacités endogènes de régulation. La mimésis est destructrice nous dit René

Girard. L'échec du développement au Maghreb et en Afrique, comme nous le montrerons, crée un vide, aujourd'hui, dont les seuls modes de régulation en oeuvre sont le développement, sans précédent, des économies informelles et l'amplification des flux migratoires.

Le détroit de Gibraltar est un laboratoire vivant de ces tensions. Il est devenu un des lieux où des vagues de migrants du Maghreb et du fin fond de l'Afrique (Sénégal, Nigeria, Mali, Burkina Faso, Congo, etc.) viennent converger. C'est ainsi que le Maroc, le plus proche pays de l'Europe, est devenu une plaque tournante de l'immigration clandestine. Dans le langage local marocain, on parle de « *Haraga* » qui veut dire littéralement les « *brûleurs* », du verbe *Harag,* « *brûler* ». C'est une manière de quitter son pays natal et de ne plus en avoir son identité, « brûler » ses papiers, rompre avec son milieu et sa communauté. Ces métaphores expriment un grand désarroi de la part des Maghrébins et des Africains. Ils estiment au fond d'eux-mêmes qu'ils n'ont plus rien à perdre, d'où l'usage des « pateras », ces fragiles embarcations qui partent à l'assaut de cet Eldorado imaginaire qu'est l'Europe. Aucune chose ne les retient dans leur pays d'origine, ils s'y sentent inutiles. Cette anomie, cette perte d'identité condense en elle-même l'ensemble de la faillite de leurs pays aux prises avec le développement et la globalisation.

Malgré les crises qui secouent en profondeur les pays occidentaux (chômage, insécurité, déshumanisation, perte de la qualité de vie, incertitudes économiques, risques technologiques et scientifiques, bref une crise de civilisation), l'attraction de flux migratoires poursuit inexorablement son œuvre. Bien qu'elles soient éteintes, les Lumières de l'Occident continuent d'attirer ! La parabolisation (flux d'information et d'images) du Sud par le Nord diffuse l'illusion d'une vie facile en Occident. Peu d'images et de reportages sur les misères d'Occident sont diffusés. De par son arrogance et la nécessité de faire croire qu'il est infaillible, et, pour cause sa culture de puissance et de domination de l'Homme et de la nature, l'Occident émet une bonne image de lui. Ce narcissisme, le Nord est positif et le Sud est négatif, contribue à créer une totale irrationalité chez les candidats à l'immigration. La majorité des populations du Sud ne savent pas que l'économie de compétition est sans pitié pour les siens, les peuples d'Europe. Que de gens de condition modeste, et même de cadres et fortunés, se sont retrouvés à la rue, sans domicile fixe, S. D. F. sans direction fixe ! Tout ceci passe sous silence. Tandis que les scènes de conflits, de guerres, de pauvreté et de misères des continents du Sud sont mises en valeur par les médias internationaux. Ce qui, d'un autre côté, sert à entretenir les croyances et les illusions sur les bienfaits de la société de marché au Nord.

Face à cette grande illusion, les arguments rationnels sur la nécessité de trouver des solutions locales à leurs problèmes sont d'un faible poids auprès des candidats à l'immigration. D'ailleurs, ces derniers ne se recrutent pas uniquement dans les couches les plus pauvres de la société et de l'économie informelle mais aussi parmi ceux auxquels l'économie formelle et la fonction publique ont, parfois, assurés un emploi et des revenus. Il y a à la fois des raisons psychologiques et économiques dans ce processus de déracinement collectif. La croyance que tout va pour le mieux dans les pays du Nord est largement enracinée dans les imaginaires des sociétés du Sud. Combien de fonctionnaires se sont eux-mêmes déflatés sans le concours des conditions qu'impose le FMI dans ses programmes d'ajustement structurel et ont aussi fait le pas, quittant leurs pays en espérant prospérer en Europe. Tout concourt à un sauve-qui-peut. Plus l'Europe tente de se fermer en forteresse, plus les flux s'accélèrent de peur de voir la porte se fermer. Ce paradoxe est bien présent dans les processus migratoires contemporains. Examinons maintenant les causes profondes de ces bouleversements dont sont le théâtre les relations Europe-Maghreb-Afrique.

## 1.2. Trajectoires économiques des pays du Maghreb et d'Afrique

### Les racines du désarroi algérien : l'implosion de l'uniforme

Depuis les indépendances, les Etats du Maghreb ont pratiqué des politiques de développement dont les résultats macroéconomiques sont plus que mitigés (Zaoual, 1999), même si des nuances sont à prendre en compte entre, d'une part, les économies marocaine et tunisienne et, d'autre part, celle de l'Algérie. En effet, cette dernière paye, aujourd'hui, les conséquences du mythe des industries industrialisantes. Ce modèle était en conformité avec l'option politique choisie par ce pays à la suite de sa sortie de la guerre : la construction d'un Etat socialiste à l'échelle d'une jeune nation disposant d'une importante rente pétrolière. La séduction du modèle soviétique de l'époque s'y mêlant, les choix économiques se sont portés sur une industrialisation qui se voulait rapide. La priorité était donnée aux industries lourdes dans le cadre d'une économie planifiée. Les corollaires d'une telle option étaient : la négligence des industries de biens de consommation, la destruction des agricultures vivrière et marchande, le sacrifice des activités du tertiaire comme le tourisme, le petit commerce, etc. Les grandes entreprises publiques captaient la quasi-totalité des investissements issus de la rente pétrolière. Ce qui avait beaucoup favorisé la bureaucratie dans ses achats d'usines clefs en main dont l'efficacité s'est révélée dérisoire. Ces «*paquets de développement*» ont inhibé les capacités d'apprentissage et d'innovation locale d'autant plus que les éléments de la technocratie locale s'étaient dirigés, avant tout, vers des fonctions administratives lucratives. Le pouvoir tue le savoir y compris celui dont a besoin techniquement une économie. Le parasitisme, le détournement, le clientélisme, etc., ont fait le reste.

Si le modèle a fait illusion quelques temps, la baisse des recettes pétrolières dans les années quatre-vingt conjuguées au changement des structures démographiques a dévoilé la faillite d'une industrialisation truquée. L'économie algérienne est même devenue exclusivement mono - exportatrice d'hydrocarbures. Gaz et pétrole totaliseraient plus de 95% de la structure des exportations. Ce qui rend le pays totalement dépendant des importations dans l'ensemble des secteurs de l'économie. La dépendance alimentaire a connu un bond en avant sans précédent : plus de 60% des besoins nationaux. L'impasse financière arrivant dans les années quatre-vingt, les troubles s'ensuivirent. Ne pouvant plus maintenir sa fonction de redistribution sans production et innovation, le capitalisme patrimonial et bureaucratique est condamné à profiler sa dette extérieure, une façon, sans le dire par fierté nationale, d'entrer dans le bloc des pays du Sud sous ajustement. Dans un pays où la fierté est à fleur de peau, le fameux *Nif* (littéralement le *nez* synonyme de fierté), entretenue aussi par l'idéologie d'antan, l'application de la réforme économique est mal vécue par le peuple. Elle est synonyme d'une injustice sociale et d'un reniement intolérable des valeurs et des représentations imaginaires qui ont servi à construire l'Algérie « moderne et socialiste » sous Boumediene. Cette Algérie se considérait comme la « *Prusse* » du Maghreb. Toute cette construction nationale va partir en lambeaux et créer ainsi un vide que l'islamisme va remplir. Le déracinement collectif aidant, la voie est ouverte à une crise d'identité collective. L'anomie et la pauvreté profitent à toutes les interprétations de la situation y compris les plus prophétiques. C'est ce qui explique le « désarroi algérien » dont l'intensité est encore plus grande que celui qui est vécu dans les autres pays du Maghreb. *A contrario*, la modernisation du Maroc étant moins rapide, du moins dans les années soixante et soixante-dix, les structures économiques et les institutions endogènes ont gardé, pour un certain temps, leur capacité d'autorégulation que la globalisation tend, aujourd'hui, à laminer. Ainsi, le paradoxe, maintes fois constaté, c'est que toute modernisation hâtive et non méditée en fonction des valeurs locales conduit à l'échec. La tension modernité-tradition se retrouve à son paroxysme et fait basculer l'ordre social dans l'anomie et le désordre. Il faut, donc, procéder par prudence comme le souligne la théorie des sites symboliques d'appartenance (S. Latouche, F. Nohra et H. Zaoual, 1999) que nous défendons aujourd'hui.

### Les expériences marocaine et tunisienne : une diversité en voie d'extinction ?

N'ayant pas opté pour une économie totalement planifiée durant les décennies soixante et soixante-dix, le Maroc et la Tunisie disposent d'une économie dont les structures présentent une relative diversité sectorielle (phosphates, agrumes, tourisme, industries légères de transformation, etc.). A cet atout, il faut aussi associer une persistance de l'artisanat et le fort attachement des travailleurs immigrés dont les transferts (Ihadiyan et Zaoual) jouent un rôle essentiel dans le financement de leurs économies. En théorie, on peut rattacher les trajectoires économiques du Maroc et de la Tunisie au modèle de substitution des importations dont la protection a été démise progressivement par les impératifs des programmes d'ajustement appliqués à partir du début des années quatre-vingt.

En effet, le développement des économies marocaine et tunisienne s'est vite épuisé en raison de la faiblesse de leurs marchés intérieurs et des multiples formes de dépendance (technologique, financière, alimentaire, etc.). Les instabilités baissières de leurs marchés d'exportation ont accentué leur endettement. Le traitement de ce dernier par les P.A.S. et à leur suite la vague de libéralisation des décennies 80-90 ne semble pas induire les effets escomptés au plan de la croissance économique et de l'emploi. La pauvreté s'est beaucoup accrue notamment en Algérie et au Maroc sans parler de la Mauritanie.

Aujourd'hui, contrairement à la Tunisie, le Maroc essaye de faire coïncider le libéralisme économique déclenché dans les années 80 et le libéralisme politique. Cette recherche n'est pas aisée dans un contexte national encore marqué par de fortes disparités sociales et une persistance de poches de corruption. L'ancienne garde résiste au laminage de ses privilèges. Le contexte international ne facilite pas non plus cette transition. Dans l'ensemble du Maghreb, la crise économique mondiale, la multiplication des conflits, la poussée des mouvements islamistes radicaux, etc., contribuent à leur tour, à un brouillage des repères de la réforme économique et politique. Cette incapacité relative à gérer les désordres de la part des élites nationales découle d'un déficit de repérage dû à un excès de mimétisme des modèles de changement. En raison de l'habitude prise à toujours importer les modèles et les projets économiques, les capacités endogènes à instruire et à conduire les pratiques locales s'en trouvent inhibées.

Au plan social, la prolifération de la pauvreté, de l'exclusion et du chômage y compris des diplômés ont accentué les doutes sur la réussite d'un développement national indépendant dans les pays du Maghreb. Les limites de ce dernier se mesurent aussi à l'aune de l'évolution des flux migratoires. Si durant les « trente glorieuses » de la croissance des pays européens, c'étaient les patrons qui allaient chercher de la main d'œuvre au Maghreb, à notre époque ce sont des candidatures spontanées d'individus et de groupes entiers qui se manifestent à travers une amplification des flux migratoires que ni les pays pourvoyeurs ni les pays récepteurs comme l'Espagne et l'Italie récemment ne contrôlent. De pays d'émigration, ils sont, tout à coup, devenus des pays d'immigration. Ces réorientations des flux migratoires dans le bassin méditerranéen n'étant pas préparées et organisées, désorientent les autorités et contribuent à des frictions et à des malentendus entre les gouvernements.

En substance, de multiples paramètres sont à identifier dans le caractère désordonné des processus migratoires méditerranéens : la montée en puissance de la tranche des jeunes entre 20 et 35 ans dans les pays de la rive Sud et des pays d'Afrique subsaharienne, le grand écart Nord-Sud des revenus moyens du travail, l'incapacité des économies du Sud même réformées à faire face à l'afflux des jeunes sur le marché du travail, les troubles et les incertitudes politiques et économiques, le vieillissement et le reste des acquis sociaux des populations des pays européens, etc. De même, l'ensemble des conflits autour de la Méditerranée, en premier lieu le conflit israélo-palestinien et les interventions injustifiées des puissances anglo-saxonnes dans le Golfe contribuent à exacerber les tensions de cette zone de fracture qu'est devenue la Méditerranée. La nouveauté des flux migratoires en provenance d'Irak et d'Afghanistan, résultat direct du blocus imposé à l'Irak par les USA et la Grande Bretagne, est révélatrice de cette conflagration. En principe, la régulation des problèmes de la sous-région devrait revenir à la Ligue arabe appuyée par l'ensemble des pays du pourtour de la Méditerranée. Celle-ci n'a pas besoin d'ingérence extérieure de puissances dont les territoires se situent à des milliers de kilomètres. Ce n'est ni plus ni moins qu'un impérialisme. Pour se rendre indispensables et présents dans toutes les régions du monde, les USA aiguisent les conflits nationaux, culturels et religieux. A la suite de l'effondrement du bloc communiste, c'est leur nouveau paradigme du monde (Todd, 2002). Dans cette confrontation, le Sud a remplacé l'Est. Dans cette attitude belliciste, le gouvernement américain suit les enseignements erronés de Samuel P. Huntington (1997).

## Les économies formelles africaines : une illusion de l'économisme

Les économies et les sociétés de l'Afrique subsaharienne sont aussi parties prenantes dans ce processus Nord-Sud de recomposition conflictuelle. L'échec du développement des économies formelles y est encore plus flagrant. A l'image du Maghreb, voire de l'ensemble du Monde arabe, les économies construites artificiellement par les experts et les institutions nationales et internationales n'ont pas rompu avec l'économie de rente et de redistribution.

En effet, les économies officielles de nombreux pays africains restent hyper-spécialisées sur un ou trois produits généralement issus des activités relevant des cultures d'exportation (café, cacao, arachide, etc.) et des ressources naturelles (bois, minerais, pétrole, etc.). Elles demeurent, donc, fortement imprégnées par les besoins des anciennes métropoles coloniales. Les revenus ainsi tirés par le travail de la nature servent à financer des élites stériles et des Etats artificiels lorsqu'ils ne sont pas employés dans des guerres fratricides et des génocides de grande ampleur. C'est dans ces contrées où l'on a appliqué le plus les enseignements de la science économique ou de la révolution marxiste sous la forme de modèles aéroportés et c'est aussi là où l'échec a été le plus retentissant. On a cru que les « cases africaines » étaient vides qu'il fallait tout simplement les remplir d'institutions et de projets conçus ailleurs. Cette déconnexion de l'expertise induit d'elle-même à plus ou moins longue échéance un déracinement collectif des communautés africaines. Ce processus les plonge comme leurs consoeurs maghrébines dans le vide qu'entretient le système économique dominant dans ses périphéries. Il s'ensuit une économie formelle nationale sans sa racine : ni capitalisme schumpétérien (innovateur) ni maintien des économies dites de subsistance. Ni plus ni moins l'économie formelle de rente n'absorbe le développement sans suite. Truffées de clans et de mafias, les économies officielles africaines se caractérisent essentiellement par des activités de prébendes, de négoces et de monopoles acquis indûment. C'est ainsi que les milieux locaux ou plus exactement les clans dominants répondent à la transposition des modèles de l'économie et du management.

*A contrario*, comme c'est le cas du Maroc, de la Tunisie et plus récemment l'Algérie, les exclus du « *développement gratuit* » en Afrique subsaharienne, n'ayant pas le privilège du clefs en tête et du clefs en main, sont amenés par la nécessité des terrains à concevoir et à pratiquer d'autres formes de vie économique. C'est l'ensemble de ces pratiques économiques informelles qui constitue l'essentiel de la véritable économie africaine (Laleyê, Panhuys, Verhelst, Zaoual, 1996). Des synthèses à la fois culturelles et économiques s'y font jour. C'est *L'Autre Afrique* au sens de Serge Latouche (1998). Emmanuel Ndione (1992) parle d'économies des tiroirs. Il s'agit aussi des économies relationnelles dont nous avons décrit certaines caractéristiques comme la force de l'appartenance à des groupes et à des réseaux communautaires de proximité. Et, c'est là que le site symbolique d'appartenance joue un rôle fondamental dans les mécanismes d'adaptation et d'évolution économique des populations. Les logiques et les univers qui s'y déploient sont fortement hybrides et encastrés dans les cultures locales (H. Panhuys et H. Zaoual, 2000). Tout se passe comme si les pratiques informelles corrigeaient les erreurs des experts et des gouvernements. En effet, c'est grâce à elles que la majorité des populations des pays pauvres arrive à survivre voire même à prospérer dans certains cas. Ces performances organisationnelles répondent à une pluralité de motivations et de formes de coordination dissidentes par rapport au modèle de base de l'économie de marché (Zaoual, 2002).

De par leur complexité, ces économies du dedans échappent à notre appréhension conceptuelle et *a fortiori* pratique malgré les efforts qui sont faits actuellement en matière de politiques d'appui menées par les O.N.G. et les institutions internationales comme la Banque mondiale qui s'y intéresse de près à la suite de la faillite du paradigme du développement et de la mondialisation. Ces réorientations, qui intéressent de près aussi la coopération décentralisée et les multiples formes de partenariat des acteurs de l'économie et de la société civile, sont vaines en l'absence d'un véritable dialogue entre la culture du développement et les cultures des sites locaux. Si les pratiques d'entrepreneuriat et de coopération décentralisée présentent une plus grande portée que la coopération interétatique classique, il n'en demeure pas moins que l'idée de développement y est encore présente. Or, le concept en lui-même est déjà obsolète puisqu'il conduit indirectement à la pensée et aux pratiques déjà expérimentées. Le soutien au secteur « informel » ainsi que la conduite des projets même de petite échelle peuvent se faire sans un grand changement dans la vision, les concepts et les valeurs qu'ils dissimulent.

## 1.3. La myopie des approches monodisciplinaires et monoculturelles de la coopération au développement

### Des projets qui deviennent des projectiles !

L'expérience de quatre décennies de développement montre, en grandeur nature, que le dynamisme d'un pays ou d'un milieu donné ne se décrète pas du haut vers le bas et *a fortiori* si les concepts, les institutions et les pratiques d'un modèle de développement sont transposés mécaniquement d'un espace à un autre. Toute situation tire ses singularités de l'espace vécu des acteurs concernés. Par conséquent, l'adaptation, l'innovation et l'imagination sont incontournables dans la manière de manager le changement. Or, les pays du Sud, dans leur majorité, ont toujours cédé à une attitude de consommateurs de modèles et de signes techniques. Ils ont cru que le développement s'achetait sous forme d'usines clefs en main et de projets conçus en dehors des particularités de leurs situations. Au lieu d'être acteurs, ces illusions issues de l'économisme le plus plat, les ont transformés en spectateurs. La sanction des faits n'a pas, donc, tardé à montrer les limites de ce que l'on pourrait qualifier de « *développement transposé* ».

A y regarder de près, l'ensemble des pratiques dominantes du développement et de la mondialisation procède par sites-cibles comme à la guerre. Il s'agit d'une épistémologie violente ne tenant pas compte des dimensions humaines et écologiques locales. En d'autres termes, les cosmovisions des populations concernées ont été totalement niées par l'expertise. On a voulu construire leur émancipation sans leur participation. Autrement dit, la domination commence par l'exclusion de l'autre dans la définition et la résolution de ses propres problèmes. La capacité de résolution d'une organisation sociale est, donc, vitale pour son existence et son dynamisme. Ainsi, l'indépendance d'un pays ou d'une population quelconque est un objet hautement « *culturel* ». Ici, le mot culture prend tout son sens, celui d'une conception de la nature et de l'homme. C'est à partir de ce niveau de réalité que tout se construit : la relation à l'environnement, la relation à l'autre, la définition du « *bonheur* », etc. Les croyances et les causes qui mobilisent les acteurs d'une contrée donnée constituent les moteurs symboliques de sa prospérité. Dans cette perspective, notre vision des choses, qu'elle soit technique ou économique, s'en trouve relativisée.

**La force des croyances**

Cette relativité des croyances, donc des faits et des pratiques, a été la grande absente dans la coopération au développement. Celle-ci a été le plus souvent macroscopique et réductrice et, pour cause, les doctrines qui ont inspiré le développement relèvent d'une culture par essence économique, en somme, d'une anti-culture au sens de Serge Latouche (2000). Cette vision de l'homme et du progrès tire ses définitions de la culture des Lumières dont le penchant instrumentaliste et utilitariste à été accentué par les besoins du capitalisme et de la civilisation matérielle dans son ensemble au sens de l'historien français Fernand Braudel. Le désencastrement de l'économique de la société au sens de Polanyi a entraîné une aliénation au complexe mythique de maîtrise et d'accumulation d'où le capitalisme tire son énergie. Dans ce processus, le marché, de proche en proche, devient le modèle de la société. Ainsi, il tend à coloniser l'ensemble de la société. C'est ce qui explique, d'ailleurs, l'essence économique de l'ensemble des concepts-clefs que nous manipulons, en toute inconscience, comme le développement ou sa « *sœur jumelle* », la mondialisation. Le « *dieu marché* » se veut en tout lieu. Ce n'est, donc, pas un hasard si le Groupe de Lisbonne avec à sa tête Riccardo Petrella parle de « *théologie du marché*». Ce qui corrobore, d'ailleurs, une idée d'un des plus grands économistes du libéralisme autrichien à savoir Friedrich Hayek (1953) : les lois économiques ne sont valables que si l'on y croit !

Ainsi, en l'absence de la culture du développement, le développement réduit à un simple système économique transposé du Nord au Sud devient un mirage, une « *carrosserie sans moteur* » qui rouille sous les tropiques. C'est d'ailleurs ce qui arrive dans la pratique lorsque l'on n'intègre pas les croyances qui motivent les acteurs d'une situation donnée (Zaoual, 2002). L'illusion de « *lois économiques objectives* » a, donc, des conséquences bien réelles : de la destruction sans création. Pourtant, c'est sur ces illusions que le constructivisme continue son travail de sape de la subjectivité des sociétés nationales et locales. Ciblées par l'industrie du développement à laquelle participent les Etats-nations, elles se voient littéralement ligotées par les modèles construits *a priori* sans référence à leurs expériences historiques intimes. Et, c'est l'échec assuré.

En l'absence d'un véritable changement dans les contrées du Sud que conditionne, d'ailleurs, une remise en cause du modèle dominant de croissance dans les pays riches du point de vue culturel, écologique et social, les flux migratoires continueront à s'accroître dans un contexte mondial sans horizon. Les nations globalement riches dans les critères de la civilisation économique ne peuvent pas prétendre « au beurre et à l'argent du beurre » comme on le dit familièrement. En effet, la globalisation accroît les tensions et les désordres de tout ordre dans la mesure où elle est, par nature, porteuse d'exclusion au Sud et au Nord. Sa mécanique essentielle est anti-sociale et anti-écologique. Elle déverse de la frustration pour les populations exclues du festin et de l'entropie sur l'environnement. Réduite à sa plus simple expression, elle est une mécanique basée exclusivement sur la concurrence et la compétition entre les individus, les groupes, les territoires, les nations et les continents. Sa machinerie a besoin des besoins. Ainsi, elle en multiplie à l'infini si bien que chaque accroissement de la richesse, par le biais d'apparition de nouveaux produits, crée simultanément de la pauvreté et *in fine* de la misère. Car la vie qu'organise l'économie de marché interdit la pauvreté conviviale ou, dit autrement, l'organisation des sociétés sur la base d'une « *économie conviviale* » tournée non pas sur les besoins du marché planétaire mais en direction des besoins vitaux, définis et maîtrisés localement par les populations elles-mêmes. C'est d'ailleurs ce qui explique la déconnexion des indicateurs de performance de l'économie globalisée et déterritorialisée par rapport à la situation réelle de la grande majorité de l'humanité. La globalisation financière est l'illustration parfaite de ce mécanisme abstrait de dépossession. En somme, le progrès humain et social est, en réalité, irréductible à la croissance économique. Au contraire, celle-ci, dans ses méandres, crée des inadaptés, une masse croissante d'exclus qui alimenteront les autres problèmes de société.

# 2. LA MEDITERRANEE : MOTEUR D'UNE CIVILISATION DE LA DIVERSITE

## 2.1. Du codéveloppement à la coévolution au sein de la civilisation de la diversité

### Le codéveloppement : mythe ou réalité?

Le progrès tel qu'il a été défini et imposé dans la longue marche de l'Occident moderne est à remettre en question en raison de sa dérive vers une économie violente dont l'issue est déjà fatale pour le Sud et, à plus brève échéance, pour le Nord. Tout se passe comme si l'on assistait à la fin de l'occidentalisation du monde au sens d'un modèle unique au moment même où la globalisation nous donne l'illusion d'une fin de l'histoire, le triomphe du modèle des modèles à savoir l'american way of life. Si l'économie est arrivée à ses fins en faisant croire que tout est économique, il n'en demeure pas moins que les mouvements qui montent en puissance prolifèrent sur la base d'autres systèmes de croyances où dominent la spiritualité, les religions, les identités locales, l'écologie, la solidarité, les appartenances, etc. Cette lame de fond remettra en cause de fond en comble les piliers sur lesquels s'est construite la civilisation économique et technique[2]. Il faut donc accompagner cette transition qui se dessine derrière les événements qui ont cours sur la scène internationale.

De ce point de vue, le codéveloppement paraît bien pauvre et limité dans sa portée. Il reste quelque part prisonnier des anciens paradigmes mécanistes et linéaires dont l'obsolescence est stupéfiante. En effet, la notion de codéveloppement est née d'une simple préoccupation concernant la pression migratoire. C'est une prise de conscience mais limitée des problèmes du changement qui s'impose, aujourd'hui. L'imposition du développement était, déjà et à sa manière, une façon d'intégrer l'ensemble de l'humanité à une même civilisation, celle de l'économie. La convergence ne s'est pas faite, au contraire, c'est la divergence qui continue de l'emporter. Les recettes du codéveloppement s'apparentent, le plus souvent, à celles du développement.

En effet, le rôle des investissements directs et des aides, à eux seuls, ne fait pas le développement en l'absence d'un engagement profond des acteurs. L'investissement humain précède l'investissement économique. L'autonomie de ce dernier, au même titre que celle des autres catégories économiques, est une pure chimère. En restant dans le découpage de l'homme opéré par les sciences occidentales, l'essentiel de ce qui fait l'homme nous échappe. Il est à la fois égoïste, calculateur, stratège, altruiste et un être qui a besoin de croire (Zaoual, 1999, Mexico, Panhuys et Zaoual, 2000) et d'appartenir à de multiples communautés. Tout cela fait de lui un insaisissable acteur de situation que nous avons conceptualisé par le concept d'*homo situs*. La sociologie critique des organisations nous dit bien que l'acteur bat le système. De même, l'ethnométhodologie américaine souligne que l'acteur n'est pas un idiot culturel. Ce constat dévalorise incontestablement et avec raison l'expertise en science sociale. C'est d'ailleurs, ce qui rend pertinent la pédagogie d'accompagnement par rapport à toute

[2] Le « *trop plein de la technique et de l'économie* » a créé un vide moral et social, un désarroi civilisationnel. Cette même omniprésence de la raison instrumentale dans le gouvernement des pays globalement riches ne leur garantit pas une cohésion sociale et un progrès sans risques et cela dans tous les domaines. La « *vache folle* » et la crise climatique illustrent cette dérive civilisationnelle.

forme d'imposition de besoins et de modèles. C'est la fin du modèle unique de rationalité et la reconnaissance implicite de l'épuisement de la culture de maîtrise. En déduction, la reconnaissance de l'Autre précède toute tentative de compréhension et d'intervention. Cette nouvelle éthique scientifique nous introduit dans un monde beaucoup plus varié et indéterminé que ne le prétend le réductionnisme de la science classique.

## La sitologie de la coopération et du partenariat

Afin d'avancer dans le domaine de la coopération et du partenariat, il devient nécessaire de forger un ensemble de concepts et de pratiques relevant des échanges interculturels des expériences locales. Pour ce faire, nous exposons ici de manière résumée les principes et les concepts de la démarche des sites symboliques d'appartenance. Comme indiqué, l'économie a besoin de coopérer avec les sciences de l'homme. Ce n'est qu'à cette condition que nous pourrions humaniser les sciences de l'Homme. Contrairement à l'*homo œconomicus*, l'*homo situs* est synonyme du retour de l'homme dans les sciences de l'homme. Car, elles avaient dévitalisé leurs approches en raison de l'excès du formalisme et du matérialisme. Ce qui est un des premiers pas de la rupture avec le paradigme du développement et de la coopération dominé totalement par l'économique et l'utilitarisme. De fait, cette ouverture ouvre la voie à une approche transdisciplinaire de l'appréhension des terrains.

Cette démarche indisciplinée doit aussi conduire à une conception interculturelle de l'Homme. En effet, comme le suggère l'expérience de quatre décennies de coopération au développement, les milieux réagissent, à chaque fois, de manière singulière au changement introduit du dehors. En conséquence, le poids des contingences locales est à prendre en considération. Ces contingences sont faites de religions, d'histoires et de cultures locales. Le jeu des appartenances y est, aussi, fondamental. Ces dimensions sont invisibles du point de point de vue de l'économisme réducteur. Or, dans les pratiques, elles imprègnent profondément les comportements individuels et collectifs. De par leur grande diversité dans le temps et dans l'espace, elles introduisent une grande relativité des lois d'évolution que nous supposons, à tort, universelles à travers les canons des sciences occidentales. A ce niveau comme l'exprime Edgar Pisani, l'Homme du Nord a un long chemin à faire (Edgar Pisani, 1992). Sans aucun doute, les hommes du Sud ont aussi un grand effort à faire en direction d'une démystification du progrès tel qu'il s'est institué sous le joug du capitalisme et d'un Occident conquérant.

Ce dialogue des disciplines et des cultures nous a conduits à forger quelques principes et concepts pouvant déchiffrer les malentendus et les « quiproquos de communications » relatifs à la coopération au développement.

La théorie des sites s'est construite sur la base d'un ensemble de principes évidents lorsqu'on fait un effort de discernement. En premier lieu, la réflexion et l'action dans un milieu donné ne doivent jamais séparer les pratiques des croyances des populations auxquelles nous avons affaire. Ce qui suppose un autodécentrage difficile à réaliser lorsqu'on est habitué à des mécanismes et des routines inhérentes à nos propres représentations et pratiques. Comment alors sortir de soi-même et aller vers l'autre ? Comment croire aux croyances de l'autre même si elles peuvent heurter les nôtres ? Pouvoir se représenter la représentation qu'a l'autre de lui-même et de nous-même frôle le vertige, la transe et introduit la compassion et le respect d'autrui dans le monde de la connaissance instrumentale auquel nous nous sommes habitués. Prenons conscience, d'abord, des innombrables obstacles de ce cheminement qui ne peut s'opérer que par apprentissage et ouverture. La découverte est à ce prix.

Dans nos pratiques les plus concrètes et quotidiennes, chacun, expert compris, porte son site sous sa nuque. Lorsqu'on a à l'esprit un marteau, il est tout à fait naturel de voir des clous partout. La tendance à les enfoncer, sans réfléchir, devient quasi instinctive. La machinerie du développement s'y apprête parfaitement. Cibles, projets et projectiles illustrent ce « *paradigme balistique* », formule de Henry Panhuys (2004). Les sciences dites dures, notamment la physique, ont été beaucoup confrontées à ce type d'énigmes scientifiques. Aujourd'hui, elles en reconnaissent la pertinence. L'objet observé change en fonction du poste d'observation. Si la neutralité est discutable à ce sujet, elle ne peut être qu'omniprésente, voire envahissante lorsqu'il s'agit de faits d'économie et de société. Or, l'arrogance de la connaissance économique, aujourd'hui, est sans commune mesure lorsqu'on écoute les gouvernements, les institutions internationales, les experts et les leaders des grandes firmes. Ils assènent religieusement des vérités dont la portée est plus que discutable. Dans ce climat, le doute devient même synonyme de terrorisme. De proche en proche, une société à l'échelle mondiale se dessine à l'intérieur des nations et à l'extérieur. Or, le progrès de l'homme a besoin de pluralisme.

Revenons à notre fil conducteur et soulignons que nos concepts scientifiques peuvent être, comme l'enseigne l'épistémologie critique dans les sciences, considérés comme des mythes rationalisés. Ce que nous pensons, c'est aussi ce que nous croyons. En d'autres termes, contrairement au scientisme, la connaissance objective contient une grande subjectivité dissimulée derrière nos modèles et nos techniques de quantification du progrès économique et social. Ici, le produit national brut se révèle être un système de valeurs, celui d'une société qui sacrifie tout y compris son âme pour la domination de l'homme et de la nature. La concurrence, l'accumulation, le profit pour le profit et enfin l'individualisme, donc, l'égoïsme et l'opportunisme, deviennent ses icônes. En ce sens, cette conception est fondamentalement incompatible avec les droits de la personne humaine et le respect de la diversité socio- écologique. A l'extrême, elle est destructrice de tout ce qui l'entoure et qui fait la richesse de l'humanité, sa diversité et son penchant naturel à composer, de mille et une manières, avec les écosystèmes locaux. Saisis sous cet angle, les arguments scientifiques de la pensée globale deviennent caducs. Ce qui réconforte la nécessité et l'actualité d'une pensée de la civilisation de la diversité féconde.

Le principe de la relation entre les croyances et les connaissances ouvre la voie à celui de la diversité. En effet, en chaque lieu de la planète, les hommes, de par la mémoire et le parcours de leurs appartenances, pensent et agissent avec un sens implicite à leurs pratiques locales. Ce besoin de sens est vital pour leur existence et leur repérage dans les processus de désordres qui assaillent leur vie quotidienne. Spiritualité, historicité et matérialité y sont enchevêtrées si bien qu'aucune dimension de l'existence ne peut être séparée des autres. Cette diversité est dynamique et infinie dans son étendue comme dans sa profondeur. En conséquence, l'idée d'un modèle unique est non seulement une « *bêtise scientifique* » mais, aussi, un redoutable obstacle dans la pratique du changement. Dans ces conditions, la pensée unique est synonyme d'une paresse morale et intellectuelle qui débouche sur des génocides pratiques à tout point de vue. Son échec à aligner le monde sur un même gradimètre conduit à des affrontements à échelles multiples allant du moindre groupe d'appartenance à celui des nations et des grandes aires culturelles et religieuses. Pour y faire face, il devient, donc, impératif de dialoguer sur le même pied d'égalité en reconnaissant qu'il n'y a plus de voie unique à la stabilisation, à l'entente et au progrès. La définition du bonheur y devient multiple et locale.

Penser cette pluralité, c'est aller vers plus d'harmonie, ce qui supposerait un arrêt de l'uniformisation au profit d'une *conception mosaïque du monde.* Ce respect de la diversité s'accompagne, en toute logique, de la nécessité de contenir l'économique par l'interculturel, la concurrence par la coopération, la croissance par des coévolutions intégrant l'ensemble des cosmovisions de l'humanité, par nature, diverses. Pour donner une image macroscopique à ce débat : orientaliser l'Occident et occidentaliser l'Orient, en connaissance de cause. Bien entendu, cet impératif interculturel doit être étendu au moindre groupe humain si petit qu'il soit, où qu'il soit situé géographiquement, dans la forêt la plus reculée, le désert le plus étendu ou l'espace urbain le plus complexe qui soit. Cette horizontalité est d'actualité face à la toxicité du développement et de la mondialisation. Personne n'a plus le monopole de la vérité. Chaque identité est la bienvenue dans le ring de l'efficacité, car celle-ci est indéfinissable en dehors du site symbolique de chaque groupe ou organisation humaine. Ici, l'éthique borne, structure et humanise, en profondeur, la technique. C'est leur séparation par les pratiques du développement et de la coopération qui conduit au chaos technique auquel nous assistons en direct aujourd'hui. Face à cette tentation, il advient, en toute logique, que la culture de maîtrise touche à sa fin et fonde la nécessité d'un troisième principe celui de la prudence. Cette incertitude conduit à l'idée que c'est l'homme de la situation, *l'homo situs*, qui détient les solutions de sa propre situation. Au plus, seule une pédagogie d'accompagnement peut être retenue comme le suggère la démarche des sites.

En somme, ces quelques considérations se condensent dans les concepts abstraits-concrets de la théorie des sites. Un site est, avant toute chose, une entité immatérielle, donc, invisible. Il imprègne les comportements individuels, collectifs et toutes les manifestations matérielles d'une contrée donnée (paysage, habitat, architecture, savoir-faire et techniques, outils, etc.). De ce point de vue, le site est un espace cognitif qui tire sa consistance de l'espace vécu des acteurs. Sa « *boîte noire* » renferme les mythes fondateurs, les croyances, les souffrances, les épreuves endurées, les révélations, les révolutions traversées, les influences subies ou adoptées, etc. Tout ceci s'accumule dans l'identité du site transmise par la socialisation entre les générations. Ce qui lui donne un caractère unique même si l'on peut y découvrir aussi des similitudes rencontrées dans d'autres groupes humains voisins ou éloignés. Cette unicité fonde la diversité des multiples sites d'une région, d'une nation, d'un continent et finalement de l'ensemble de l'humanité. Ainsi, la diversité est omniprésente et proliférante en raison du changement incessant qui caractérise tous les milieux sociaux.

En effet, tout site est singulier tout en étant ouvert sur son environnement local, régional, national et mondial. Sa singularité se nourrit de ces diverses diversités. Cet enchevêtrement lui interdit tout repli total et barre la route, ainsi, à toute lecture uniformisante de son passé et de ses propres traditions. Qui cherche la pureté, trouvera de la destruction. Cet avertissement est valable tant pour le culturalisme statique que pour l'économisme réducteur, d'où les principes pluralistes de la sitologie. Le site contient naturellement un code de sélection qui institue des « *douanes invisibles* » quant au mixage des influences, cette alchimie dont sont le théâtre les identités culturelles. Ces métamorphoses sont le signe d'une dynamique ouverte et indéterminée.

Comme les croyances partagées imprègnent les conceptions du monde, les concepts qui se drapent de scientificité n'y échappent pas. Ainsi, les connaissances, les modèles, les théories et, plus concrètement, le savoir social, sont, fortement, influencés par la cosmovision du site. Cette relativité suggère que chaque site a sa « *boîte conceptuelle* » qui le guide, souterrainement, dans ses pratiques. De cette profondeur surgit, à la surface des faits plus ou moins visibles, une troisième boîte, à savoir la « *boîte à outils* ». Celle-ci renferme son savoir-faire, ses outils, ses modes d'exploitation de l'environnement, etc. Tout indique que le savoir-faire d'une population est intimement lié à son savoir-être, une façon de considérer l'identité comme un moteur symbolique de l'efficacité d'une organisation sociale.

Les trois niveaux de réalité ici décrits par l'intermédiaire de cette pédagogie des boîtes sont intimement liés dans l'architecture du site comme lieu fondamental d'entente et de coordination entre les adhérents du site. C'est, d'ailleurs, ce qu'Emmanuel Ndione appelle les *reliés* de la *société en grappes* à travers sa description empirique de la société sénégalaise. A l'image de la « main invisible », le site, autre réalité invisible, induit, en effet, ses propres modes de coordination entre les hommes. Ainsi, il n'y a pas que le marché qui soit le seul mode d'échange possible entre les hommes. La solidarité, la réciprocité, le don, etc., sont aussi parties prenantes de la condition humaine. Ces procédures pratiques tirent leur consistance des croyances collectives du site. Celui-ci, dans sa recherche de la cohésion génère du capital social qui vient en soutien aux membres de la communauté. C'est pour cette raison que les microsociétés locales d'Afrique, du Maghreb et d'ailleurs sont le théâtre d'une intense circulation monétaire, de biens et de services sous forme de transferts communautaires qui survivent en situation migratoire de part et d'autre de la Méditerranée. Ce qui fonde l'idée que le site, avant de se matérialiser, sous la forme d'un territoire géographiquement déterminé, a une essence immatérielle.

En conséquence, le site se déplace et se modifie, en partie, avec la mobilité des populations. Ce qui donne lieu à des réseaux transnationaux qui animent l'économie informelle du Sud à partir du Nord. Chacun a donc ses propres multinatinationales ! Ainsi, après avoir été envahis par la colonisation et le développement, les sites du Sud migrent aussi vers le Nord et, au bout du compte, les sociétés européennes deviendront, de plus en plus, multiculturelles. Ces dernières ont cru pendant longtemps qu'elles avaient importé des forces de travail abstraites, elles se sont rendues compte qu'elles avaient importé des hommes, avec leurs cultures et leurs histoires. C'est ainsi qu'en l'absence de dialogue, les conflits de sites peuvent aisément se substituer à la lutte des classes. Ce qui est déjà le cas au sein des nations et à l'extérieur.

C'est en ayant à l'esprit toutes ces considérations que la pédagogie du partenariat pourrait améliorer sa performance en agissant à partir de la multiplicité des sens que les hommes donnent à leur monde. Il faut, donc, prendre en compte la multiplicité des « *bonnes vies* » que dévoile la diversité des sites. L'écoute et l'immersion dans la multiculturalité sont de rigueur pour mieux accompagner sans imposer. Ainsi, le dialogue des « *boîtes noires* » est primordial avant toute idée d'entreprendre. C'est ce qui a fait défaut au développement et même au codéveloppement car celui-ci peut aussi s'accompagner d'une simple silhouette de l'Autre. De plus, l'horizon du codéveloppement est aussi la concurrence, l'accumulation et leurs cortèges de problèmes sociaux, humains et écologiques. La nécessité de trouver un substitut au développement dans le cadre de la civilisation de la diversité s'impose d'elle-même. Et, c'est pourquoi, la théorie du site, dans son aspect « *économique* », se prononce pour une soft économie, une économie non violente redéfinissant l'ensemble des principes et catégories économiques ordinaires. L'écologie, la cohésion sociale et la diversité culturelle l'exigent.

En déduction de l'approche des sites, découle l'idée que le partenariat intersites repose sur le cochangement des acteurs. Dans ce processus, la reconnaissance mutuelle précède la connaissance instrumentale. Tout y est à situer par rapport aux hommes impliqués. Ceux-ci sont porteurs d'histoires et de visions du monde dont les convergences doivent être cherchées par tâtonnement sans a priori. Le réductionnisme et le déterminisme sont à mettre à l'écart. Il s'agit d'un processus de découverte par apprentissage. Ainsi, des catégories tranchées comme celle de l'économisme y sont des obstacles épistémologiques. A titre d'exemple, l'*homo œconomicus*, un des fondements de la science économique, n'est pas apte à l'ajustement que présuppose une coopération en profondeur. Il faut, plutôt, s'orienter vers une approche qui appréhende l'acteur de la situation dans toutes ses dimensions et sa complexité.

Dans cette nouvelle perspective, l'*homo situs* est un homme concret, varié et variable de par les principes exposés. Il ne se laisse pas découper. Il déploie une rationalité composite, donc, métisse. Elle tient compte des contraintes et des valeurs du site. Il s'avère ainsi que les postulats des projets d'entrepreneuriat et de développement implicite à la coopération sont fortement réducteurs. Ils doivent, en réalité, tenir compte de l'ensemble des niveaux de réalité du site et du contexte de l'acteur. Ainsi, la coopération et le partenariat ont besoin d'une plus grande flexibilité conceptuelle et culturelle pour mieux réussir dans la pratique. Car le site et l'*homo situs* ont plus d'un tour dans leur sac. Ils peuvent se maquiller pour mieux plaire au partenaire en gardant dans le secret, donc, leur « *boîte noire* », leurs propres finalités. Ces divergences sont synonymes de gaspillages de temps et d'argent. La transparence ne peut se faire que par la reconnaissance qui conduira à une plus grande confiance. Pour ce faire, la différence doit être tolérée de part et d'autre pour mieux agir ensemble.

## 2.2. L'Afrique et l'Europe face au défi de la civilisation de la diversité

Le Maghreb réconcilié avec lui-même pourrait redevenir un espace de dialogue et de relations de solidarité entre l'Europe et l'Afrique. Cet objectif ne peut être réalisé que si l'Union de ces différents acteurs se fait autour des valeurs de la civilisation méditerranéenne. « *La Méditerranée*, écrit Giovanna Tanzerella (Balta, sous la dir., 1992), *est un mythe porteur. L'histoire le prouve. Le destin du Nord et du Sud, de la mer orientale et de la mer occidentale, sont liés pour le meilleur et pour le pire. Dès lors, il ne tient qu'aux Méditerranéens de faire de la Méditerranée un projet pour leur avenir* ». Cette relecture suppose d'elle-même une sortie du paradigme du développement et de la globalisation sous domination américaine. De par sa lecture critique des échecs du développement et de sa mise en évidence de la performance des

« *dynamiques informelles encastrées* », le paradigme des sites symboliques d'appartenance renoue avec les valeurs de tolérance et de diversité de la civilisation méditerranéenne, revisitée à la lueur de l'évolution. En effet, l'expérience nous enseigne, aujourd'hui, que l'uniformisation est une simple vue de l'esprit[3], celui qui anime en profondeur la pensée globale. Réductionniste par définition, elle n'est globale que par son nom. La seule dimension qu'elle pense est l'économique, de plus sur le mode de la « *Macdonaldisation* » du monde. Elle voit le même partout, donc aveugle. Son projet est porteur de conflits car prédateur de ressources et destructeur de la diversité. Il concentre la richesse d'un côté et l'exclusion de l'autre (Zaoual, 2002, Centre J. Lebret).

Les pays du Maghreb dont le peuplement est au seuil des 100 millions d'habitants devront faire preuve d'une grande imagination face aux multiples défis qui les assaillent. Une des premières embûches est d'en finir avec ce conflit latent et stérile entre l'Algérie et le Maroc sur la question du Sahara marocain. Afin de peser dans les évolutions futures, il est urgent de relancer l'Union du Maghreb Arabe (Maroc, Algérie, Tunisie, Mauritanie et Libye). La constitution de cet ensemble est essentielle pour tous. Sa nécessité est stabilisante : zone d'ancrage et de trait d'union entre l'Afrique et l'Europe.

L'Union du Maghreb Arabe ne signifie pas un assemblage artificiel concocté par les bureaucraties nationales. Il faudrait opter pour une large décentralisation culturelle et politique au sein d'un Maghreb Uni, principes de site obligent. Chaque population devrait avoir la liberté de gérer localement son organisation culturelle, sociale et économique et de nouer des relations avec d'autres entités à l'intérieur et l'extérieur du Maghreb. Ce qui permettra de sauvegarder les diversités endogènes au Maghreb et d'induire ainsi

---

[3] Vue du dessous, la mondialisation laisse entrevoir un monde beaucoup plus varié que ne le laissent entendre les sciences ordinaires de l'économie et du management, par extension l'ensemble des savoirs de la pensée éclatée à laquelle nous a habitués la modernité. Pour plus de précisions, voir par exemple notre contribution aux activités du Centre Lebret : « La mosaïque des cultures face à un monde uniforme », *Foi et développement* n°290, janvier 2001, Centre L. J. Lebret, pp. 1-5. Texte repris et commenté en langue espagnole dans *Revista académica Polis*, Santiago.

un ensemble démocratique de microcivilisations dont le besoin se fera sentir dans les années à venir avec l'épuisement social et écologique de la globalisation économique[4]. Seules les grandes infrastructures et d'autres dépenses de même nature pourront mobiliser le concours concerté des gouvernements au sein de l'Union. Ni les Etats, ni le marché globalisé n'ont de solutions à proposer. Au contraire, plus la globalisation s'intensifie plus le besoin d'ancrage local se fait sentir. Ce paradoxe découle du vertige économique et culturel que la mondialisation entraîne derrière elle. Elle produit du vide. Des populations entières perdent ainsi leurs repères cognitifs, et, par voie de conséquence, la capacité à s'autogérer localement. C'est pour cette raison que l'échelle locale est devenue pertinente et, dans sa mouvance, la gouvernance et la coopération sur de petites échelles.

De par sa diversité endogène, l'Europe est apte à ce dialogue d'autant plus qu'elle ne pourrait atteindre son statut de puissance mondiale qu'à cette condition. Sa propre identité ainsi que celles de ces multiples composantes nationales et régionales s'en trouveraient sauvegardées et renouvelées. La montée en puissance des identités territoriales ainsi que le besoin d'une nouvelle économie de la diversité respectueuse de l'Homme et de la nature que ressentent au sein d'elles-mêmes les sociétés européennes répondent à ce scénario. Il est utile à ce sujet de rappeler l'importance actuelle que revêt la politique régionale de l'Union européenne, le développement local, la décentralisation, la gouvernance, l'économie solidaire et sociale, l'environnement

---

[4] Excluant socialement de nombreuses personnes, l'économie engendre des catastrophes écologiques qui, à leur tour, entraînent des catastrophes économiques, comme le montre, à titre d'exemple d'actualité, le naufrage sur les côtes espagnoles du tanker le Prestige ! De par la dimension globale des phénomènes de destruction de l'environnement, il serait tentant d'user de la notion de codéveloppement durable bien que le terme durable est incompatible avec la prééminence de l'économie de marché dont le fonctionnement le plus intime présuppose, de fait, un gaspillage des ressources naturelles. En effet, le système en question ne peut survivre et s'étendre que par des prélèvements croissants sur le travail des hommes et de la nature. A ce sujet, de par son poids démographique et son rythme de croissance, l'économie chinoise nous réservera de grandes surprises économiques et écologiques lorsqu'elle s'approchera totalement du modèle de production et de consommation américain et européen.

(Kherdejemil, Panhuys et Zaoual, 1998). Tout ceci atteste la pertinence d'une économie de diversité ancrée dans les cultures locales (Granier et Robert, 2002). Par extension le concept de civilisation de la diversité y gagne en pertinence. Dans toutes ces orientations, il sera vital, dans l'avenir, de tempérer fortement l'économie de marché en l'articulant avec d'autres formes de vie économique relevant de la cohésion, de la solidarité, de la réciprocité et du partenariat à la base bien compris, etc.

De par leur profondeur historique, les relations entre l'Espagne et le Maroc peuvent être un laboratoire de première ligne du renouveau de la civilisation de la diversité en Méditerranée. Ces deux pays ont tous les atouts potentiels de cette grande bifurcation, donnant ainsi le ton à l'ensemble des relations entre l'Afrique et l'Europe. « *J'exhorte mes compatriotes à réfléchir horizontalement pour le grand Maghreb, et verticalement pour l'Europe-Afrique. Voilà un beau pari, un pari historique* » déclarait feue S.M. Hassan II (cité par Moha, 1994). Ce cheminement est nourri d'une grande diversité, celle de l'Occident, de l'Orient et de l'Afrique. En effet, tout système de régulation à forte variété présente une plus grande viabilité que l'option de la globalisation économique qui privilégie la concurrence contre la coopération, l'économie contre la vitalité de la diversité des cultures et des sociétés de part et d'autre du Détroit. Culturellement, l'économique rend étroit le Détroit dans la mesure où l'uniformisation dont il est porteur conduit directement à l'implosion civilisationnelle. C'est pour cette raison fondamentale que le Maghreb réformé en direction des principes du paradigme de la civilisation de la diversité et l'Europe, particulièrement l'Europe du Sud, la Latine, ont une nouvelle mission, celle du dialogue et de la concertation, en écartant les excès d'une modernité réduite à une simple économie de marché et les obscurantismes des traditions figées de part et d'autre. C'est une véritable révolution paradigmatique dont il s'agit[5]. Dans cette

---

[5] Cf. certains de nos récents textes sur la nécessité de renouveler de fond en comble la pensée économique ordinaire : « Principes d'économie de la proximité et du site. Comment repenser la pensée économique? » (26 p.), Colloque international *Comment penser une économie politique ?* Programme international de recherche PEKEA: *Political and Ethical Knowledge on Economic Activities*, ERUDIT, I.E.P., Université de Rennes 1/ Université de Valparaíso, Santiago,

perspective, le Maghreb et l'Afrique deviennent des sujets au même titre que l'Europe. Personne n'est l'objet de personne. La crise du progrès nous y invite. Cette crise de la civilisation économique remet à l'ordre du jour toutes les sensibilités et les perceptions de la condition humaine. Les vieux pays développés y acquièrent le statut de laboratoire au même titre que les autres. C'est une façon de dire qu'il n'y a plus de modèle. Fin d'un système économique, fin d'une culture (Zaoual, 2003, Panhuys, 2004, *La fin de l'occidentalisation du monde*).

## CONCLUSION

Au terme de ce texte, nous avons tenté de montrer que le Maghreb, notamment à travers le Maroc, avait toujours joué le rôle d'un carrefour entre les multiples vagues de cultures et de civilisations qu'a connues la Méditerranée depuis la nuit des temps. Ses relations historiques avec l'Afrique et l'Europe lui avaient assuré un rayonnement incontestable. La civilisation andalouse en a été le point culminant. Sa décadence n'a pas totalement effacé cet héritage enfoui dans son patrimoine le plus profond. C'est ce qui fait encore sa richesse la plus cachée. Cependant, le colonialisme et, à sa suite, le développement qui se voulait indépendant, le maintiennent dans une position marginale par rapport à son véritable potentiel. Le mimétisme des modèles économiques venus d'ailleurs n'a pas assuré son retour sur la scène de la Méditerranée. Effacé, divisé, humilié, il reste un des grands absents.

Aujourd'hui, il se trouve devant une grande bifurcation. Soit, il continuera à colmater une économie moribonde héritée des pratiques obsolètes du développement et de la mondialisation. Cette voie paraît menacée à brève échéance par l'évolution des données démographiques, des inégalités et des injustices criantes.

---

Chili. Septembre 2002. http://Pekea.free.fr; « L'économie peut-elle être solidaire et plurielle ? », *Economic Research Forum*, Le Caire, 2001, 25p. Publication du Centre International de Recherche sur les Economies arabes, turque et iranienne. http://www.erf.org.eg/database/paper.asp. Publié aussi pour l'espace francophone dans *Némésis, Revue d'analyse politique et juridique*, n° 3, 2001, pp. 31-52, Collection du Centre d'analyse politique, Presses universitaires de Perpignan.

Les désordres multiples se feront jour. Ce qui est déjà le cas au regard de la situation algérienne. La violence s'étendra peu à peu à l'ensemble de la région à travers des modes divers comme des guerres civiles, une tension accrue entre le régime de la junte au pouvoir en Algérie, au Maroc, la contrebande de biens et de produits illicites, et, enfin, une plus grande activité des flux migratoires vers le Nord et d'autres destinations.

Les réponses à ce scénario catastrophe peuvent être multiples et combinées. Une des premières réponses consisterait dans la relance de l'Union du Maghreb Arabe. Elle assurerait une régulation économique et une meilleure harmonie de l'ensemble des peuples de la sous région. Dans le même mouvement, il deviendra impératif de reformuler le projet de la modernisation en tenant compte des limites écologiques, sociales et morales de la pensée et des pratiques qui ont cours au Nord de la Méditerranée. C'est une situation inédite d'une innovation civilisationnelle. C'est dans ces termes que l'intégration à la zone de libre échange avec l'Europe doit être discutée. Elle trouvera, sans aucun doute, des alliés à l'intérieur des sociétés civiles européennes marquées par une montée anti-globalisation. A ce niveau de convergences, le Maghreb renouera avec son rôle d'espace de relations et d'innovations entre l'Europe et l'Afrique. Devenu laboratoire de la civilisation de la diversité, le Maghreb pourrait, en alliance avec l'Europe et l'Afrique lancer le mouvement des pays culturellement non alignés sur les normes et les pratiques de la globalisation dominée par la puissance américaine. Cette conjugaison économie, cultures et écologie est l'orientation susceptible de contrer les effets néfastes de la globalisation sur la diversité stabilisante dont est dépositaire la Méditerranée. Dans ces conditions, des politiques de cochangement agissant entre les acteurs et les territoires des sociétés méditerranéennes et subsahariennes seront d'un grand intérêt dans l'expérimentation d'un nouveau paradigme de la coopération. Sachant que les véritables changements se font à la base, l'échelle locale devient, dans le contexte des impasses de la globalisation, le niveau le plus pertinent. C'est ainsi que la dimension interculturelle de l'axe Europe-Maghreb-Afrique contribuera à la future civilisation de la diversité qui se dessine derrière les anomalies du modernisme. Dans cet aprèsmondialisation, la postmodernité sera, à chaque fois, située au sens de la théorie du site ou ne sera pas.

# Chapitre 5

## L'INTERCULTURALITE: UNE DIMENSION OUBLIEE DES ACCORDS DE BARCELONE [1]

### INTRODUCTION

Les relations entre l'Europe et les pays de la rive sud de la Méditerranée constituent un bon laboratoire pour la réflexion et la prospective sur le développement et la globalisation économique. Toute prospective exige un état des lieux susceptible d'ouvrir la voie à une nouvelle coopération entre la rive sud et la rive nord de la Méditerranée: les accords de Barcelone peuvent être une de ses modalités. L'actualité exige un élargissement de ces accords à une réflexion plus approfondie sur les dimensions humaines et culturelles. En effet, l'économisme qui inspire ce type de partenariat n'est plus une réponse pertinente ni aux problèmes de société et d'environnement ni même aux énigmes économiques. Tout se passe comme si l'avancement de l'approche économique avait besoin lui-même d'une critique radicale à partir des autres domaines de l'homme. C'est dans cette ouverture à la fois interdisciplinaire et interculturelle que des avancées en termes d'interprétations et d'actions sur les terrains deviendront possibles dans un proche avenir.

Dans cette conjoncture, les gens du Sud de la Méditerranée doivent accepter l'idée qu'il n'y a plus de modèle. Le Nord n'est plus totalement l'avenir du Sud. L'un a besoin de l'autre pour promouvoir une civilisation de la diversité capable de corriger en profondeur la *civilisation économique du capitalisme* dont les ressorts et les conséquences exigent une nouvelle réinterprétation à

---

[1] Ce texte inédit est celui d'une communication faite au Colloque international sur *Le partenariat euro-méditerranéen : quelle actualité ?* coorganisé par le Groupement d'Etudes et de Recherches sur la Méditerranée et la Fondation Friedrich Ebert de Rabat, les 15 et 16 avril 2005 à Rabat.

la lueur de l'actualité internationale. Cette analyse critique peut s'appuyer à la fois sur les insuffisances notoires de ce système économique dans les pays globalement riches d'Europe (chômage, exclusion, misère, S.D.F. assimilables à des hommes sans direction fixe) et le *mal développement* des pays de la rive sud de la Méditerranée. Il y a là des convergences de niveau universel qui incitent à une alliance quasi naturelle entre l'Europe et l'ensemble des peuples de la Méditerranée. En effet, celle-ci de par l'histoire et la proximité a toujours été un formidable moteur de mélanges culturels. Ces processus de métissage indiquent la voie de l'interculturalité dans les relations euro-méditerranéennes. Le Judaïsme, le Christianisme, l'Islam, la Modernité ont parcouru, successivement les deux rives. Ces échanges spirituels, culturels et commerciaux ne datent pas d'aujourd'hui. Tout cela a imprégné en profondeur les communautés et les nations du pourtour de la Méditerranée. Ces couches culturelles et historiques lui confèrent le caractère d'une *mosaïque de sites* qui échappe à nos catégories intellectuelles fortement influencées par les sciences parcellaires telles que l'économisme. Celui-ci sert de légitimité scientifique dans les réformes menées de part et d'autre des deux rives de la Méditerranée en asservissant les peuples d'Europe et d'Orient à une globalisation uniformisante conduite par les puissances anglo-saxonnes et à leur tête l'impérialisme US. Pourtant, il revient aux pays de la Méditerranée de définir et de régler leurs propres problèmes de sécurité et de prospérité. Ils n'ont pas besoin d'un modèle venu d'ailleurs n'intégrant pas la riche pluralité dont ils sont détenteurs. C'est face à cette hégémonie uniformisante et appauvrissante que l'Union européenne associée aux pays de la rive sud peut introduire sa propre sensibilité, celle d'un humanisme capable de mettre l'économie au service de l'homme mais non le contraire. L'Union des Pays de la Méditerranée, l'UPM, aurait tout le potentiel de la construction d'une civilisation alliant la diversité culturelle, la sauvegarde de la biodiversité et le renforcement de la cohésion sociale [2]. Ces nouvelles visions et pratiques de la

[2] Voir Calme Nathalie (sous la dir.), *L'Esprit de Fès. Dédié aux générations futures.* Paroles d'ouverture de Sa Majesté le Roi Mohammed VI, Préfaces de Bernadette Chirac, Jack Lang, Conclusion de S.A.R. le Prince Charles, Editions

coopération nécessitent un nouveau paradigme, *une sorte de pensée postglobale*[3], aux antipodes de celui de la concurrence entre les hommes, les territoires et les nations[4]. C'est à cet objectif qu'est assigné ce texte dont les arguments théoriques et empiriques capitalisent en matière de développement près d'un demi-siècle d'erreurs considérées comme fécondes par toute pédagogie d'apprentissage.

## 1. LE PARCOURS DE L'EXPERIENCE DE LA COOPERATION AU DEVELOPPEMENT

L'histoire intellectuelle et pratique du développement dans les pays « pauvres » nous enseigne que la coopération internationale a été dominée, jusqu'à nos jours, par une vision unilatérale, celle qui postule que le progrès et la prospérité découlent d'une application systématique des modèles d'économie et de management formulés hâtivement à partir de l'expérience des grands pays industrialisés. Ce paradigme de transfert résiste au changement. En dépit des échecs successifs de ce mode opératoire dans de nombreuses contrées de l'hémisphère sud, les idées sous-jacentes au *discours de la globalisation* sont similaires à celles qui

---

du Rocher, mai 2004, pp. 98-102, 446 p. (84 auteurs de renommée internationale). Avec le soutien financier et la participation intellectuelle de la Banque Mondiale.

[3] Cf. notre ouvrage : *Nova Economia das Iniciativas Locais. Uma introdução ao pensamento pós-global* (La Nouvelle Economie des Initiatives Locales. Une introduction à la pensée postglobale), DP & Editora, Rio de Janeiro, 193 pages. Avec le soutien du Consulat Général de France, 2005.

[4] Contrairement aux croyances scientifiques des économistes, la nature elle-même, dans sa vie luxuriante, ne fonctionne pas sur la base de mécanismes réducteurs. En effet, prenant le cas de la sélection, *équivalent biologique de la concurrence économique*, cette modalité n'est pas la seule à gouverner l'évolution des espèces et des écosystèmes. Au contraire, le monde de la nature recèle une grande variété de mécanismes qui fait appel à l'interdépendance, à la coopération et à d'autres mécanismes beaucoup plus subtils que ne laisserait prétendre une approche darwinienne appauvrie. Les économistes n'ont retenu de la biologie que la concurrence vitale dans leur paradigme. Ce qui est compatible avec toute la philosophie individualiste de leur démarche qui est d'une portée limitée quant à l'explication de l'anatomie des phénomènes économiques.

avaient donné lieu aux *vieilles théories du développement.* De ce point de vue, la mondialisation est à considérer comme la « *sœur jumelle* » du développement. A quelques nuances près, ce n'est ni plus ni moins qu'un « *copier-coller* ». A y regarder de près, la prospérité d'un pays, selon cette vision de la société et de l'homme, trouve son explication dans les principes d'économie politique hérités de l'histoire intellectuelle de l'Occident. Les économistes néoclassiques et marxistes ont réduit sa prospérité au développement de son économie et à sa puissance technique et scientifique que le marché fusionne progressivement selon les impératifs du profit. Cet enchevêtrement donne lieu à ce que nous avons appelé la « *sainte alliance* » entre le marché et la technoscience. Cet alliage est porteur de nombreuses incertitudes au plan de la *biodiversité*, de la *diversité culturelle* et de la *cohésion sociale.* La société européenne en prise avec une « *surmodernité* » est, d'ailleurs, devenue une « *société du risque* »[5]. Elle devrait devenir un laboratoire pour les savoirs du Sud afin de ne pas commettre les mêmes erreurs cumulatives.

Cette *civilisation matérielle* au sens de Braudel puise, en réalité, ses sources dans une *culture de maîtrise et d'accumulation* née de la *Renaissance italienne* et du *siècle des Lumières.* La raison y a détrôné la religion. C'était le cataclysme introduit par la modernité. L'ensemble des institutions de la société moderne en porte les empreintes. Ce qui explique *les conflits de sens* que les échecs du développement au Sud et les crises économiques aiguisent, aujourd'hui, dans les relations internationales. En vérité, l'idée que le changement culturel a précédé les changements industriel, technique et économique est soutenable dans l'analyse du parcours des pays d'Europe les plus puissants. De nombreux faits concordent pour asseoir les bases de ce diagnostic puisque les transferts Nord-Sud de modèles conduisent à des échecs cuisants. Le développement est exporté, sans prudence, sous formes de théories, de modèles, de concepts réducteurs, d'institutions formelles et d'un « *amas matériel* » ayant peu d'adhérence locale

---

[5] Beck Ulrich, 2001, *La société du risque*, Aubier, Paris. Voir aussi du même auteur : « *Nous avons besoin d'une culture du risque* », entretien avec *Le Monde*, mardi 20 novembre.

au plan des trajectoires et des histoires des sites-cibles. Le transfert d'un modèle ne garantit pas celui du *sens commun* de son site d'origine. Dans ces conditions, il est tout à fait logique de considérer le « *développement aéroporté* » comme une « *carrosserie sans moteurs* ». D'ailleurs, sous les tropiques, elle rouille le plus souvent ! Les faits en matière d'usines clefs en main le démontrent amplement. Lorsque tout est pensé et fait par les forces exogènes à un site, celui-ci se rebiffe et phagocyte le changement imposé du dehors.

De façon générale, *l'industrie du développement* impose, le plus souvent, la formule : *ne pensez pas, nous le faisons pour vous, payez !* Cette posologie du développement interdit le développement des capacités d'innovation locale. C'est de la pure consommation, donc de la destruction. A ce niveau de réalité, le développement s'auto-détruit de lui-même et génère son contraire. C'est exactement ce qui se passe sur les terrains. Ni l'aide, ni la réduction de la dette, ni même l'investissement ne peuvent être d'un grand secours de ce point de vue.

En résumé, le développement est irréductible à un simple système économique que régulerait le marché. L'expérience montre amplement que ni l'argent ni la technologie ne garantissent le développement entendu comme progrès pour tous. Aujourd'hui, la croissance économique dans les pays qui s'affichent comme modèles n'est plus compatible avec un *mieux-être* pour tous de par ses conséquences sur l'emploi, la répartition des richesses et au total sur la « *qualité de vie* ». Les catégories économiques ne sont plus régies par des relations mécaniques stockables dans des modèles formalisés. La science économique occidentale a fait long feu.

Du point de vue éthique, l'homme moderne est en désarroi lorsque les lois économiques sont au pouvoir. Dépouillé de sa *sociabilité*, il est éduqué à devenir un *homo œconomicus*, un animal à produire et consommer. C'est cette *anticulture* (expression empruntée à S. Latouche) que nous propose la globalisation économique. Seul l'intérêt individuel est considéré comme aiguillon de tout comportement humain. Ce qui est générateur d'*incertitudes* qui viennent, paradoxalement, contrarier le projet des économistes orthodoxes de transformer l'ensemble de la société en société de marché. L'*homo œconomicus*, de par ses mobiles, est porté à maintenir son semblable en situation d'*asymétrie d'information* ou tout simplement dans une *relation d'incertitude*. Que d'amis et d'ennemis nous avons rencontrés dans la même personne. Lorsque tout le monde se met à la *stratégie*, c'est la *tragédie* ! L'*homo œconomicus*, en détruisant la confiance, tend à neutraliser toute proximité et solidarité. En somme, ce modèle de l'homme que la pensée globale propose et impose à toute l'humanité a une essence antisociale. En Méditerranée comme ailleurs, nous avons tous besoin d'une nouvelle définition de l'homme dans son universalité et dans sa diversité.

Au plan de la critique interne du raisonnement économique, les économistes des conventions ont assez démontré que le marché s'autoparalyse en raison de ses insuffisances notoires à coordonner les agents économiques. Face à ces incomplétudes, les agents économiques ont besoin de règles, de conventions, de partenariats, voire de croyances communes pour se repérer non seulement dans leur vie sociale mais même dans leur vie économique. Ces problématiques sont bien présentes dans les champs de recherche du management des entreprises, du développement local, dans les *dimensions cachées* des échecs des modèles formels d'économie et dans le succès des pratiques économiques locales qui relèvent, le plus souvent, des mondes informels. Tout ceci réintroduit l'éthique dans le monde de la technique qui se croyait à l'abri des valeurs que les hommes portent en eux-mêmes.

Poussés à l'extrême, ces constats nous incitent à croire que les économies ont un *caractère prophétique*. Autrement dit, elles ont besoin d'un enracinement dans les croyances locales pour que ça marche. Leur variété contrarie toute idée d'un modèle unique. La faillite du développement et les antagonismes culturels corroborent ce constat. De ce point de vue, c'est *la fin de l'occidentalisation comme modèle unique*[6]. Cette conclusion a fait

---

[6] Cf. Zaoual, « La fin de l'occidentalisation du monde ? De l'unique au multiple », in *Défaire le développement. Refaire le monde.* Ouvrage collectif de l'Association *La ligne d'horizon. Les amis de François Partant*, Parangon, L'Aventurine, Paris, 2003, pp. 269-291. Avec le soutien de l'Union européenne,

l'objet de nombreux travaux relatifs au *paradigme des sites symboliques d'appartenance* et cela dans divers domaines[7] : coopération au développement, globalisation, économie informelle au Maghreb et en Afrique subsaharienne, développement local, décentralisation, gouvernance, management interculturel d'entreprise et de projet, microcrédit, pauvreté, environnement, innovation et capital humain, habitat, etc.

Tout semble indiquer que le dynamisme économique reposerait sur des *prophéties autoréalisantes*. C'est ainsi que la théorie des sites[8] met au centre de son dispositif les systèmes des croyances communes des acteurs. Au plus près de la pratique, il n'y a plus de concepts ou d'outils neutres, d'où l'utilité de la pédagogie d'accompagnement de l'approche par les sites. Tout ceci est essentiel pour les futures pratiques du partenariat euro-méditerranéen. La réorientation de la coopération internationale en direction des acteurs de la société civile et des communautés de base en est un des signes avant-coureurs depuis quelques années.

Dans ce contexte, la *coopération décentralisée* présuppose un *dialogue de sens* entre les acteurs concernés par une situation. Les niveaux de réalité et d'échelle les plus pertinents sont leurs visions du monde et leurs espaces de vie. C'est à cette profonde *proximité* qu'invite la théorie des sites[9]. Elle mobilise la *Proximité*, la *Diversité* et la *Gouvernance*. Cette démarche d'accompagnement que l'on pourrait qualifier de *PDG* est flexible dans la mesure où toute rigidité, conceptuelle et/ou pratique, s'accompagne

---

l'UNESCO et le *Monde Diplomatique*. Autres auteurs : F. Appfel-Marglin, José Bové, Serge Latouche, Ivan Illich, François Ravignan, Gilbert Rist, Marie-Dominique Perrot, etc. Se reporter aussi à l'ouvrage substantiel de Henry Panhuys paru sous le même titre, Collection Economie plurielle, L'Harmattan, 2004, 536 p.

[7] Se reporter, entre autres, à la série de thèses de doctorat du GREL figurant dans la bibliographie de l'ouvrage.

[8] Pour une initiation à la sémantique conceptuelle de cette théorie, voir Zaoual H., « Culture et développement » (pp. 83-85) et « Site d'appartenance » (pp. 320-321) *in* Ferréol G. et Jucquois G. (sous la dir.), *Dictionnaire de l'altérité et des relations interculturelles,* Armand Colin, 2003.

[9] Se reporter à notre dernier ouvrage, *Socioéconomie de la proximité*, Collection Economie plurielle/Série Lire le site, L'Harmattan, mai 2005.

d'inefficacité[10]. *Une vision du dedans* n'est pas d'un accès facile en raison du caractère insaisissable du site et de la proximité. « *Proche est loin, loin est proche* » dit un proverbe arabe. Ceci explique, entre autres, les difficultés conceptuelles auxquelles se heurtent, aujourd'hui, les économistes qui portent un intérêt à la proximité et au territoire. En reprenant la notion *d'espace sacré* au sens de Mircéa Eliade, nous avons déjà démontré, dans nos travaux, qu'à ce sujet nous sommes aux frontières *supérieures des sciences rationnelles*.

En résumé, l'Homme est un « *animal territorial* », incroyablement croyant. Ce qui fait de lui non pas un *homo œconomicus* mais un *homo situs* avec toute la complexité que ça suppose[11]. D'ailleurs, les paysans de Sidi Boumehdi (région de Settat, Maroc) ont bien raison de dire : « *Celui qui calcule, reste seul* » à quoi répond le proverbe sénégalais : « *Pauvre est celui qui est seul* ». Ce constat bien réel minore les indicateurs statistiques de pauvreté de l'économiste et fonde l'actualité de l'ouvrage de Majid Rahnema intitulé : « *Quand la misère chasse la pauvreté* »[12]. Il y démontre les bienfaits de la *pauvreté conviviale* propres aux sociétés communautaires contrairement au caractère destructeur de la « *pauvreté modernisée* » (misère) générée par l'économie d'accumulation et de compétition. Celle-ci, de par ses lois

[10] Cf. Machrafi Mustapha, *Socioéconomie de l'entreprise et coordination située (cas empiriques marocains)*, thèse de doctorat GREL/ULCO-Université d'Artois, janvier 2005. Voir aussi Zaoual H., « La gouvernance située au Maroc : un essai d'application » (pp.15-27) et « Croyances et gouvernance. Vers une théorie de la gouvernance située » in *Gouvernance locale au Maghreb*, *Revue Marocaine d'Administration Locale et de Développement*, REMALD, n°46, 2004, pp. 29-43.

[11] La conception scientifique classique exclut l'acteur et sa subjectivité ou dans la terminologie de la théorie du site, l'*homo situs*, l'homme de la situation. Ici, la notion de l'*homo situs* est beaucoup plus riche et complexe que l'*homo oeconomicus*, concept fondamental sur lequel s'est construit la science économique occidentale depuis deux siècles. C'est plus qu'une caricature de l'homme concret à partir de laquelle on veut tout expliquer et agir ! L'*homo situs*, au contraire, est plus local, plus empirique et plus humain, donc, plus complexe et imprévisible en l'absence d'une éthique partagée.

[12] Rahnema Majid, *Quand la misère chasse la pauvreté*, Fayard/Actes Sud, 2003, Paris.

économiques, n'a pas de solution à la misère et à l'exclusion qu'elle induit. C'est encore un mythe d'y croire puisque cette économie n'a comme but qu'elle-même (marché, profit et accumulation). Aujourd'hui, en gardant le même système économique, la misère est, du moins dans les pays des droits de l'Homme, gérée, donc acceptée !

Dans ses principes rationnels de base, libérée de l'éthique et de la société, l'économie est antisociale et anti-écologique. L'économie politique considère que la performance passe exclusivement par la concurrence et que les ressources naturelles sont des biens libres exploitables à merci. Cette violence s'exerce sur la nature considérée comme un réservoir d'énergie inépuisable. Pourtant, « *La durabilité requiert un niveau de vie simple avec une consommation limitée* » écrit le Professeur américain Denis Goulet[13]. Il ajoute plus loin : « *Si le développement doit être socialement et culturellement durable, il faut protéger les fondements de la communauté et les systèmes symboliques. Sinon, ils seront relégués dans l'oubli sous prétexte de les soumettre aux nécessités de la "rationalité" scientifique et technologique.* ». Ce n'est ni plus ni moins qu'un appel à la protection des sites symboliques et pratiques d'appartenance. Et, ce sont eux qui résistent, à la base, à un total anéantissement. Ils alimentent clandestinement en diversité les dynamiques informelles rebelles. Se faisant, ils protégent les sociétés et les économies locales de l'uniformisation imposée par le développement et la mondialisation. Le site comme humanité corrige le capital comme catégorie économique.

En effet, comme déjà indiqué, du fait que le *développement transposé* dans les pays de la rive sud produit de la dette, de la pauvreté et en fin de compte de l'exclusion et de la destruction écologique, les situations qui émergent de ces « *ruines* »[14] sont porteuses d'anomie et de destruction du lien social. Nous avons

---

[13] Cf. « The Social Dimensions of Globalisation », Forum Social Mondial de Porto Alegre et Mumbai. « Développement durable et obsession de la croissance », traduit et publié par *Foi et Développement*, n°331-février 2005, p.2, Centre Lebret, Paris.

[14] Cf. Sachs Wolfgang, Esteva Gustavo, *Des ruines du Développement*, Editions Ecosociété, 1996, Montréal.

affaire à des sociétés désorientées. Elles n'ont plus de repères mobilisateurs. Les mythes fondateurs du capitalisme y sont absents et leurs propres mythes sont en cours de destruction. En pratique, un vide s'installe. Et, c'est l'informel politique et économique qui prend place.

Dans cette galaxie, les micro-activités économiques[15] côtoient la recherche effrénée de *nouvelles croyances* capables de stabiliser les individus dans leur existence. Des métissages et des multiples recompositions d'ordre imaginaire s'y opèrent clandestinement. Vu du dessous, une grande diversité s'y affiche. Elle est révélatrice d'une production incessante de *nouveaux sites symboliques* que les acteurs construisent à partir de leurs parcours, de leurs appartenances d'ordre ethnique, religieux, familial, spatial, professionnel, etc. Ces « *économies voilées* » sont proliférantes[16]. La diversité y exerce toute sa vitalité[17]. On y découvre des économies et des microsociétés de proximité loin des *institutions formelles* qui régentent les pays en question. Ce décalage est

---

[15] Abstraction faite des activités criminelles comme celles de la drogue et de la contrebande, d'ailleurs, directement liées aux circuits mondiaux, ces économies populaires sont directement tournées sur les besoins des populations locales. Elles génèrent des emplois spécifiques (absence d'un salariat classique), des revenus et sont des hauts lieux de créativité endogène. Elles font œuvre de régulation économique et sociale derrière le vide que l'économie officielle laisse derrière elle. Ne subissant pas le développement en paquets, elles sont contraintes à la créativité qui peut aller jusqu'à une manipulation innovante des Nouvelles Technologies d'Information et de Communication comme l'atteste la capacité des entrepreneurs informels en matière de téléphonie et de paraboles. De proche en proche, ces processus engendrent de véritables « micro-parcs technologiques » dans les entrailles des vieilles médinas du Maroc. Elles réussissent ainsi à construire des territoires intelligents. Ce que paradoxalement, les institutions formelles (Etats, entreprises, Universités, etc.) n'arrivent pas à mettre sur pied malgré les moyens dont elles disposent. Nous avons fait état de ce paradoxe dans un article de journal portant le titre : « Les entrepreneurs "informels" à l'assaut de la Nouvelle Economie », journal hebdomadaire : *Le Reporter* n°161, p. 34, du 2 au 8 août 2001, Rabat, Maroc.

[16] Cf. Zaoual H., comme le montrent dans le présent ouvrage, les premiers chapitres consacrés au Maghreb et les chapitres suivants de façon plus générale.

[17] Voir notre ouvrage introduisant la diversité culturelle dans le débat sur la mondialisation, *Globalização e diversidade cultural*, Editions Cortez, collection Questions de notre temps, São Paulo, Brésil, 2003, 119 p.

grandissant et explique la faible emprise des pouvoirs publics sur les situations concrètes. Ces dissidences consacrent la faillite des pensées globales et des conceptions technocratiques[18]. Elles remettent en cause toute décision sans adhésion de la base. En substance, c'est ce qui fait le succès des *dynamiques informelles* et la montée en puissance d'un besoin de ré-enracinement territorial dont les impératifs sont multiples. Les dimensions identitaires s'y imbriquent avec les exigences de la vie quotidienne. Tout se passe comme si, contrairement aux décisions officielles dictées par le discours de la globalisation, les acteurs ne séparaient pas l'économie du reste de leurs sociétés locales concrètes. Ces formes de vie économique souterraines prolifèrent sans se concentrer. L'accumulation sur le modèle du capitalisme officiel y est contrariée par des particularités historiques et culturelles locales, d'où les principes et les concepts de la sitologie.

Dans ces univers fortement hybrides, les comportements économiques sont encastrés dans des systèmes de valeurs et de règles qui les régissent selon *d'autres rationalités* dans lesquelles une pluralité de paramètres est bien présente : les croyances communes, l'appartenance, la confiance, la réputation, l'estime, la solidarité, la réciprocité, etc. Le concept de *rationalité située* déduit de la théorie du site en restitue les influences sur les comportements individuels et collectifs. Il s'agit d'un modèle complexe, varié et variable et indéterminé. Ce qui consacre, une fois de plus, la puissance du *site* par rapport aux catégories économiques ordinaires tels que la rationalité standard, l'homo œconomicus, le capital, le profit, l'accumulation, etc. En substance, le *site* borne et déroute le *capitalisme des économistes*. Ce n'est que dans cette perspective que nous pourrions mieux comprendre ce que cachent les échecs des transferts des modèles et projets de coopération ainsi que l'avenir de notre monde.

L'expérience en matière de développement et de coopération montre, en effet, que *les projets*, grands ou petits, qui ne tiennent pas compte de ce que les sociologues et les

---

[18] Cf. Zaoual H., « Les économies dissidentes », Institut de l'Economie sociale, Maison des sciences de l'Homme, Paris, *Revue Internationale de l'Economie Sociale*, R.E.C.M.A., n° 284, mai 2002, pp. 76-92.

anthropologues appellent le *contexte d'action,* deviennent des *projectiles.* Ainsi, l'épistémologie des sites dans nos travaux privilégie un ensemble de principes : complexité, tolérance, diversité, singularité, ouverture et fermeture des organismes sociaux (code de sélection) et en fin de compte l'importance capitale de l'*homo situs*, l'homme de la situation[19]. Le complexe de l'expert y disparaît au profit de la nécessité d'une confiance en soi.

*A contrario*, toute la culture de maîtrise s'est construite sur *le mythe de la domination de la nature et de l'homme.* Il s'agit en fait d'une *épistémologie de chasse* qui transforme ce sur quoi elle s'applique en *cibles.* Ainsi, en matière économique et sociale, la notion de *populations-cibles* est largement utilisée sans le moindre respect des acteurs concernés quels qu'ils soient. Cette démarche qui se veut scientifique est largement en crise au Nord comme au Sud. Où est passé le « *zéro mépris* » que l'on peut déduire du toyotisme ?

## 2. LES PERSPECTIVES D'UN COCHANGEMENT RADICAL

Comme déjà évoqué, culturellement et historiquement, les deux rives de la Méditerranée sont enchevêtrées. Aucune d'entre-elles ne sont à l'abri de la déstabilisation de l'autre. Les faits que l'on constate sur le terrain sont porteurs d'une nuée de menaces si l'anticipation n'est pas conduite par une approche raisonnée. Les anomalies du développement se traduisent par un désarroi culturel qui incite à des replis identitaires de part et d'autre.

L'Union européenne a forgé sa constitution autour d'un libéralisme économique musclé qui ne garantit pas sa cohésion sociale et le respect du pluralisme des pays qui la constituent. En

---

[19] Voir « Les entretiens sur la théorie des sites » que nous avons accordés à la Revue *Question*, n° 129, 2003, repris dans *Donner une âme à la mondialisation*, Albin Michel, 2003, 237 p. Autres auteurs : Edgar Morin, Trinh Xuan Thuan, Pierre Rabhi, Jacques Lacarrière, Thierry de Montbrial, Mike Moore, patron de l'Organisation mondiale du Commerce, etc.

réduisant le projet européen à un simple marché, elle entame la destruction de l'éthique de ses fondateurs dont le principal souci n'était pas la construction d'une économie de marché pour elle-même. Le mythe fondateur de l'Europe était de créer un continent de paix et de dialogue dans la diversité de ses composantes. Il était éminemment éthique et politique. Le développement des échanges économiques n'en est qu'un moyen parmi d'autres mais non le but suprême. De fait, l'*intégration économique européenne*, sans la prise en compte de sa diversité, conduira, de proche en proche, à sa désintégration. Le défi de la gestion de cette diversité est grandissant avec l'élargissement continuel de l'Union européenne. Comme à l'extérieur, l'Europe, en son sein, a aussi une énigme interculturelle à résoudre. La sensibilité française n'est pas la même que celles des autres. La variété y est aussi omniprésente contrairement à ce que perçoivent, de l'extérieur, les élites bien pensantes de la rive sud de la Méditerranée.

Ainsi, la perception de ce que devrait être une « *bonne économie* » diffère selon les cultures nationales d'Europe. A ce titre, la notion de *service public* auquel tient la cohésion de la République française est considérée dans la culture anglo-saxonne comme une « *regrettable necessity* » ! Dans cet imaginaire, tout ce qui est susceptible d'être régi par le marché, doit l'être sans qu'aucune autre considération ne soit prise en compte. La culture de marché y est totalisante. Ce qui tend à conduire à une uniformisation des modes de transactions entre les humains. Toutes les sciences enseignent, pourtant, que tout système vivant, biologique ou social, qui s'uniformise se fragilise. Ce qui est arrivé à *l'Est* par le plan pourrait arriver à *l'Ouest* par le marché ! L'hypothèse d'un effondrement moral, économique et politique de l'Ouest n'est pas donc à écarter, loin de là. Et, ce n'est par hasard si *l'économie plurielle* associant l'Etat, le marché et le *tiers secteur* a le vent en poupe dans le monde des organisations de la société civile européenne[20]. Cette *économie de la diversité*[21] est bien

[20] Voir, entre autres, Alcoléa Anne-Marie, « *Pratiques et théories de l'économie solidaire. Un essai de conceptualisation* » Thèse de doctorat GREL/ULCO, décembre 2002, ouvrage de thèse publié sous le même titre aux Editions L'Harmattan, dans notre Collection *Economie plurielle*, 2004, 397 p.

présente dans les entrailles des économies informelles des pays de la rive sud de la Méditerranée. Ce qui est un repère commun à suivre avec *l'Europe d'en bas*. Les traités de *Maastricht* et celui de *Marrakech* présidant à la création de l'Organisation mondiale du Commerce, en niant ces faits apodictiques, multiplient les *risques d'implosion* des sociétés du Nord et du Sud de la Méditerranée.

Continuons à nous enfoncer dans les profondeurs de la multiculturalité européenne. La France est, avant tout, une conception politique de l'homme et du monde. Ainsi, en démontant les institutions de l'Etat social hérité du fordisme, la politique économique commune, fortement inspirée par *la théorie de l'économie de l'offre*, détruit les valeurs et les principes civiques de nombreux pays d'Europe en l'occurrence ceux de ses deux piliers, la France (République et Etat providence) et l'Allemagne (économie sociale de marché). Les *critères de convergence économique* cachent un *problème de valeurs* dont les conséquences sont de plus en plus perceptibles au plan de l'engagement citoyen contre le dogmatisme économique des dirigeants et des réseaux influents. Comme par hasard, l'emploi, les salaires, la solidarité et autres nécessités de la vie en société sont absents des critères de convergence ! L'orientation du *projet européen* choisie est purement économique, donc, antisocial[22]. De plus, cette conception ne garantit aucunement dans les faits une redynamisation des économies européennes. Celles-ci, dans leur rythme, s'apparentent, dans les faits, à des *économies quasi stationnaires* en comparaison avec les performances des économies asiatiques, notamment celles de la Chine. D'*atelier du monde*, la Chine tendra même à devenir, dans les années futures, le *laboratoire du monde* en raison de l'intégration progressive dans son évolution des impératifs de

---

[21] Cf. Zaoual H., « La pensée économique peut-elle être flexible? » *in* Roland Granier et Martine Robert (sous la dir.), *Cultures et structures économiques. Vers une économie de la diversité* ?, Faculté d'Economie appliquée, Aix-Marseille. Editions Economica, 2002, pp. 113-127.

[22] Au moment même où le pouvoir d'achat a baissé en Europe, le projet de la directive Bolkenstein portant sur une dérégulation totale du marché du travail est digne d'un Frankenstein pour les salariés européens ! En introduisant le dumping sur les salaires, par une concurrence totale intégrant aussi les nouveaux arrivants dans l'Union, ce projet libéral vise à un alignement du coût du travail vers le bas.

*l'économie du savoir et de l'innovation.* Aujourd'hui, à l'intérieur du système économique dominant, l'économie de la connaissance fait la différence.

Cependant, ce scénario risque d'être remis en cause par un éventuel effondrement de la globalisation économique dont dépend le *miracle économique de la Chine.* Tôt ou tard, lorsque le miracle deviendra un mirage, la Chine sera amenée à renouer avec une *économie du tao,* tirée de son patrimoine culturel, assurant une harmonie entre les hommes et l'écosystème[23]. L'hypothèse de la nécessité d'une *économie non violente* est, sans aucun doute, généralisable à l'ensemble de la planète.

En effet, les processus de la globalisation, partout dans le monde, s'accompagnent de disparités sociales, régionales et continentales, en somme d'inégalités et de frustrations criantes conduisant à des remises en cause à la base non seulement dans les pays du Sud mais aussi dans les pays installés aux commandes de la globalisation.

Par ailleurs, le *monde fini* dans lequel nous vivons ne garantit pas les ressources naturelles et principalement énergétiques nécessaires à la continuité du système économique en cause. Comme disait Gandhi : « *Pour développer la Grande Bretagne, il a fallu coloniser la moitié de la planète. Que faut-il pour développer l'Inde ?* ». Et, aujourd'hui, comment concevoir l'avenir de la planète, à la lueur de l'économie de la Chine qui gravite, en permanence, autour d'un taux de croissance de 10%. Ces limites expliquent déjà le « bruit des bottes » et les guerres entamées par les USA pour le contrôle des ressources énergétiques. Ce comportement hégémonique a déjà des répercussions irréparables sur le pourtour de la Méditerranée. Le but de tout ceci est de maintenir *l'emprise d'un empire en déclin*[24] sur le pétrole et les

---

[23] Cf. Liu Fengxiang, « *L'économie du yin et du yang. De l'uniformité à la diversité* », thèse de doctorat GREL/ULCO, juillet 2004.

[24] Cf. Todd Emmanuel, *Après l'empire. Essai sur la décomposition du système américain*, Gallimard, 2002, Paris. L'impérialisme américain traduit une impuissance économique. Si l'économie qui se dit la plus intelligente du monde a fait « *main basse* » sur le pétrole arabe, c'est qu'elle n'a plus d'idées ! Comme le démontre magistralement l'auteur dans cet ouvrage sur le déclin d'un empire, l'économie américaine est en chute libre. L'un des seuls remèdes restant pour

économies de la contrée dans un rôle de débouchés. Ce protocole de guerre leur interdit ainsi le saut vers la créativité, l'innovation, etc.

Au plan humain, la puissance en cause oublie que tout enfant du Maroc à la Syrie apprend, dès son jeune âge, que Bagdad était la capitale de ses ancêtres[25]. Il s'agit d'un imaginaire collectif bien réel. Cette ignorance époustouflante est à l'origine de la violence et de l'humiliation que subissent les peuples arabo-berbéro-musulmans, une des plus fortes composantes de la civilisation méditerranéenne[26]. L'Europe de la diversité a comme

---

l'empire est une stratégie militaire permettant, momentanément, la continuité et le renforcement des prélèvements sur les ressources naturelles et stratégiques de la planète. Pour ce faire, la stratégie américaine consiste à s'implanter par la force dans les régions pétrolifères afin de maintenir une domination déclinante non seulement vis-à-vis de l'Europe mais aussi vis-à-vis des régions du monde en expansion démographique et/ou économique comme l'Asie dans son ensemble. Dans cette perspective, le capitalisme américain se métamorphose, devant nos yeux, en une gigantesque économie de rente planétaire. La matière première tend à remplacer la matière grise dans son propre mode de fonctionnement. C'est ainsi que la « *nouvelle économie* », supposée au départ combiner harmonieusement et durablement les nouvelles technologies et la croissance économique, dans le cadre d'un nouveau paradigme économique a fait long feu. Cet épuisement s'est traduit par une résurgence d'un chômage massif en Amérique que la colonisation de l'Irak ne ralentira pas malgré les marchés procurés au complexe militaro-industriel et à l'industrie pétrolière de ce grand pays.

25 Le gouvernement de Bush a réussi à faire détester l'Amérique par les générations présentes et futures du pourtour de la Méditerranée. Lors d'un voyage au Maroc, circulant dans ma grande communauté familiale, je remarquais que l'une de mes innombrables nièces, âgée d'à peu près 7 ans, portait un badge symbolisant le drapeau américain. Je lui faisais remarquer que cet objet de décoration était beau, il est plein d'étoiles comme le ciel. Elle me répondit rapidement qu'elle était obligée de le cacher lorsqu'elle allait à l'Ecole. Je lui ai demandé pourquoi. Sa réponse : « *J'ai peur d'être insultée et attaquée par les autres enfants* ». A la question : « quelle est la raison de leur comportement ? » elle me répond, sans hésiter : « parce que les Américains tuent les êtres humains ». Il faut noter que déjà parmi les personnes adultes, rares sont celles qui font la distinction entre les peuples et leurs gouvernements. Ainsi, la violence nourrit la violence. Le discernement, la nuance et la prudence doivent être enseignés. L'étiquetage est l'opération la plus courante du cerveau humain !

26 Voir notre contribution intitulée : « Le Maghreb, espace de relations entre l'Afrique, la Méditerranée et l'Europe. Vers une civilisation de la diversité », Communication au colloque international : *Le codéveloppement, une nouvelle*

devoir moral de jouer le rôle d'une puissance de régulation dans la multiplication de ces conflits en Méditerranée. Comme écrivait en 1997 Maurice Berrard[27] : « *Le prochain siècle pourrait être celui de la violence ou, au contraire, celui de la coopération.* » (1997, p. VI).

Le mot *coopérer* vient d'*opérer ensemble*. Ce qui veut dire en clair que chaque partenaire doit apprendre de l'autre. En ce sens, chacun ne doit pas être l'objet de l'autre. Chacun est un sujet en interactivité avec l'autre. C'est une mise en commun des ressemblances et des différences. Et, cela suppose l'application d'une *économie de don mobilisant la créativité de tous*. Ce qui fait évanouir toute idée de modèle unique et réveiller la nécessité d'une diversité féconde. A la division du travail de la vieille économie politique doit se substituer une *division interculturelle de la créativité* mobilisant les patrimoines et les expériences des acteurs en présence. C'est à cette *interfécondation* qu'invite la théorie des sites dans les relations euro-méditerranéennes. Dans ces conditions, les emprunts ne deviennent pas des emprises, ils enrichissent le site d'accueil par sa participation, celui-ci étant ouvert et fermé selon *les principes de l'économie de la proximité et du site.*[28] Dans la

---

*forme de partenariat dans la coopération Nord-Sud*, Fonds Catalan de Coopération au Développement, Barcelone, 29 et 30 novembre 2002.

[27] Berrard Maurice, Préface in Lecardinal G., Guyonnet J.-F., Pouzoullic B. (sous la dir.), *La Dynamique de la confiance. Construire la coopération dans les projets complexes*, Dunod, 1997.

[28] Voir en particulier Zaoual H., « Principes d'économie de la proximité et du site », *in Economies et Sociétés*, n° 6/2003, *Les Cahiers de l'ISMEA*, Hors Série, n°39, juin 2003, pp. 1053-1087, coordonné par Yves Berthelot, Theotonio Dos Santos et Marc Humbert : « Présentation et problématique générale de PEKEA (A Political and Ethical Knowledge regarding Economic Activities) ». Texte sélectionné et publié en Italie *in* Marco Zupi (sous la dir.) *Sottosopra. La globalizzazione vista dal Sud del mondo* : *Introduzione,* La nuova globalizzazione – Dimensioni culturali, politiche ed economiche dell'incontro tra Nord e Sud del mondo *di Marco Zupi* – Parte prima *Cultura* – Cultura e sviluppo *di Amartya Sen (Prix Nobel d'Economie)* – La globalizzazione guardata di traverso *di Wole Soyinka (Prix Nobel de Littérature)* – La diverse globalizzazione dell'America Latina *di Néstor Garcia Canclini* – Parte seconda *Politica* – La Grande Pace *di Partha Chatterjee* – Capire la violenza politica nell'Africa postcoloniale *di Mahmood Mamdani* – Le storie impossibili *di Edward Said* – Parte terza *Economia* – Princìpi di economia della prossimità e del sito *di Hassan Zaoual* –

plupart des situations, les solutions sont à situer sur site. Comme l'indique la théorie du site, l'expertise est souvent enfouie dans les entrailles du vécu des populations.

Autrement dit, le site, de par son parcours, contient dans sa « *boîte noire* » faite de mythes, de croyances, d'expériences, de souffrances, de révélations, etc., des connaissances et des savoir-faire (« *boîte conceptuelle* ») que l'histoire a sélectionnés. Sa « *boîte à outils* » en porte aussi les marques. Et, c'est sur cette base que les processus de coopération décentralisée doivent se greffer en tenant comptant ainsi des spécificités de site. Par ces échanges mutuels, d'autres trajectoires de savoirs peuvent faire irruption et servir de repères pour la recherche-action au profit de tous.

En d'autres termes, il n'y a pas de *voie royale* pour le savoir et la transformation sociale. Pour se faire comprendre, le supposé « *sous-développé* » peut apprendre au supposé « *développé* » et inversement. Dans cette pédagogie, personne ne détient la vérité absolue. Ceci est d'autant plus vrai qu'aujourd'hui les catégories de l'expertise économique tournent dans le vide. Les indicateurs de sa thérapie ne sont plus d'un grand secours dans la révélation de la *vraie vie des gens de la base*. Comme déjà indiqué, la croissance économique n'est plus une garantie du progrès. Les externalités négatives qui s'y amoncellent sont révélatrices de la mainmise de l'économie sur la société. Et, cette économie n'a plus comme but qu'elle-même. Il s'agit d'une *machine infernale* qui scanne le monde et l'homme dans le but d'en tirer avant tout un profit, ni plus ni moins. La crise du progrès en la matière va progressivement faire basculer des pans entiers des sociétés méditerranéennes vers de nouvelles conceptions de « *bonne vie* » où le profit ne sera plus l'unique prophète dans la conduite des hommes[29]. C'est à cette *diversité du monde* que les *homo situs* de

---

Ripensare il miracolo economico cinese *di Alvin Y. So* – Sviluppo con giustizia sociale: la sfida delle riforme in Brasile *di André Urani* – Parte quarta *La gestione della globalizzazione* – Punti di vista africani sulla gestione della globalizzazione e sullo sviluppo *di Venkatesh Seshamani* – Globalizzazione: la questione della «gestione appropriata» *di Jagdish Bhagwati* – Fonti dei saggi – Indice dei nomi Laterza, Italia, 2004, pp. 123-149.

[29] Cette fin du « *règne de la quantité* » révèle que l'uniformisation tend à s'essouffler. Ce qui remet en cause les fondements mêmes du macrosystème

la Méditerranée s'attèlent quotidiennement derrière le rideau de fumée de la globalisation. *L'économie du don* y reviendra en force.

Contrairement à la formule de K. Marx : « *Accumuler, accumuler, c'est la loi de prophètes* », nous sommes tenté de dire « *Donner, donner, c'est la vraie loi des prophètes* ». C'est aussi ça la véritable pratique du réseau, si cher, à la pensée contemporaine. D'ailleurs, depuis toujours, les sites symboliques sont des *boussoles éthiques de comportements*. Ils orientent les acteurs et structurent, en profondeur, leurs réseaux qui font de l'homme, avant tout, un être relationnel. Des *croyances communes* naissent des substances sociales non quantifiables comme la *confiance*. Et, c'est celle-ci qui est un *formidable carburant* assurant la coordination et l'action des individus d'une contrée quelconque. La vie des organisations humaines en dépend étroitement. Contrairement au scientisme, l'efficacité est donc à ramener à l'identité. Ce sont des dimensions structurantes à la base que les accords de Barcelone ne devraient pas négliger dans les projets de terrain initiés ou à imaginer. Il y va de l'efficacité économique et sociale du soutien aux acteurs de la société civile et de la sécurité des peuples de cette mer qu'est la Méditerranée qui recherchent inlassablement la sérénité d'antan.

## CONCLUSION

Ce texte s'est attelé à démontrer qu'il n'y a plus de modèle à suivre puisque de part et d'autre de la Méditerranée, sous la pression d'une uniformisation déferlante, des risques d'implosion des sociétés en présence se précisent. La raison fondamentale en est une orientation macroéconomique qui ne vise qu'à élargir

---

générateur de notre monde. La « *qualité de vie* » et la diversité reviennent sur le tapis du système qui cherche, encore une fois, à en tirer profit. Et, ce n'est pas un hasard si les managers s'en préoccupent. Le marché se raccroche au terroir, le poulet aux hormones se métamorphose en poulet aux grains, le tourisme mute en tourisme durable, l'entreprise se veut citoyenne, le développement devient local, durable, social, etc. Tout ces qualificatifs relatifs au développement sont, pour un auteur comme Serge Latouche, des manipulations de concepts, de signes et de pratiques au service du même : un imaginaire économique qui lutte contre son déclin.

l'espace d'une économie qui fonctionne concrètement contre la société. Dans leur conception de base, les accords de Barcelone ne sont pas exempts de telles limites puisqu'ils voient dans la constitution d'une zone de libre échange la solution miracle. Les économies marocaine et tunisienne, en dépit de leurs parcours et structures beaucoup plus variés que ceux de l'économie algérienne, sont déjà confrontées à une redoutable concurrence internationale dont les effets contribuent à détruire leurs diversités endogènes[30].

Un modèle de simulation économétrique[31] sur l'économie marocaine nous révèle qu'à l'horizon 2010, en l'absence d'une réelle mise à niveau des entreprises et des administrations publiques, l'entrée dans un libre échange intégral se traduirait par une destruction encore plus importante du tissu industriel notamment dans les industries de transformation fortement consommatrices de main d'oeuvre, une accélération des flux migratoires et une relative spécialisation agricole. Ces conséquences ne manqueront pas de surprendre les autorités publiques au plan de l'emploi et de l'insécurité urbaine. Ainsi, une des voies à explorer est un développement massif des activités à forte valeur ajoutée comme celles relevant de *l'économie du savoir* en liaison avec le tourisme et un développement rural durables. Le Maroc, comme d'autres pays du Sud, peut faire l'économie d'une industrialisation classique et massive dont les conséquences sont néfastes durablement sur l'environnement écologique et culturel du pays. Le changement ne suit jamais une voie toute droite. La linéarité, contrairement au caractère mécaniste des théories traditionnelles du développement, n'est pas de ce monde. Les

---

[30] Cf. Zaoual H., « Les expériences du Maghreb: du mimétisme au site », in *Une solidarité en actes, gouvernance locale, économie sociale, pratiques populaires face à la globalisation,* in Charlier S., Nyssens M., Peemans J.Ph., Yepez I. (sous la dir.), Université Catholique de Louvain, Presses Universitaires de Louvain, 2004, pp. 75-107 et « The Maghreb experience: A Challenge to the Rational Myths of Economics », *Review of African Political Economy,* vol. 26, n° 82, 1999, pp. 469-478, Carfax Publishing Company. United Kingdom. Repris au Chap. 1.

[31] Ihadiyan Abid, *Libre échange et migrations, une simulation pour le Maroc (modèle d'équilibre général calculable appliqué à l'économie marocaine)*, Thèse de doctorat GREL/ULCO, septembre 2000.

sciences du chaos montrent, aujourd'hui, que les bifurcations sont multiples. L'indétermination y est synonyme d'une liberté. On ne maîtrise pas le changement, on l'accompagne. Cette conclusion fondamentale dans les sciences de la nature n'a pas encore été capitalisée par la science économique orthodoxe qui continue d'imposer une pensée globale et arrogante[32] qui enferme les peuples dans une seule et unique voie sans issue.

En substance, au Nord comme Sud, *l'aplatissement des sociétés* conduit par les forces de la globalisation s'accompagne d'une série de fractures qui mine la cohésion sociale. Ce qui génère des situations potentiellement explosives. Il s'agit d'une *économie violente* vis-à-vis de l'Homme et de la nature. Elle n'assure plus que les impératifs que d'un seul point de vue, celui des capitaux à la recherche du profit le plus élevé dans un temps le plus réduit. Ce mécanisme est au cœur des choix de société imposés par les forces de la globalisation. Face à cela, des dissidences de nature multiple surgissent et contestent, de par leur existence ou de leurs revendications, ce mode de gouvernance. L'informel au Sud et l'économie plurielle au Nord en sont des exemples. De même, le retour *au religieux et au spirituel* en général, sous des formes diverses plus ou moins violentes, reflète le paroxysme des antagonismes d'une globalisation déracinante n'assurant aucune issue à des générations de jeunes de plus en plus désorientées. L'absence d'un discours critique raisonnable et de moyenne portée favorise cette violence sous des formes multiples. Le terrain de la culture et des croyances étant déserté par la recherche en science sociale, sous prétexte de scientificité, la production de *nouvelles utopies* est en panne. Sans utopie, c'est l'entropie !

Pourtant, la Méditerranée, de par sa richesse culturelle, est dans la possibilité de revisiter ses patrimoines spirituels et culturels pour en dégager une nouvelle vision capable de contrer les intégrismes de tout bord y compris celui du marché. Ce qui veut dire en clair que le changement sur la rive Sud présuppose le changement sur la rive Nord. Il serait impossible de s'orienter au

---

[32] Se reporter à un de nos derniers articles portant le titre : « Les illusions du monde global, La fin des mythes rationnels en économie », *Revue Générale*, Bruxelles, 139ème année, n°10, octobre 2004, pp. 31-37.

Sud vers une *économie non violente* capable de redéfinir, à chaque fois localement, le progrès sans une remise en cause de l'économie d'accumulation et de concurrence au Nord. Ces enchevêtrements sont révélateurs d'un *destin commun dans la diversité.* Dit autrement, il s'agira de lancer les bases d'une *interindépendance,* spécificités des sites obligent, valorisant les singularités dans l'échange mutuel. Cette *civilisation de la diversité* reste à construire sur les *décombres de la globalisation* dont l'essoufflement est imminent. L'anticipation en question assurerait une *transition pacifique* vers de nouvelles conceptions du progrès intégrant les erreurs du passé au Nord comme au Sud. En l'absence de ce principe de prudence, la démographie ainsi que l'accélération de la globalisation conduiront à des désordres insurmontables. Ils se payeront en vies humaines. Ce qui est déjà le cas avec la multiplication des frustrations et des violences urbaines et globales. Dans ce sillage, les flux migratoires s'accentueront avec l'ensemble des incertitudes économiques et politiques constatées. En cela, les destructions des sites au Sud par le développement et la globalisation agissent comme des moteurs qui libèrent des vagues humaines qui ne savent plus où aller. Leur fixation sur les *Lumières occidentales*, pourtant déjà éteintes, est à ramener aux flux d'informations et d'images tronquées que déversent les paraboles présentes au fin fond de chaque village ou bidonville des pays du Sud. Le *langage de vérité* sur les limites de part et d'autre n'est pas tenu du fait que les médias de masse ne cherchent que des profits. Du jour au lendemain, chacun de nous peut devenir une star : tel est le mirage qui envahit les déserts du Sud en venant des pays du Nord !

# Chapitre 6

## L'ETHIQUE DU DEVELOPPEMENT LOCAL : LE SENS IMPLICITE DES PRATIQUES LOCALES

*« Un homme uniquement rationnel est une abstraction ; il ne se rencontre jamais dans la réalité »*

**Mircéa Eliade,** 1965, p. 177

## INTRODUCTION

Ce texte[1] se veut, avant tout, le prétexte d'un échange intellectuel sur la méthode des sites acquise dans notre parcours d'économiste du développement. Le but est d'en discuter les atouts et surtout les limites afin d'en améliorer le dispositif théorique et pratique. Le thème de l'éthique est opportun dans la mesure où il illustre le besoin d'ouverture de l'analyse économique du développement. La problématique de ce dernier a été, pendant longtemps, appauvrie par le réductionnisme ambiant, libéral, structuraliste ou marxiste. Les faits d'expérience montrent, aujourd'hui, que l'on ne peut plus concevoir les processus de développement comme une simple exportation d'un « *vulgaire système économique* » d'un espace vers un autre. La diversité de contextes, derrière laquelle se dissimulent des questions d'éthique et de vision du monde, est incontournable pour tous ceux qui s'appliquent à améliorer nos connaissances pratiques et théoriques dans le domaine du développement et particulièrement dans celui

[1] Communication au colloque international organisé par le Centre d'Economie et d'Ethique pour l'Environnement et le Développement sur le thème de *L'éthique du développement*, vendredi 19 et samedi 20 mars 1999. Publié dans le site web de l'Université de Versailles Saint-Quentin en Yvelynes DEA DESTIN : http://www.cybercable.tm.fr/~jarmah/ public_html/seminaire

de l'entrepreneuriat, censé être son « *moteur* ». L'exigence de la prise en compte des pratiques locales conduit nécessairement à un « relâchement », voire à une remise en cause radicale des hypothèses et des conceptions standard en économie. A ce sujet, l'histoire du développement montre, aujourd'hui, qu'aucune conception n'est à même de s'instituer comme « *vérité absolue* » en excluant les autres du domaine considéré. En la matière, les vérités arrivent par brins. Il faut donc s'aligner en direction d'un « *pragmatisme tolérant* ». C'est dans cette perspective que s'inscrit le pluralisme de la démarche par les sites.

Nous nous proposons de traiter de l'éthique du développement local de la manière suivante.

Dans une première partie, nous mettrons l'accent sur les origines de la démarche des sites tout en soulignant les grands principes (diversité, singularité, prudence, accompagnement, etc.) sur lesquels elle se construit progressivement. C'est avec cette perspective en mémoire que nous aborderons dans une seconde partie l'idée d'une économie non violente à partir des concepts transdisciplinaires de la démarche par les sites et des apports de la théorie économique étendue : *rationalité située*, *homo situs*, conventions, normes et règles. Les dimensions culturelles et éthiques transcendent ces différents niveaux. Comme nous tenterons de le montrer, le sens « caché » que chaque site donne à son monde imprègne les multiples aspects des actions individuelles et collectives. Le tout se structure autour d'une sorte d'éthique du lieu.

# 1. ITINERAIRE DE LA DEMARCHE DES SITES

## 1.1. Contexte scientifique du retour aux espaces locaux

Cet essai sur les possibilités de convergences entre la démarche des sites symboliques d'appartenance et les recherches qui s'attachent à faire progresser la théorie économique vers un « réalisme à visage humain » constitue une des ramifications fortuites du programme de recherche que nous menons sur le « *développement local* ». Le point de vue que nous défendrons ici répond à la philosophie de base des sites : comment ouvrir la théorie économique aux entités du social afin d'en améliorer le pouvoir explicatif ? A ce sujet, le renouveau des recherches sur l'éthique, les institutions et les conventions est un champ de fertilisation des paradigmes interdisciplinaires de l'économique (Chouraqui, 1998). Les conclusions que nous tirons de l'expérience de l'économie du développement s'intègrent parfaitement à ce grand mouvement en faveur d'une théorie économique élargie.

Il est incontestable qu'aujourd'hui, les recherches en sciences sociales, y compris en économie, s'orientent de plus en plus vers la prise en compte des contextes dans lesquels agissent les acteurs. Ce faisant, la théorie sociale acquiert progressivement des démarches plus flexibles, plus prudentes et plus ouvertes sur la complexité de notre monde. Une telle évolution s'accompagne aussi d'un certain décloisonnement des disciplines. Ce qui est un « *bienfait intellectuel* » dans la mesure où ce que nous séparons dans l'abstrait se retrouve enchevêtré dans le concret au travers des comportements individuels et collectifs. Ces imbrications empêchent visiblement l'économie d'être une science totalement pure. D'ailleurs, de nombreuses insuffisances de cette discipline découlent de son fort penchant réductionniste qui l'a transformée en un domaine fermé sur lui-même.

Il n'est pas de notre propos de condamner toute démarche qui use de la déduction et de l'abstraction pour rendre intelligible des faits bruts et complexes. Mais, d'un autre côté, des constructions abstraites et cohérentes en elles-mêmes ne constituent pas un gage de vérité face à la luxuriance du monde factuel. La réduction et l'abstraction ne constituent des atouts pour l'esprit scientifique que lorsqu'elles s'élaborent à partir d'hypothèses « *géniales* ». Dans le cas contraire, elles contribuent à un processus scientifique auto-référentiel qui s'étend à la pensée du domaine, l'enferme et la rend ainsi, de plus en plus, aveugle à la réalité des faits. Les raffinements économétriques ou autres ne résolvent aucunement les anomalies de telles impasses scientifiques. La cohérence d'un discours ne garantit pas sa cohérence vis-à-vis des faits qu'il est censé interpréter. C'est cette tension qui est au cœur de nombreuses polémiques propres à la science économique d'aujourd'hui. Lorsqu'il s'agit d'un raisonnement à la fois abstrait et macroéconomique tout en étant construit sur la base d'hypothèses obsolètes ou relativement « pauvres » en variables de contexte, c'est la pire des situations dans laquelle se retrouve le savoir économique. Et, c'est souvent le cas et on tourne en rond !

Comme nous le soulignons ici, le plus souvent, en matière scientifique on confond la cohérence interne d'un modèle et sa cohérence externe par rapport aux faits d'expérience. Avec l'hégémonie de la formalisation mathématique dans les sciences de l'homme, les vérités formelles sont prises comme argent comptant des vérités concrètes. Lorsqu'une démonstration est bien menée au plan de la logique formelle et, qui plus est, sous forme d'équations, c'est que c'est vrai ! Dans ces circonstances, le savant oublie la nature purement axiomatique de ses hypothèses de base, les conditions initiales, toutes relatives, de son modèle et le caractère artificiel des nombreuses passerelles qu'il utilise dans son raisonnement. Les savants des sciences dures ont, au moins, tendance à rappeler la validité restreinte de leurs modèles et de leurs manipulations expérimentales. Ce qui n'est pas toujours le cas des chercheurs des sciences sociales, les économistes en tête. Ces derniers ne prennent pas la précaution de relativiser leurs conceptions, d'accorder une marge à l'observation empirique des acteurs dans leurs territoires (individus, organisations, groupes de populations, etc.) et d'accepter l'idée fondamentale qu'on ne peut aucunement séparer totalement les « *régularités économiques* » constatées ici ou là de leurs contextes humains. Ces derniers sont truffés d'historicité, de cultures, de trajectoires singulières, d'expériences de vie individuelles et collectives, etc. Par conséquent, l'idée d'une construction scientifique au sens d'un modèle unique valable en tout lieu et en tout temps est même une « *aberration scientifique* », d'où le caractère mythique d'une mondialisation réduite à un modèle unique.

C'est, sans aucun doute, ces insuffisances qui motivent, aujourd'hui, les recherches en économie à intégrer les cultures, les institutions et les réactions des acteurs. Ceci est encore plus vrai dans des domaines n'ayant pas encore une identité théorique affirmée comme celui du « *développement local* ». Des évolutions comparables sont repérables dans les autres sciences sociales. L'état des lieux ici dressé montre, de manière résumée, que la recherche tend aujourd'hui à privilégier une recomposition des savoirs et des approches micro-méso modulables selon la variété des espaces d'action des acteurs. Cette réorientation s'est faite à la suite du constat de la myopie des macromodèles déterministes dans les sciences sociales. Dans notre propre domaine qu'est l'économie du développement, les échecs répétés du guidage des pays du Sud par des modèles d'évolution économique transposés ont engendré une crise de paradigme et, dans le même mouvement, des tentatives de reformulation dans la direction décrite ci-dessus.

La démarche par les sites en est une et a fait l'objet de nombreuses publications mettant en évidence la capacité qu'ont les acteurs de détourner les modèles et les projets savamment élaborés par les économistes et les experts des O.N.G. comme ceux des institutions internationales. Les notions mises en œuvre dans notre démarche ont été construites en interaction avec les acteurs de terrain dans le cadre des rencontres et programmes de recherche du Réseau Sud-Nord Cultures et Développement auquel nous appartenons et avec d'autres réseaux de recherche-action opérant dans de nombreux pays et continents. C'est ce qui explique le caractère inductif de la perspective des sites.

## 1.2. Genèse des sites

De nombreux modèles et projets économiques ont fait, sans succès, le voyage du Nord au Sud, et, maintenant, de l'Ouest à l'Est ou des grands bureaux d'études des ministères vers les provinces en crise des pays développés. Cette chirurgie des sociétés se fait le plus souvent sans prendre en considération la relativité des contextes humains et, par là-même, la capacité d'autonomie des espaces locaux.

Avec le recul de quarante ans d'expériences de développement dans les pays du Sud, il faut admettre, aujourd'hui, que les modèles d'économie et de gestion ne véhiculent pas le sens dont ils ont besoin pour assurer les effets de performance économique escomptés. C'est un amas de modèles qui ne mobilise pas en profondeur les acteurs des sites d'accueil. Il y a incontestablement d'innombrables télescopages entre le grand modèle de la civilisation globale et les sites de croyances et d'action des acteurs pris comme cibles par l'expertise. L'expérience enseigne que les pratiques de transplantation tous azimuts ne sont donc plus de mise. Toute connaissance de l'autre présuppose dorénavant sa reconnaissance et une introspection de soi. On ne parle jamais de nulle part. Chacun véhicule son site sous sa nuque en toute inconscience. Le registre de l'expert n'est pas forcément le même que celui de la population sur laquelle il projette son regard et son projet qu'il croit être celui des acteurs du site. C'est ainsi que de nombreux projets deviennent des « projectiles » tirés sur les sites sur lesquels on ne dispose pas de visions du dedans, et, pour cause, on a toujours supposé que les acteurs locaux sont « *idiots* » et qu'il faut leur apprendre à agir selon une rationalité décrétée supérieure et scientifique.

Comme nous avons essayé de le montrer dans nos travaux de recherche de nombreuses dimensions demeurent « invisibles » à partir du poste d'observation de l'économiste et de façon plus large de celui des sciences sociales du développement. La conscience de cet « *impensé de l'économiste* » (Zaoual, 1989) indique que la construction de lois économiques hors des « imaginaires de situation et des contextes concrets des acteurs » concernés par un changement est vaine. Dans la pratique, les espaces concernés se rebiffent et dévoilent ainsi que nos catégories économiques sont un simple prolongement de nos croyances scientifiques et sociales. Tout parachutage ou isolement total des catégories économiques des croyances et de l'histoire d'un site dans lequel elles cherchent à s'appliquer conduit à des échecs. Malgré le maquillage des sites par les sciences et les politiques officielles pour attirer et mobiliser les acteurs du dynamisme capitaliste, les mesures standard donnent peu d'effets significatifs. Ce sont ces écarts, voire ces distorsions/concepts/réalités qui ont transformé les immenses efforts quantitatifs (en technologie, en équipements, en machines, en capitaux, etc.) faits en matière de développement en impasses. Ces dépenses sans grands résultats significatifs en proportion directe avec les actions menées ont transformé, le plus souvent, l'aventure des pays du Sud en une « histoire des mille et une nuits » : de la dépense sans effets réellement productifs dans les critères d'un véritable capitalisme innovant. Celui-ci ne se décrète pas par le haut. Le discours macroéconomique est ainsi prisonnier de ses propres contradictions et sa pauvreté intellectuelle induit une « *pauvreté réelle* » des populations concernées par les politiques qui s'en inspirent.

De manière essentielle, les quarante années de développement des pays du Sud montrent largement que les transferts de concepts, d'institutions, de modèles économiques ont échoué à faire évoluer « *positivement* » la situation dans la plupart de ces régions du monde (L'Afrique, l'Amérique latine et une bonne partie de l'Asie). Les rentes en ressources naturelles et politiques (géopolitique de la guerre froide) ont pendant longtemps masqué l'inefficacité des pratiques de la transplantation. L'effondrement des marchés des produits de base ainsi que celui du bloc de l'Est fait apparaître un monde beaucoup plus agité, plus complexe, plus instable dans ses manifestations. Même le « *miracle économique asiatique* » (titre d'un rapport de la Banque mondiale sur la sous-région) tend à devenir un mirage. En l'espace de deux ans, le diagnostic des institutions internationales comme le FMI et la Banque mondiale a radicalement changé sur cette région du monde. L'intégration des économies de la zone, après avoir joué un rôle d'accélération économique, devient maintenant un « *moteur de crise et d'incertitudes* ». La mondialisation accélère ces instabilités et multiplie les risques de tout ordre. Nous sommes en train de quitter un monde pour un autre, d'où le caractère brouillé de la situation de transition dans laquelle nous sommes. Ce qui explique la demande conceptuelle qu'exigent le présent et l'avenir : concevoir une théorie de la « soutenabilité sociale et écologique ».

La coopération bilatérale et multilatérale n'a pas échappé aux penchants mécanistes de la conception globale du développement, ici décrits. Elle a toujours amplifié des pratiques similaires qui, dans la plupart des cas, aboutissaient à des détournements des projets et des financements mobilisés. Les macroprojets ont constitué des rentes et des marchés considérables tant pour les élites du Sud que pour les experts, les firmes et les banques des pays donateurs. Les aides servaient à doper des marchés artificiels dans lesquels les motivations altruistes jouaient le rôle d'alibi. La littérature sur la question est abondante et montre bien que l'aide et la coopération en général sont des terrains glissants pour les décideurs qui prennent le souci de suivre les retombées des projets qu'ils soutiennent. Le même processus tend aussi à se reproduire dans les pratiques des organisations non gouvernementales. On a cru à un moment donné que la montée en puissance des petits projets impulsés par les organisations du Nord et du Sud allait résoudre, comme par enchantement, les problèmes de développement. De nombreuses expériences montrent, aujourd'hui, que ce n'est pas parce qu'on est « *petit* » qu'on n'est pas « *méchant* ». Les projets restent, en effet, aussi marqués par la même vision du monde et des stratégies de « pâturages budgétaires » dont profitent les membres de ces organisations de la société civile. Certains spécialistes de la question ont montré que les pratiques des O.N.G. sont encore plus dangereuses que celles de la macrocoopération classique. De par leur taille et leur souplesse, elles pénètrent les pores des sociétés d'accueil et les déstructurent en profondeur. Dotée d'un marketing social qui ne les distingue guère des entreprises marchandes, elles suivent le marché des projets porteurs de financement et, cherchent ainsi, avant tout à se reproduire en tant qu'organisation. En se professionnalisant, elles perdent de vue leur éthique fondatrice, le sens de leur mission. L'éthique fondatrice se métamorphose en tics pour ne pas dire en tactiques tel est l'état de certaines organisations impliquées dans le marché de la solidarité. C'est le système masqué. Les O.N.G. non critiques sur leurs pratiques deviennent ainsi des vendeuses d'aide. L'aide devient ainsi une mystérieuse marchandise dont laquelle se combine un altruisme de façade et des intérêts cachés.

Les O.N.G. mobilisent leurs réseaux d'influence et pratiquent le chantage vis-à-vis des décideurs politiques lorsque la situation l'exige, ce jeu se fait aussi en sens contraire. En vérité, small is not always beautiful. La réduction de la taille des projets n'a pas été synonyme d'une véritable révolution paradigmatique. Tel un modèle fractal, l'industrie des petits projets reproduit, le plus souvent, les mêmes contours et les mêmes erreurs que ceux des grands projets dans lesquels les pouvoirs publics étaient directement impliqués. Les pratiques des O.N.G. sont aussi en décalage avec les besoins des milieux concernés. Elles prolongent les croyances et les stratégies d'acteurs extérieurs aux profondeurs de la situation que vivent les populations que l'industrie des projets continue, d'ailleurs, de considérer comme des cibles. La taille et la sympathie apparente n'effacent pas le sociocentrisme, le complexe des développeurs.

Tout ceci nous met en garde contre la notion même de projet, petit ou grand. La notion en question suggère une vision préétablie, une rationalité et en fin de compte une idéologie de maîtrise de la situation. Ce qui favorise une arrogance de l'expertise. En réalité, les vrais projets naissent clandestinement et quand on n'en parle pas d'avance dans les relations avec autrui. Autrement dit, le partenariat qui réussit est celui qui est graduel. Cette démarche doit combiner la reconnaissance de l'autre et la prudence. La véritable connaissance en la matière doit mobiliser une sorte d'ignorance naïve du monde. Toute intrusion tend à modifier le milieu. Celui-ci peut changer, du tout au tout, pour séduire ou tout simplement pour répondre, en apparence, aux attentes de l'interlocuteur. Dans la coopération, les « *quipro-communications* » sont donc légions.

## 1.3. Le parti pris des sites

Dans l'orientation à laquelle nous invite la démarche des sites, il faut noter que « *Pour la pensée traditionnelle, l'Homme s'éprouve multiple, divers* » (G. Durand, 1979, p. 37). Cette variété est une expression de la variété symbolique des vécus et des parcours. La pensée des sites associe les mondes symboliques et moraux des hommes et leurs pratiques quotidiennes. Ce sont ces relations souvent cachées que redécouvre la notion de l'*Homo situs* : l'Homme concret dans son espace vécu, c'est-à-dire son site symbolique (Zaoual, 1992, 1994, 1996, 1998 Genève). Cette notion vise à ramasser l'Homme concret dans sa multiplicité et dans sa singularité. C'est l'homme de la situation. Pour la démarche des sites, « *l'espace pensé* » doit correspondre à « *l'espace cru et vécu* » par les hommes. Cette exigence présuppose, d'elle-même, une sortie du découpage traditionnel des sciences sociales et une orientation conceptuelle beaucoup plus souple et flexible en direction des « imaginaires de situation ». C'est une manière de repenser les « *lieux* » dans leur spécificité en tenant compte des systèmes de représentation des acteurs. Les sites tels qu'ils sont décrits par notre démarche ne sont pas des espaces géométriques euclidiens vides de sens. Ce ne sont pas des « non-lieux » à l'image des grandes gares ou des supermarchés de la mégamachine de la société économique, voire des sites virtuels d'Internet, même si ces derniers corroborent dans le monde de l'artifice le besoin de sites des humains.

De manière essentielle, chaque site est une entité immatérielle qui imprègne l'ensemble de la vie d'un milieu donné. Il possède une sorte de « *boîte noire* » faite de croyances, de mythes, de valeurs et d'expériences passées conscientes ou inconscientes ritualisées. A côté de cet aspect fait de mythes et de rites, le site a aussi une « *boîte conceptuelle* » qui renferme ses connaissances empiriques et/ou théoriques, en fait un savoir social accumulé durant sa trajectoire. Enfin, les acteurs d'une situation donnée mettent aussi en œuvre une « *boîte à outils* » qui contient les savoir-faire, les techniques et les modèles d'action propres à leur contexte. Et le tout est structuré sous forme d'un ensemble intégré, singulier et ouvert sur les multiples environnements (local, régional, mondial). La moindre perturbation ou changement à un niveau ou à un autre provoque des réactions en chaîne à travers lesquelles le site cherche à se recomposer en intégrant ou en neutralisant l'entité intruse. De ce fait, on ne peut rien séparer et *a fortiori* ce qui nous semblerait être de nature économique ou technologique. Ici, les comportements « *économiques* » sont moulés dans le site et par le site. Ce qui leur donne le statut de constructions sociales contextuées. Le site crée son monde, l'organise et s'organise dans le même mouvement. Il s'agit d'un phénomène d'auto-organisation. En conséquence, les lois scientifiques en économie ne peuvent aucunement échapper totalement à l'emprise du site, lui-même en perpétuelle évolution. Et, comme ce dernier est toujours singulier, mouvant, contradictoire et incertain dans ses évolutions, les théorèmes économiques admis par la science sont d'un faible rapport intellectuel.

Tout semble donc enchevêtré d'autant plus que la notion de site renvoie à un espace immatériel et matériel ouvert et fermé. Tout indique qu'il opère des sélections vis-à-vis de ce qui arrive du dehors et vis-à-vis des traditions locales. Tout se passe comme s'il s'agissait d'un expert collectif. Ce faisant, il combat le chaos et les incertitudes qui assaillent ses organismes sociaux.

A le résumer sous formes d'images, il est fait d'une « *boîte noire* » qui recèle les mythes fondateurs, les valeurs, les révélations, voire les révolutions, les souffrances et les expériences du groupe humain auquel nous avons affaire. C'est l'aspect symbolique, le plus souvent caché, des pratiques locales. Le site a aussi une « *boîte conceptuelle* » qui recouvre ses connaissances communes empiriques et/ou théoriques et, enfin sa « *boîte à outils* » contenant ses modes d'organisation, ses modèles de comportements et d'action, ses savoir-faire, ses techniques, etc. Le sens commun que le site donne à son monde parcourt l'ensemble de ces « *boîtes* », aucune n'est isolée du reste.

Et, c'est pour cette raison fondamentale que nos concepts ou nos projets économiques sont, à leur tour, entachés par nos croyances scientifiques dont la nature peut différer de celle des valeurs des acteurs des sites-cibles. Ici, la neutralité s'avère une pure fiction. En conséquence, la pratique du parachutage des projets de toute nature n'a plus lieu d'être car les sites ont aussi leurs propres cosmovisions et « *douanes invisibles* ». Dans une telle perspective, prudence et tolérance deviennent les maîtres mots de la philosophie pratique, d'où l'idée d'une pédagogie de l'accompagnement à mettre en œuvre dans toute situation. L'immersion y précède l'action et la réflexion. Ici, une « *mise en ignorance* » est un salut pour toute connaissance mesurée de la situation (principe d'une économie non violente et naïve dans sa démarche).

Les sites dont il s'agit sont donc des conceptions évolutives du monde faites de croyances (mythes, valeurs, représentations, etc.), de rites et de routines, d'habitus, de connaissances empiriques et/ou théoriques : un savoir social, des modèles d'action individuelle et collective, etc. Ils combinent ainsi, pour dire simple, une boîte noire, une boîte conceptuelle et une boîte à outils et à modèles de comportement. Le tout est relié par le sens implicite du site. De nombreux secrets des sites ne se dévoilent que sporadiquement lorsqu'on les fréquente sans *a priori* dans leur vie quotidienne. Ce sont des espaces de vie et d'envie qui se construisent dynamiquement dans les parcours des individus et des groupes d'individus. Ainsi, ils constituent un creuset d'identité pour les personnes, des « *communautés de sens* », des systèmes d'appartenance, etc. Les sites imprègnent ainsi l'ensemble des dimensions des territoires de vie : relation au temps, à la nature, à l'espace, l'habitat, l'architecture, l'habillement, aux techniques et savoir-faire, à l'argent, à l'entrepreneuriat, etc. Avant de se matérialiser dans les faits et gestes des acteurs ou dans toute autre matérialité visible à l'œil nu, les sites sont des entités immatérielles pourvoyeuses de repères pour les individus et leurs organisations sociales.

Le site est, en fin de compte, un « marqueur invisible » de réalité. De par la vision et les représentations qu'il diffuse auprès des siens, il contribue à façonner leurs comportements et leurs actions quotidiennes. Il produit ainsi des « vérités locales » autour desquelles gravitent les comportements individuels et collectifs. Ils tendent ainsi à converger vers un « point fixe ». En retour, de par l'influence de l'environnement local, régional, national et mondial et des interactions qui lui sont directement endogènes, le site se retrouve façonné. Le site est, donc, un « *façonneur-façonné* ». Par nature il est instable tout en procurant une stabilité momentanée pour ses acteurs. C'est un mélange d'ordre et de désordre. En ceci, il est une sorte de *boussole* face au chaos inhérent aux systèmes et aux organisations du social. Ces mécanismes d'évolution et d'adaptation se font dans la durée et dans l'instantané.

En effet, le site change sous les contraintes immédiates tout en tentant de sauvegarder, par sélection, son passé, son identité, son intégrité, sa mémoire, bref tout ce à quoi il tient. L'observation minutieuse des situations de changement dans le monde des sociétés et des organisations économiques montre bien qu'un changement n'est jamais total et pur dans tous ces traits. Lorsqu'il se postule ainsi, c'est le cas des modèles économiques transférés, sans précaution d'un site à l'autre, c'est l'échec *ex post* assuré dans les effets escomptés *a priori*. La permanence et le changement semblent donc être des «*frères jumeaux ennemis*» dans la pratique. Ils se mélangent en s'opposant et en composant. Ce qui donne lieu à des processus d'hybridation dans les faits que les théories économiques restrictives, par nature réductionnistes, sont incapables de capturer et de rendre compréhensibles. Leurs catégories ne pourront jamais totaliser le réel qui est à l'œuvre dans les contextes d'action des acteurs. De plus, comme nous l'avons déjà souligné, les sociétés sont faites non seulement d'échanges calculables (échanges marchands) et non calculables (le don) mais aussi d'ancrages et de valeurs non échangeables. De nombreuses études économiques, sociologiques ou anthropologiques mettent en évidence, aujourd'hui, le besoin d'ancrage qu'ont les individus et les organisations dans leurs territoires imaginaires et spatiaux. Ces points d'ancrage ne sont autres que des sites ; ils fournissent des points de stabilité aux phénomènes sociaux y compris les processus économiques. Ces derniers livrés à eux-mêmes présentent, en effet, un caractère anthropique et s'autodétruisent en conséquence. Le marché a besoin de ce qu'il n'est pas ; c'est ce que soulignent aussi, aujourd'hui, les recherches économiques contemporaines qui mettent l'accent sur les institutions et les conventions (Williamson, Favereau, Thévenot, Boltanski, Orléan, etc.).

Godelier (1996, p. 281) résume bien ces nouveaux enjeux de recherches à la fin de sa longue quête sur l'énigme du don : « *Plus fondamentalement, nos analyses nous amènent à conclure qu'il ne saurait y avoir de société humaine sans deux domaines, celui des échanges, quel que soit ce que l'on échange et quelle que soit la forme de cet échange, du don au potlatch, du sacrifice à la vente, à l'achat, au marché, et celui où les individus et les groupes conservent précieusement pour eux-mêmes, puis les transmettent à leurs descendants ou à ceux qui partagent la même foi, des choses, des récits, des noms, des formes de pensée. Car ce que l'on garde constitue toujours des "réalités" qui ramènent les individus et les groupes vers un autre temps, qui les remettent face à leurs origines, à l'origine.*

*C'est à partir de ces points d'ancrage, de ces réalités "fixées dans la nature des choses", que se construisent, se déploient les identités, individuelles et collectives. Ce sont eux qui font qu'il y a de la durée dans le temps* ».

C'est cette nostalgie des origines qui est au cœur des mécanismes de décryptage des sites dans notre terminologie. Elle tire sa force des « divinités du site », auxquelles croient et tiennent profondément les « sitiens » du milieu considéré. L'homme nous surprendra toujours, il recherche des « dieux » même là où il n'y en a pas. Ce besoin est inhérent à cette nécessité quasi organique qu'ont les individus et les communautés d'hommes d'avoir des mythes sacrés, des repères collectifs et une sécurité face aux assauts du désordre qui accompagne l'évolution. Chaque site a, donc, ses « icônes » derrière lesquels se dissimulent ses croyances fondamentales et ses mythes fondateurs qui donnent sens à ses règles de vie sociale. Ces croyances se manifestent dans des objets, dans des institutions, dans des coutumes, dans des patrimoines, dans des animaux, etc., et conditionnent la dynamique et la reproduction du site. Ces valeurs matérialisées ou non sont inaliénables et non négociables dans les critères du monde marchand et conditionnent ce dernier. Il existe, incontestablement des « *morales de situation* » La religiosité dans ses formes les plus diverses semble être la chose la mieux partagée du monde. Ici, l'empire de l'argent et du profit se heurte donc à des limites.

Ces considérations expliquent le fait que les sites ne laissent pas le marché et les catégories économiques en général évoluer comme l'entendent les économistes. Ils en tempèrent les effets et le mode de fonctionnement si bien que les lois économiques deviennent des « *constructions sociales* » et échappent ainsi au modèle unique. Du même coup, l'idée d'un « marché-monde » gouvernée par des lois universelles s'évanouit d'elle-même. Sous la mondialisation, une mosaïque de sites survit, évolue et s'étend comme pour lutter contre l'entropie du système économique dominant. Ce qui contrarie l'idée d'une image mathématique du monde tant recherchée par les économistes qui croient dur comme fer que leurs lois sont valables en tout temps et en tout lieu. L'observation enseigne que la main communautaire de l'organisation africaine ne laisse pas totalement faire la main invisible du marché. Les hommes ne se comportent pas sous toutes les latitudes et en tout temps de la même façon. Par nature, ils sont changeants et conjuguent plusieurs impératifs à la fois, des situations qui échappent à toute approche monodisciplinaire et monoculturelle.

## 1.4. Mémoires et patrimoines des sites : le présent et le futur au passé

Dans notre perspective de recherche, les parcours des sites et de leurs organisations sont aussi à prendre en compte. En effet, les espaces/temps des sites sont travaillés par leurs mémoires et leurs croyances, ce qui leur confère une affectivité et une grande relativité. Cette historicité des représentations et des pratiques sociales pose de redoutables problèmes éthiques et techniques à l'ensemble des sciences de l'Homme, de la sociologie à l'économie en passant par la gestion des organisations économiques. Celles-ci ont tendance à chercher l'uniforme dans des réalités qui, par nature, sont multiples. C'est même la loi de la vitalité des êtres vivants qu'ils soient sociaux ou biologiques. Les singularités de chaque espace vécu interdisent tout modèle unique. C'est ce principe de diversité qui est à la base de la démarche symbolique. Contrairement à la pensée réductionniste « *On peut réellement dire que, pour la pensée symbolique, il y a un temps local* » nous dit G. Durand (1979, p. 44). Ces relativités génèrent de nombreuses *quipro-communications* dans la pratique, particulièrement dans les zones inter-sites. Leur non-prise en compte porte préjudice à de nombreux *projets* économiques ou autres. A ce sujet, commentant les perspectives de recherche du grand psychologue suisse C. G. Jung, G. Durand (1979, p. 45) écrit, à juste titre, « *C'est que le temps qualitatif et symbolique adhère sympathiquement aux lieux et aux choses* ». Et comme le défend la démarche des sites symboliques d'appartenance, « *La pensée symbolique connaît plusieurs "couches" de durées, plusieurs "régions" d'un même temps* ». Les sites présentent, en effet, cette étendue imbriquée qui fait, d'eux, malgré leurs caractères souvent uniques, des entités plurielles qui vivent de la diversité qui les entourent. C'est en absorbant le multiple qu'ils sauvegardent leur singularité et leur éternité. « *Chaque lieu et chaque temps*, nous dit G. Durand (1979, p. 46), *sont les signes d'un destin* ». Ce qui demande une archéologie des influences croisées des parcours et une compréhension de leurs mécanismes de décryptage en situation d'échanges avec leurs mondes extérieurs. Parcours et code de sélection sont intimement liés dans les processus de production des sites. Et là, l'analyse économique n'a pas le droit ni la légitimité scientifique d'être amnésique. Pas de savoir sans histoire. La performance même des systèmes et des organisations économiques en dépend comme l'atteste l'importance qui est donnée, aujourd'hui, à l'histoire, à la culture des entreprises et aux patrimoines en général.

En effet, dans leur profondeur, les entités sur lesquelles réfléchit, de manière cloisonnée, l'économiste s'avèrent être en profondeur d'essence humaine et historique. Elles trouvent une partie de leur explication dans ce qu'elles ne sont pas à travers le découpage admis. Les débats contemporains sur les défaillances du marché et le rôle des « *cultures organisationnelles* » dans la vie des organisations économiques comme les firmes sont assez suggestifs sur les limites des paradigmes mécanistes et réductionnistes (voir, par exemple, les travaux de P. d'Iribarne) en la matière. Contrairement aux croyances scientifiques de l'économiste, les méthodes de production et d'organisation des entreprises japonaises, à titre d'exemple, montrent toutes la force des « *valeurs partagées* » dans la détermination de la performance. Ici, le « *toyotisme* » est à la fois une organisation économique et un site symbolique d'appartenance. Cognition et cohésion sont au cœur des processus de motivation dans ces organisations. Chaque acteur doit se sentir comme une partie d'un tout qui donne sens et direction. Cette communion quasi religieuse est à la racine de la maîtrise de la qualité et de la sécurité de l'organisation nippone. L'esprit de groupe y joue le rôle de catalyseur des énergies individuelles. Les expériences industrielles de greffe du système Toyota aux USA et en Europe montrent que les transferts de modèles se heurtent à des résistances locales. Leurs incorporations aux milieux locaux ne sont parfois possibles qu'à la condition d'intégrer dans le changement certains traits des sites d'accueil. Une recombinaison des valeurs entre les emprunts et les valeurs propres des sites est, donc, essentielle sous peine d'échouer dans des disciplines opérationnelles comme le management. L'organisation est, en fait, un processus qui se recompose en permanence autour d'un ensemble de représentations et de valeurs qui donnent lieu à des normes cognitives et à des règles évolutives. Autrement dit la rationalité entrepreneuriale ainsi que sa mise en œuvre sont aussi situées. Lorsqu'elles sont conduites efficacement, elles intègrent les contingences du lieu tout en puisant de l'extérieur des emprunts qui viennent se mouler au sein des processus endogènes au site. Il est de la nature des sites d'être ouverts et fermés, code de sélection oblige. C'est ici que le site apparaît en tant qu'expert collectif. Il explore constamment de multiples voies pouvant le conduire à des « situations raisonnables » au sens de l'entendement local. Les impératifs et les catégories économiques tels que nous les percevons y sont détruits totalement ou partiellement conjugués avec les autres dimensions du site, d'où le besoin d'une pensée économique métisse (Zaoual, 1998) et d'une pédagogie d'accompagnement.

Les incomplétudes, voire les inadéquations des catégories de l'économiste et du management réducteur incitent, aujourd'hui, les chercheurs à une plus grande ouverture sur les dimensions institutionnelles, culturelles et sociales des pratiques économiques et, en fin de compte sur les identités des sites d'action des acteurs concernés. Humaniser la rationalité, c'est la situer dans l'espace vécu des acteurs. Ce faisant, c'est la rendre multidimensionnelle et lui donner un sens à partir du contexte d'action où elle se déploie. C'est l'hypothèse de la rationalité située telle que nous la concevons. Celle-ci est un processus dynamique qui se construit *in situ* et prend en considération l'ensemble des données du site des acteurs. Les modèles classiques de la rationalité sont limités dans leurs capacités à lire les pratiques locales des individus et des organisations. Ils sont, le plus souvent, statiques, déterministes, monodisciplinaires et monoculturels. Or, ce que nous séparons dans l'abstrait, l'acteur l'unifie dans le concret et le rend indéterminé de par la complexité des données de situation. Le sens et la vision du monde qu'a l'acteur sont parties prenantes dans son processus décisionnel. Ce qui donnera à la rationalité de son comportement un caractère composite dans lequel s'il y a calcul, il est enchâssé donc surdéterminé par des faits de société. Et, c'est ce que montrent, d'ailleurs, toutes les recherches actuelles qui mettent en évidence l'incomplétude du marché et de l'utilitarisme, voire leur inadéquation par rapport à certaines situations « *observables* ». C'est ce que nous allons tenter de montrer, bien que nous ne soyons pas un spécialiste de l'économie publique.

# 2. VERS UNE ECONOMIE NON VIOLENTE

## 2.1. Le modèle standard de la rationalité : des insuffisances notoires

Le projet de la science économique a été celui d'une rationalité instrumentale : est rationnel celui qui adapte ses moyens à ses buts. La rationalité y est perçue comme une « *sorte de cohérence formelle des préférences et des actions* » (Allan Gibbard, 1996, p. 11). Dans cette conception « *il n'y a de rationalité qu'instrumentale* ». Cette acceptation peut tout justifier. Poussée à l'extrême, il peut s'avérer dans certaines situations que détruire son prochain est aussi rationnel ! C'est face à ce « rationalisme délirant » que se dresse la vision des sites qui, elle, ne sépare pas le problème de la rationalité avec les questions d'imaginaire social et d'éthique des sociétés.

Les notions philosophiquement intéressantes résistent souvent à des définitions. A ce sujet, le mot « *rationnel* » est exemplaire ; De notre point de vue, comme le suggère, la démarche du site, le « rationnel » est un terme qui désigne, tout simplement, un jugement sur un acte ou un choix adapté à une situation et qui fait sens par rapport aux contingences locales du site. Nous prenons aussi à notre compte la position de Gibbard (1996, p. 6) : « *Le mot "rationnel" a quelque chose de savant, mais la notion à laquelle je pense est familière. C'est celle à laquelle nous pensons lorsque nous parlons de ce qu'il est de "bon sens" (it makes sense) de faire ou de penser, lorsque nous parlons du "bon choix" à faire dans une situation donnée* ». Un acte rationnel est un acte censé être un « bon choix » dans une situation donnée. « *En un sens, le mot "rationnel" veut dire simplement "qui touche au raisonnement"* » (Gibbard, 1996, p. 62). D'un autre côté, « *dire qu'une chose est rationnelle, c'est exprimer son acceptation des normes qui l'autorisent* » (Gibbard, 1996, p. 7). L'auteur définit « *la capacité à accepter les normes comme une capacité globale d'adaptation humaine et biologique* ». On ne peut approcher la rationalité qu'en approchant le jugement qui est fait sur elle. La définition du « rationnel » est inséparable de l'esprit qui l'exprime.

Parler des faits, c'est aussi parler des normes de vie des humains qui guident leurs interactions dans une situation donnée. Les normes expriment des jugements de valeurs et façonnent des comportements. La dichotomie jugements de valeurs/jugements de faits n'est plus d'une grande portée dans une telle perspective, d'où la liaison que fait l'épistémologie des sites entre les croyances sociales d'un site donné d'une part et son savoir social d'autre part. « *Du point de vue de leur justification*, écrit Allan Gibbard, (1996, p. 43), *ils sont sur le même plan ; les jugements de fait et les jugements normatifs tiennent debout ensemble ou s'effondrent ensemble* ». Pour être pertinents, les concepts et les théories doivent être en adéquation avec les contingences du site. Ce qui dévoile la grande relativité des mots et des concepts que nous utilisons hâtivement pour désigner les pratiques qui se déroulent dans des espaces/temps différents. Des risques de décalage de sens existent. Ce problème explique, entre autres, notre incapacité à transférer prudemment notre expertise d'économistes d'un site et à l'autre, comme le montrent les expériences de développement et de management d'entreprises (Laleyê, Panhuys, Verhelst, Zaoual, 1996). Les sites et les hommes qui y vivent ont toujours un certain degré de liberté incompressible qui leur permet de choisir la manière dont ils vivent et par voie de conséquence, les attitudes à prendre face aux exigences de la vie économique locale. Face à cette réalité, le modèle du changement de leur situation qui reprend, par exemple, à son compte, exclusivement, les hypothèses de l'utilitarisme et leurs anticipations est bien pauvre. Une théorie se juge à sa capacité à interpréter le maximum de faits.

Chaque site produit ses liens d'intégrité et de respect selon ses propres normes de vie, une sorte de standard de vie (ou du « *bien* » et du « *mal* » selon A. Gibbard, (1996, p. 56). Cette variété est une remise en cause dans les faits, au moins partiellement, de l'hypothèse de l'universalité du choix fondé sur les préférences de type utilitariste. Discutant de la pauvreté des hypothèses de l'économie publique, Leif Johansen écrit, à son tour : « *La théorie économique, dans ce domaine comme dans d'autres, a tendance à suggérer que les gens sont honnêtes seulement dans la mesure où ils y trouvent un intérêt économique. C'est là une hypothèse d'homo œconomicus dont la vérité est loin d'être évidente, et qui doit être confrontée à des réalités observées. De fait, un raisonnement simple suggère que cette hypothèse ne saurait être vraie dans sa forme la plus extrême. Aucune société ne serait viable en l'absence de normes et de règles de conduite. Ces normes et ces règles sont nécessaires à la viabilité de la société précisément dans les domaines où les incitations strictement économiques n'existent pas et ne peuvent pas être créées* » (Leif Johansen, 1976, cité par Amartya Sen, 1993, p. 103).

Fondamentalement, dans le modèle économique traditionnel du comportement, les préférences individuelles expliquent le comportement et réciproquement (Sen, p. 95). C'est dans cette circularité que se déploie la rationalité. Le problème devient pour l'économiste, un simple traitement technique de cohérence interne entre les préférences et les choix mis en œuvre pour les réaliser ; et le modèle de la maximisation donne l'habillage mathématique à l'ensemble. Une telle théorie « *n'est pas dénuée de signification, au sens technique du mot* » (Samuelson, 1955, p. 91, cité par Sen p. 95). Mais de là à en faire une théorie générale du comportement humain, c'est une extension abusive. Toute l'œuvre de Sen, dans ces aspects théoriques et techniques, est de limiter l'hégémonie de cette théorie réductionniste des motivations humaines. Il faut donc la circonscrire dans des limites raisonnables à l'intérieur d'une démarche plus ouverte à la multiplicité qui est à l'œuvre dans les comportements observables.

Sen (1993, p. 104) relève qu'à côté des préférences au sens de l'économie standard et derrière elles de nombreuses motivations peuplent la structure globale des comportements des individus. Le sens de l'engagement, notion essentielle dans la démarche des sites, en est une. Il souligne explicitement que cette valeur est bien présente dans divers contextes intéressant l'économiste. D'ailleurs, il illustre sa démonstration par l'exemple du travail. Il est évident, en effet, que l'efficacité d'une organisation résulte directement du sens investi par ses membres dans ses objectifs. La réalisation de ces derniers dépend du degré d'engagement des acteurs impliqués. En la matière, un système de contrôle omniprésent serait coûteux et même inefficace dans la mesure où les acteurs ont toujours des marges secrètes de manœuvre. L'individu est, toujours, libre dans les décisions qu'il prend en situation d'action. Cette hypothèse de l'imbattable acteur a été longuement démontrée par la sociologie et les sciences de gestion (Zaoual, 1998, Tunis). Dans ce type d'univers, pour mener à bien une organisation, il est nécessaire de prendre conscience que l'efficacité se gère par une double entrée imbriquée : la récompense de l'effort combiné avec une culture d'appartenance à l'organisation. L'efficacité trouve son moteur dans l'identité partagée du groupe. L'acteur escompte, certes, des gains matériels mais aussi une existence sociale dans la culture des grandeurs du site considéré. Cette motivation d'existence identitaire est d'un autre ordre que celui de la rationalité standard. Ce n'est plus le monde des fonctions de comportement restrictives à l'utilité mais celui des relations et dans ce qu'elles ont de plus profond. A ce sujet, au même titre que les derniers développements de la recherche qui s'intéressent au rôle des valeurs dans l'organisation, Sen met en évidence l'importance capitale de ce pan de la réalité économique tant négligé par les économistes. Comme il le souligne, une bonne partie de la solution des problèmes économiques se situe en dehors de l'économie des récompenses et des punitions. « *Fonder la gestion d'une organisation*, écrit A. Sen, *uniquement sur les incitations en vue de gains personnels est une tâche à peu près impossible* » (1993, p. 105).

Ce handicap de la théorie économique résulte bien entendu de son histoire intellectuelle dans laquelle le réductionnisme a négligé de nombreuses entités qui, pourtant, jouent un rôle fondamental sur ce que l'économiste cherche à expliquer. Ce retard de la théorie économique nous vient de la manière dont se construisent les paradigmes scientifiques. Au moment de leur formation, leurs fondateurs tracent une frontière relativement rigide entre ce qu'ils estiment être des problèmes scientifiques et ceux qui sont supposés ne pas l'être. Dans cette sélection de nombreux facteurs ou entités sont d'emblée écartés du champ d'investigation de la science normale de la discipline. Dans certains cas, ces aspects sont même qualifiés de problèmes métaphysiques ou d'entités irrationnelles. C'est ce qui explique que Sen arrive à la conclusion portant sur l'incapacité des économistes à traiter de l'engagement et des relations sociales en écrivant explicitement : « *c'est parce que la théorie économique classique néglige toute cette question de l'engagement et des relations sociales qui l'entourent* » (1993, p. 105). Il s'agit ni moins ni plus d'un héritage paradigmatique dont la résolution suppose nécessairement une révision des hypothèses de base de la discipline en question. « *Ces questions*, écrit Sen, *sont bien sûr liées à l'éthique, puisque le raisonnement moral influence l'action, mais dans un sens plus large ce sont des questions de culture, dont la morale n'est qu'une partie* » (1993, p. 105).

De ce point de vue, Sen va même jusqu'à citer l'expérience de la révolution chinoise (1993, p. 105), qui cherchait à stimuler le sens de l'engagement afin d'améliorer les résultats économiques. Mais en négligeant totalement les incitations économiques et d'autres valeurs essentielles à la personne humaine, elle a échoué. Dans le même sillage, l'auteur met en évidence l'importance des systèmes de confiance et de sens des responsabilités dans les mondes professionnels et dans leurs modes de fonctionnement. De proche en proche, il en déduit que l'utilitarisme, l'égoïsme et d'autres systèmes moraux et pratiques ne sont qu'une fraction étroite du grand domaine de l'engagement de la personne.

En conséquence, l'étude minutieuse du comportement de l'individu ne peut se réduire aux spectres des préférences et des classements tels qu'ils sont délimités et définis par l'utilitarisme. En un mot : « *la structure de la théorie traditionnelle est insuffisante* » (Sen, 1993, p. 106) pour engranger toute la complexité des motivations individuelles. C'est ce qui amène Sen à écrire sur un ton polémique que : « *L'homme purement économique est à vrai dire un demeuré social. La théorie économique s'est occupée de cet idiot rationnel, drapé dans la gloire de son classement de préférences unique et multifonctionnel* » (1993, p. 107). Face à cela, il devient nécessaire de disposer d'une structure plus complexe. Dans cette voie, John Harsanyi avait avancé une structure intégrant à la fois des préférences « *éthiques* » (considérations sociales ou impersonnelles) et les préférences « *subjectives* » (intérêt personnel/fonction d'utilité). Sen discute longuement cette distinction entre ce que l'individu considère comme bon du point de vue social et ce qu'il estime bon du point de vue personnel ou de ses intérêts (Sen, 1993, pp. 107 et suivantes). Il montre à la fois la portée de cette ouverture mais en même temps ses insuffisances. Il estime que l'élargissement de la démarche est à accroître en direction de structures plus complexes. Et, c'est là où il évoque ses propositions sur des schémas incorporant plusieurs niveaux de classements du genre classements de classements (Sen, 1972). « *Cette technique,* écrit l'auteur, *du métaclassement autorise un degré variable de structure morale* » (Sen, 1993, p. 110), une façon de rendre flexibles les hypothèses de la théorie économique du comportement. De cette manière, nous pourrions suivre la variété (dans l'espace) et la variabilité (dans le temps) des choix et des comportements de l'homo situs. Pour la théorie économique étendue de Sen : « *L'engagement ne présuppose pas le raisonnement, mais ne l'exclut pas ; dans la mesure où il oblige la personne à mieux comprendre et évaluer, en fonction de ses valeurs et de ses instincts, les conséquences de ses actes pour les autres, il peut élargir la portée du raisonnement* » (Sen, 1993, p. 116).

Dans la note 1 p. 82, Sen (1993), dans sa recherche d'une approche plus large du comportement humain, revient à la charge et écrit : « *Ce qu'on pourrait appeler la "rationalité sociale" nécessite une formulation plus paramétrique, qui tienne compte plus explicitement des circonstances sociales contingentes, en particulier de la nature de la symétrie ou de l'asymétrie qui se produit dans les relations entre actions, conséquences et évaluations* ». C'est dans cette perspective que la démarche des sites est susceptible de s'inscrire dans la mesure où elle ne sépare pas les « *lois économiques* » du contexte moral et social dans lequel elles s'exercent. De ce point de vue, les « *régularités économiques* » recherchées sont des constructions sociales contextuées dans des sites.

## 2.2. Les sites et la rationalité située

La rationalité située intègre l'éthique du site et par là-même, les interactions sociales auxquelles il donne sens. La rationalité ici ne réside pas simplement entre une adéquation purement « *technique* » entre les moyens et les fins mais aussi dans la prise en compte de la nature morale et sociale de ces mêmes fins. La rationalité située est une rationalité des croyances et des actions qui se déroulent, avec plus ou moins de décalage, sur le site. Les règles et les normes jouent le rôle d'opérateurs qui mettent de l'ordre et de la cohérence entre ce qui va de soi dans le site et les actions quotidiennes des acteurs : entre le non-dit et ce qui est fait. Ici, l'instrumental se mêle au mental. Les normes imprègnent les faits et gestes des acteurs du site. Les valeurs du site y fonctionnent comme des axiomes entourés de marges de flexibilité inhérente au changement. Etre rationnel ici, c'est faire bon usage de la « *coutume* » du site dans les limites possibles. Ce qui place, souvent, l'acteur dans une situation de dilemme en raison des multiples impératifs auxquels il doit répondre. En situation, il agit de façon raisonnable en mariant des objectifs pouvant être contradictoires, par exemple l'intérêt individuel et les exigences communautaires de solidarité. Un égoïsme excessif peut devenir irrationnel au sens de la rationalité économique pour la personne si ce comportement contribue à l'isoler des « externalités positives » du groupe. « *L'homme*, écrit, Allan Gibbard, *enrichit et développe ce réseau, en retire des avantages, et à l'occasion s'en tient à distance* » (p. 28, 1996).

Un comportement rationnel *in situ* émerge donc d'un arbitrage dosé en fonction de la situation. La décision de l'acteur repose, en partie, sur une psychologie empirique : l'effet d'apprentissage. Ce qui écarte la dérive des excès qui portent préjudice à la réputation de la personne dont elle a besoin moralement, socialement, voire économiquement. Il s'agit de la recherche d'un « *équilibre réfléchi* », « *l'équilibre situé* » dont parle la théorie du site. L'homme vivant en société passe des accords avec ses semblables, d'où l'importance des procédures de coordination. En ce sens le site fonctionne à la fois comme un « *gardien des lieux* » et comme une espèce d'expert collectif.

L'approche des pratiques locales a besoin d'une théorie de la direction (guidance) que choisissent ou composent *in situ* les acteurs de l'organisation. Sans être totalement hégémonique sur le comportement de la personne, la norme joue ici son rôle coercitif en direction de la cohésion du site. Ce dernier ne cautionne que les faits et les actions qu'il peut lire avec son éthique, son code moral. Il décode instantanément les agissements des uns et des autres. Comme la personne ne sort pas d'un vide moral et social, son comportement incorpore forcément une mémoire sociale et la morale du (ou des) site (s) qui l'a façonné. Les systèmes sociaux ont horreur du vide, d'où l'importance de la prise en compte de ces « *biotopes sociaux* » que sont les sites pour les sciences sociales y compris pour la théorie économique élargie. Les sites sont des repaires de repères ! pour les acteurs d'une situation « *économique* ». Ils transmettent de la confiance aux acteurs, une manière de lutter contre l'incertitude paralysante. Ici, le site et les formes de coordination qu'il institue sont des réducteurs de désordre. Le monde du marché y trouve des points de stabilité et d'ancrage. En effet, en lui-même, le marché tel qu'il est décrit par son modèle général est porteur de désordre et d'incertitude (asymétrie d'information, aléa moral, risque d'opportunisme, etc.). Cette incomplétude du modèle explique l'engouement actuel des recherches économiques pour les institutions et les organisations. En élargissant ce débat, de proche en proche, les questions d'éthique et de cultures s'y imposent dans la mesure où les institutions d'une société y prennent racine.

La *rationalité pure* à laquelle nous a habitués notre tradition intellectuelle d'économiste est, donc, limitée par le site qui la recompose à sa façon. Il s'agit d'une « *véritable main invisible* » mais cette fois-ci irréductible à une simple mécanique du marché. Ceci a déjà été démontré dans les contextes africains en « situation de développement » dans lesquels « *la main communautaire des sites africains* » broie la « *main invisible de marché* » postulée des modèles économiques transposés (H. Zaoual, 1994). Ce qui débouche inéluctablement sur l'échec des projets économiques, défaillance dans les critères des experts. Les motivations de l'agent africain sont multiples et rebelles au modèle uniforme de la rationalité standard. Cette mêlée de mains ne peut être décryptée que par des concepts nouveaux de nature hybride (l'*homo situs* et la *rationalité située*). Et ici, c'est toute une révolution paradigmatique en économie qui s'affiche devant nos yeux.

En réalité, les mécanismes de décryptage du site resituent constamment la rationalité des comportements individuels et collectifs. C'est cette coloration en profondeur qui reste une énigme pour le paradigme mécaniste qui inspire l'analyse du développement et les modèles rationnels de l'organisation. Il faut, en conséquence, opérer avec discernement et à dose convenable, d'où le principe de prudence défendu par la théorie des sites. L'impulsion graduelle d'une situation gagnerait en efficacité si elle se faisait à la fois au niveau intellectuel et comportemental. Une bonne théorie adaptée et adoptée s'applique !

Afin de schématiser le fonctionnement des sites, nous dirions que la croyance motive, la norme organise et le comportement exécute. Les fondamentaux d'un site sont ses croyances et les normes morales et sociales qui en découlent. Tout ceci repose sur le sens commun, souvent implicite au site. Dans la réalité, les choses sont d'une nature plus subtile. La complexité des interactions interdit tout déterminisme comme nous l'avons déjà souligné.

En effet, la notion d'« *acceptation d'une norme* » (Gibbard, 1996, p. 77) est différente de l'emprise de la norme. Le site a tendance à arrondir ses normes et à les faire évoluer : souplesse et flexibilité face aux perturbations endogènes et exogènes. A l'image des phénomènes biologiques, les organismes sociaux, pour survivre, s'adaptent et évoluent en sélectionnant les éléments assurant leur survie. Ce faisant, ils exploitent la diversité endogène et exogène de leur milieu. Ces processus se réalisent de manière flexible et diffuse. Et là, les modèles trop rigides ne sont pas adéquats. Les insuffisances du modèle déterministe de la rationalité économique le montrent bien. Les cultures et les normes que les sites diffusent font l'objet d'une sélection. Les conventions de coordination ont aussi une nature dynamique. Le site fait évoluer ses normes afin de les adapter. Le but étant l'amélioration de la coordination interpersonnelle dans un univers incertain.

Les mots guident aussi nos actions et nos émotions. En ce

sens, ils nous poussent vers le désaccord ou la coordination selon les situations. Penser à nos codes de politesse et de coopération. Comme les animaux qui vivent en groupe, les hommes vivent avec des normes et des rituels plus ou moins intériorisés et évolutifs en raison du changement. C'est par les normes que les sites produisent une régularité située dans l'espace et le temps. Ces règles peuvent être explicites comme implicites. De par l'importance du dressage social dans la vie des sites, une grande partie des règles sociales est constituée de « routines » quasi inconscientes. Ce qui explique la présence d'un non-dit dans la vie des organisations sociales. Souvent, il est dit en Afrique : nous t'avons écouté et nous avons compris ce que tu n'as pas dit ! L'incommunicable est donc aussi aux commandes des interactions sociales et joue le rôle d'un opérateur d'ajustement des comportements.

La vie des règles est souvent mitigée. Certes, les normes des sites s'imposent aux individus mais en même temps elles font l'objet d'une manipulation en rapport avec les changements des situations individuelles et collectives. Les règles censées produire de la stabilité sont aussi instables dans leur détermination des comportements. Elles constituent, par là-même, des « repères » en perpétuel changement au moins partiellement en raison des liens intimes entre la trajectoire et le devenir des processus de coordination. Les conventions qui guident nos actions sont, donc, de nature évolutionnaire et fondent le caractère instable des espaces de justification des sites. Les « principes supérieurs » d'un monde peuvent donc changer dans leurs ordres hiérarchiques ou même disparaître en raison de l'évolution. Les acteurs sont condamnés à des recompositions permanentes du sens de leur existence et des choix qui en découlent. Aucun monde possible n'est figé surtout qu'il n'est jamais isolé de l'évolution des autres et de leurs répercussions locales sur le site considéré, d'où la prolifération des univers complexes.

## 2.3. L'irruption de l'homo situs

L'*Homo situs* a toutes les chances d'avoir aussi des traits voisins à ceux de la notion de « *personne* » telle qu'elle est décrite par F.R. Mahieu (1997). A ce sujet F. R. Mahieu écrit, dès son introduction : « *La personne a (entre autres) une dimension identitaire, "altruiste" et enfin économique. Elle s'affirme dans son autonomie, sa capacité universelle au choix réfléchi et dispose d'une égale dignité. Elle s'affirme non seulement par elle-même, mais en fonction des autres* ».

En effet, comme Mahieu, nous postulons à la lueur des expériences fréquentées, que *l'Homo situs* est un Homme concret qui conjugue plusieurs impératifs à la fois. De par le poids du site sur son comportement, l'*homo situs* a une éthique, une identité, et une rationalité qu'il construit *in situ.* Ces différents niveaux sont imbriqués dans le site et se retrouvent reflétés de manière partielle ou totale par le comportement de l'individu. N'oublions pas que le site est un univers fortement agité tout en étant un espace de stabilité pour les acteurs concernés.

La notion d'*homo œconomicus* est implicite à tous les projets de développement. En alternative, l'idée de l'*Homo situs* semble plus réaliste puisque sur les terrains les gens de la base conjuguent plusieurs impératifs dans la conduite de leurs affaires quotidiennes. Cette notion est donc plus adaptée aux univers complexes. L'*homo situs* est un dépassement de l'*homo sociologicus*, individu éponge d'une norme sociale statique et de l'*homo œconomicus*, individu supposé totalement rationnel, égoïste et calculateur. L'*homo situs* est un concept de nature empirique dans la mesure où il s'impose comme impératif premier de penser l'homme en situation et cela dans toute sa diversité et sa profondeur. Il s'agit ici d'une sorte de « *réalisme à visage humain* » tant négligé par les sciences abstraites comme la science économique. L'*homo situs* est rebelle à leur réductionnisme. C'est un homme concret qui sait ce qu'il fait, ce n'est pas un « *idiot culturel* ». Il opère à l'aide d'une « *rationalité située et composite* » dont le déchiffrage demande des modèles plus complexes que celui qu'affiche la rationalité économique ordinaire.

L'observation minutieuse de l'échec des projets imposés et du dynamisme spontané des organisations informelles en Afrique montre, en effet, que la vision classique de l'individu-atome isolé est réductrice et conduit les économistes à construire des théories et à donner des conseils de politiques économiques sans grande portée explicative. Dans la plupart des cas, les individus, tant ceux qui réussissent que ceux qui tentent de corriger une situation à leur désavantage, opèrent dans un univers dans lequel fonctionne des réseaux de relations. Ce n'est pas un hasard, si en Afrique, on définit celui qui est pauvre, non pas directement et totalement par le critère du revenu monétaire, mais par le fait qu'il soit seul : pauvre est celui qui est seul. Ici, le groupe joue le rôle d'une assurance sociale vis-à-vis des sollicitudes de la vie et donne droit à une « *existence sociale* ». Les faits d'expérience montrent amplement que les économies africaines endogènes sont des économies relationnelles. Dans le cadre de cette économie de droits de tirages communautaires (économie de tiroirs dans la terminologie de E. N'Dione, 1992), « *toute personne a la capacité de faire des calculs sur les autres* » (Mahieu, 1997) et réciproquement. Ce calcul se produit dans un monde d'interactions multiples. Ce qui fait de ces univers des économies de réseaux dont on tente de reproduire le modèle, actuellement, dans les régions en mal de mutations dans les pays les plus industrialisés. Tout le concours du secteur des organisations non marchandes ou partiellement marchandes au développement local consiste, d'ailleurs, à contribuer à créer et à développer de tels réseaux afin de venir en aide aux populations marginalisées : formation/ insertion/socialisation/ accès à un capital relationnel, etc. C'est l'orientation générale dans laquelle s'inscrivent, aujourd'hui, les acteurs de l'économie solidaire et du développement local dans les pays industrialisés : organisations d'insertion, institutions de finance solidaire et microcrédit, associations de développement local, etc. Dans ces domaines, les pays du Sud deviennent des « *modèles* » pour les pays du Nord (échanges internationaux d'expériences locales) même si les contextes diffèrent.

L'*homo situs* peut, donc, être perçu comme « *une personne, responsable, rationnelle, et socialement raisonnable* » (Mahieu, 1997). Il s'inscrit ainsi dans un réseau social dans lequel se forme une « morale de situation ». C'est celle-ci qui donne un sens aux droits et aux obligations de chacun. La personne s'y construit et se comporte selon ce qui fait sens selon les normes du site qui ont cours à un moment donné. C'est ce qui conduit à des comportements économiques dans lesquels s'exercent les impératifs moraux du site. C'est d'ailleurs ce qui amène Mahieu à postuler, en toute vraisemblance, le fait que chaque personne dispose d'une sorte de carte des droits et obligations (Rights and Obligations Map, ROM). La ROM est, selon l'auteur, strictement personnelle. En effet, au même titre que la singularité de chaque site (voire de la situation de chaque étape de son évolution), chaque individu, tout en partageant des sentiments moraux communs au site, est spécifique de par les particularités de son propre parcours. Chaque personne possède, une sorte de patrimoine de parcours qui joue un rôle dans ses décisions présentes et futures. C'est, d'ailleurs, ce qui met en évidence le caractère non déterministe du site sur les comportements individuels. Il ne s'agit pas d'une « *machine sociale* » bien que le site imprègne les comportements. Cette influence n'obéit pas à des lois strictement mécanistes, il y a, incontestablement, des zones de plasticité dans la vie des sites et de leurs organisations sociales. C'est, d'ailleurs, ces caractéristiques qui leur confèrent des capacités d'évolution et d'adaptation.

Ni l'individualisme méthodologique ni le holisme ne peuvent, donc, venir à bout de l'éternel problème des interactions des parties (individus) et du tout (société). Et, c'est pour cette raison que la méthode des sites se situe à « *mi-chemin* ». Elle ne cède ni à l'un ni à l'autre et procède par interactions symboliques et pratiques entre les individus eux-mêmes et entre eux et leur site. De cette « mêlée » comme disent les théoriciens du chaos naissent temporairement des ordres collectifs le temps que le désordre incessant s'en mêle, ainsi de suite. Dans cet univers, l'échelle individuelle a aussi son espace et confirme l'existence d'autonomie et d'une marge de manœuvres de la personne, l'*homo situs, l'homme de la situation*. C'est lui qui, en dernière instance, opérera des arbitrages qui intègre, de manière instantanée, les multiples impératifs individuels et collectifs. Et, ici, comme le souligne Mahieu, la responsabilité sociale de la personne reprend à son compte les interactions avec les autres acteurs du site. Elle construit ainsi sa propre hypothèse de rationalité qui absorbe les contraintes de situation en sauvegardant une pluralité d'issues, garante d'une évolution non explosive. Ce qui explique la grande variété des traits et des motivations que l'on rencontre dans les comportements individuels tant dans les choix d'activités que dans les affectations des ressources effectives ou potentielles dont dispose la personne. La littérature sur l'économie « informelle » en Afrique et ailleurs le montre bien ainsi que le besoin qu'expriment à l'heure actuelle les situations d'exclusion dans les pays dits développés : le besoin de diversification et de relations des populations marginalisées. A l'image de la myopie des catégories et des indicateurs de la macroéconomie sur les subtilités des micro-univers et des comportements des personnes, les projets des O.N.G., dont le caractère est resté unidimensionnel, se sont aussi heurtés à ces variétés de terrain qui expriment une rationalité pratique rebelle.

Les caractéristiques de l'*homo situs* décrites tout au long de ce texte, donnent à la personne une nature fortement hybride dans laquelle la malice, la stratégie, le détournement partiel ou total des normes sont aussi présents. Il ne s'agit pas ici de sombrer dans un quelconque romantisme mais de peindre la personne telle qu'elle est vraisemblablement. L'homme est « *bon* » et « *mauvais* ». Il est aussi « *coquin* » dans les propres termes d'Adam Smith dans sa théorie des sentiments moraux. Ce qui explique le caractère « *fluctuant et subtil* » de l'*homo situs*, beaucoup plus proche de la réalité que les notions concurrentes comme l'*homo œconomicus*. L'Homme reste un « *animal sociable complexe* » (formule d'Allan Gibbard, 1996, p. 87).

## CONCLUSION

Au terme de cette contribution, il est indéniable qu'un modèle ou un projet sans sens désoriente et échoue dans ses effets escomptés. Pour agir dans une direction, les acteurs ont besoin de sens et de respect (H. Zaoual, 1998, Le besoin de croire, une énigme.). A ce sujet, les mentalités d'un milieu, sans une reconnaissance et une connaissance du dedans, développent des inerties, d'où la nécessité d'identifier le décodage local du site. Ce n'est qu'à cette condition qu'un changement d'une situation donnée est possible. Ce principe de respect de la singularité des sites présuppose une nouvelle éthique de recherche, celle de la prudence. Intervenir ou pas dans un site donné est à la fois une question scientifique et morale. Un modèle ou des mesures mal ajustées au site peuvent, en effet, entraîner des destructions partielles ou totales du site sans procurer à ses acteurs une amélioration de leur situation. Il faut donc veiller à ce que toute transformation puisse renforcer les capacités de régénération du site mais non les réduire comme ça a été, souvent, le cas du « *développement transposé* » sans succès. Ce qui conduit nécessairement à une sortie des « *autoroutes de la pensée unique* » en matière de sciences sociales des organisations et des systèmes économiques. Pour changer il faut avoir le besoin de penser et de faire autrement, et ce besoin suppose, à son tour, un acte de foi, une confiance en soi et un penchant pour la découverte. L'acteur doit donc aussi devenir chercheur et inversement. Les remèdes futurs de l'économie du développement ne pourront écarter le rôle essentiel que jouent l'éthique et les valeurs autour desquelles les acteurs entendent créer leurs espaces locaux de vie. L'éthique du site renferme son code de lecture du monde. Sans son éthique, il entre dans un processus de dégradation, et, c'est l'anomie et la dispersion de son corps social, pour ne pas dire un « *chaos technique* ». Comme tout se tient dans un site, croyances/ institutions/comportements, la théorie économique étendue est dans la « *bonne voie* » dans la mesure où son ouverture à la dimension institutionnelle l'amènera, de proche en proche, à s'intéresser à l'ensemble des aspects du site en particulier l'éthique et la culture, souvent négligées par les économistes. Et, c'est ce que nous avons tenté de montrer dans ce modeste texte.

# Chapitre 7

## LE RETOUR A LA CULTURE ET LA PISTE DES ECONOMIES PROPHETIQUES

« *Situer veut dire ici avant tout : indiquer le site. Cela signifie ensuite : être attentif au site. Ces deux démarches, montrer où est le site et se rendre attentif à lui, sont l'acheminement préparatoire à une situation. Mais nous aurons fait preuve déjà d'assez d'audace si, dans ce qui va suivre, nous nous contentons de ces démarches préparatoires. La situation, quand elle répond à un acheminement véritable, aboutit à une question. Celle-ci questionne en direction de la contrée à laquelle appartient le site...La situation médite le site.* »

**Martin Heidegger,** Acheminement vers la parole, 1976

## INTRODUCTION

Ce texte a pour ambition de décrire le contexte du retour de la culture comme objet d'étude dans les sciences sociales du développement dont le paradigme fondamental était dominé par des considérations purement économiques[1]. L'expérience des pays du Sud a montré toute l'incomplétude des approches relevant de l'économisme qu'elles soient libérales ou marxistes. Les échecs répétés de l'économie formelle planifiée ou non sont révélateurs de profondes distorsions entre les modèles du discours sur le développement et les réalités auxquelles il s'adresse. La crise morale et sociale des pays globalement riches de la planète a aussi amplifié l'attrait des considérations relatives aux relations entre les cultures et le développement. C'est dans cette perspective Nord/Sud que nous tenterons d'exposer une démarche en deux

---

[1] Communication en Allemagne sous le titre : « The Great Neglect: Cultural Dimension of Development », Colloquium, *Creating Hope out of Despair: Overcoming Africa's Crisis,* International Conference 23-25 June, 2000 (Hannover). Evangelisch Akademie Loccum. Une annexe sur le rapprochement de la théorie des sites avec une œuvre de Martin Heidegger y figure aussi en hommage à la philosophie allemande, sans pour autant adhérer à l'idéologie politique du grand philosophe.

grands moments (et une annexe : un don à la philosophie allemande).

Dans une première partie, nous mettrons en évidence l'épuisement des croyances scientifiques et sociales des grands paradigmes mécanistes et déterministes dans les sciences sociales et particulièrement en économie du développement. L'expérience intellectuelle et pratique de celle-ci montre, en effet, que les transferts Nord/Sud de modèles économiques subissent des retournements aux contacts des sites-cibles. L'économie officielle qu'ils contribuent à imposer fonctionne comme un simple débouché des économies du Nord pourvoyeuses de développement. Ce mécanisme est au cœur de la métamorphose développement/endettement des pays pauvres. C'est dans les régions de la planète, comme l'Afrique, où l'on a usé le plus d'économie ou de progressisme (version marxiste) entendu comme modèle transposé que le « *sous-développement* » est le plus virulent. Ces contradictions résultent de la pratique du parachutage des concepts jusqu'aux institutions en passant par le financement, la technologie et le reste. Cette précipitation trouve son origine dans la tentation techniciste et, de manière plus générale, dans le réductionnisme propre aux sciences issues de la culture de maîtrise. Ces procédures rationalistes ont fait disparaître l'Homme africain et l'Homme tout court derrière des causalités dites scientifiques qui ne prennent pas en compte les singularités des sites concernés par le changement. Toutes les dimensions non identifiables, non mesurables et non maîtrisables par la science normale du paradigme du développement sont purement et simplement évacuées des raisonnements de l'expertise. La réponse des terrains ne s'est pas fait attendre. Par rapport aux exigences d'un développement authentiquement diversifié dans ses structures de production et innovant, l'économie formelle, dans ces contrées, relève plus du mythe que de la réalité. Celle-ci se retrouve plus dans ce qui n'a pas été programmé et financé, c'est-à-dire l'économie dite « *informelle* » qui procure des revenus, des emplois et mobilise la créativité des populations dans des micro-activités face aux aléas de la vie.

C'est ce paradoxe vivant que s'est proposé d'élucider le paradigme alternatif des sites symboliques d'appartenance. La réponse donnée à ces énigmes fait l'objet du deuxième moment de cet exposé. Pour ce faire, la théorie en question mobilise la pluralité des sciences de l'Homme afin de mieux identifier les insuffisances voire la myopie de l'analyse économique globale du développement. Cette ouverture interdisciplinaire est doublée par une approche interculturelle pour mieux approcher la diversité des pratiques locales. Ce qui permet de tout relativiser non seulement les croyances sociales et les pratiques qui en découlent mais aussi les croyances scientifiques en mettant en évidence la nécessité de forger des concepts et des théories situés dans le temps, dans l'espace et dans les mondes de sens au sein desquels évoluent les acteurs des multiples situations. La perspective de recherche affichée est celle de la « *sitologie* » dont le point de vue est indiscipliné, donc rebelle aux critères académiques admis. Mais, ceci ne l'empêche pas de bâtir un raisonnement, d'élaborer ses propres concepts et de rechercher une cohérence analytique dans ses propos. En ce sens, elle avance un certain nombres de principes d'économie non violente (tolérance, singularité, diversité et prudence) à partir desquels elle s'attache à affiner les concepts de site, d'homo situs et de rationalité située.

Enfin, en annexe de ce texte, un don à la philosophie allemande aux travers d'un commentaire de texte tiré de l'œuvre du philosophe allemand Martin Heidegger dans lequel une rencontre fortuite se fait entre la théorie des sites et ses propos sur la proximité, le site et la contrée.

# 1. CONSIDERATIONS PHILOSOPHIQUES ET SCIENTIFIQUES SUR LE CONTEXTE DU RETOUR A LA CULTURE DANS LES SCIENCES SOCIALES

## 1.1. La ruée vers la culture

La culture est devenue de nos jours un thème de recherche ascendant dans les sciences sociales du développement et de façon plus générale dans les sciences de l'Homme et de la Société.

L'irruption de cette préoccupation dans le domaine de l'Homme résulte d'une foule de causes qui ont cours tant dans les pays du Sud que dans les pays du Nord.

Pour les premiers, l'effondrement du paradigme du développement, à la suite des échecs répétés des modèles économiques de sa science normale, a créé les conditions d'un retour à tout ce que le réductionnisme en la matière néglige, voire écarte tout simplement de son champ d'investigation : croyances, identité, éthique, valeurs, religion, le sens que l'Homme donne à sa condition, etc.

Tandis que pour les seconds, le « *trop plein de la technique et de l'économie* » a créé un vide moral et social, un désarroi civilisationnel. En effet, cette même omniprésence de la raison instrumentale dans le gouvernement des pays globalement riches dans les critères de la *civilisation économique* ne leur garantit pas une cohésion sociale et un progrès sans risques et cela dans tous les domaines. La « Vache folle » et la crise climatique illustrent cette dérive civilisationnelle. Ce n'est qu'avec la fin du socialisme que les esprits naïfs ont découvert que le libéralisme et le marxisme partageaient une même cosmovision de l'Homme et de la nature : le complexe mythique de maîtrise et d'accumulation (Zaoual, 1989). Cet imaginaire conquérant a été pendant longtemps masqué par les postulats rationalistes et matérialistes de la science moderne et du marxisme. Les séparations de l'Homme de la nature et de lui-même dérivent d'une épistémologie parcellaire de l'univers propre aux productions intellectuelles de la culture de maîtrise. Dans la perspective de cette dernière, pour comprendre, il faut réduire et mesurer les phénomènes qu'ils relèvent de la nature ou des pratiques d'une culture. Toutes les sciences ont suivi cette pente pour acquérir une autonomie et un territoire intellectuel. Ce penchant poussé à l'extrême a mené à une méconnaissance de l'Homme dans les sciences de l'Homme. Celui-ci se retrouve dé-fondamentalisé, morcelé et réduit à une simple cible de la raison instrumentale. Comme la médecine, l'évolution des sciences de l'économie et du management nous en donne une parfaite illustration jusqu'au récent retournement en faveur d'une timide ouverture sur les facteurs humains et culturels. La crise civilisationnelle aidant, la marche vers une approche globale de l'Homme commence donc à faire ses premiers pas. On ne peut séparer un organe d'un autre du corps humain, comme l'Homme de l'ensemble de son environnement. Comprendre signifie bien mettre ensemble.

L'influence du newtonisme et du cartésianisme avait, en effet, engendré une conception mécaniste de l'univers et de la vie des organismes sociaux. L'apparente linéarité de l'évolution de la société moderne conjuguée avec les « *bienfaits apparents* » de la science, de la technique et de l'industrie avaient renforcé ces illusions scientifiques. Ce qui a engendré le scientisme dans tous les domaines de la vie en société et, au bout du compte, un vertige civilisationnel en raison de l'épuisement contemporain des croyances dans une science et une modernité qui se postulaient être capables d'apporter le bonheur aux hommes.

Retenons que l'idéologie du progrès, à l'heure même de la mondialisation de la technique et des marchés, a pris un coup de vieux et laisse la partie belle à une montée des incertitudes en tout genre et à la recherche de sens dans toute chose. En effet, l'homme est fondamentalement un « *animal croyant* ». Les modèles de transformation des organisations et des sociétés ont omis d'intégrer cette caractéristique de la nature humaine dans leurs dispositifs conceptuels et pratiques. L'Homme, sous toutes les latitudes, a besoin de sens et d'appartenance pour se repérer et pour agir. Ce besoin lui est inhérent que l'on s'attache à sa vie religieuse ou tout simplement à son vécu quotidien. Et, c'est là que la culture au sens large reprend le dessus sur les objets et les réalités qui nous semblent palpables, mesurables et manipulables par nos modèles de pensée et d'intervention. Ce retournement réintroduit l'Homme dans toute son universalité et sa diversité et signe la fin des grands paradigmes hérités des 18 et 19e siècles. L'heure est à la grande révision des acquis de la pensée mutilante, celle qui découpe l'Homme et son environnement afin de les adapter à la mégamachine de l'économisme. Celui-ci est une des versions du scientisme dans la théorie sociale de la transformation des sociétés humaines. L'expérience des relations Nord/Sud est un bon laboratoire de l'hégémonie d'une conception qui cède à l'excès du découpage disciplinaire et à l'évacuation du caractère multiple de la vie des organisations humaines.

## 1.2. La revanche de la société sur l'économie

A la racine du problème, il faut retenir l'histoire intellectuelle de l'économie politique et du marxisme. Même si les fondateurs de ces deux branches de la pensée occidentale sont, ici et là, nuancés dans leurs propos, les disciples ont cédé à l'idée de *système* dans leurs interprétations si bien qu'ils ont tari la vitalité et l'ouverture des œuvres primitives. Marx, le philosophe, a disparu derrière la mécanique du matérialisme historique comme l'Adam Smith des « *sentiments moraux* » derrière la théorie de la richesse économique. Le penchant en faveur du mécanicisme dans la pensée du social a dégénéré en scientisme appauvrissant non seulement pour les pays du Sud mais aussi pour les pays de l'hémisphère Nord. Niant la diversité des situations, les conceptions en question ont enfermé les peuples dans des systèmes sans issue. Le plan comme le marché conduisent tous deux à des systèmes totalitaires dans la mesure où ils détruisent la grande variété des organismes sociaux et naturels. Ne laissant pas de place à la multiplicité inhérente aux sociétés et aux écosystèmes, l'entropie s'empare des situations vécues et les rend explosives. L'uniformisation par l'économique ou par le marxisme est déstabilisante car exclusive.

L'expérience montre que toute société ou toute économie qui s'uniformise en imposant un modèle unique quel qu'il soit s'effondre. Elle perd sa diversité stabilisante et tend vers l'implosion ou comme on dit au Maroc : « *celui qui a une seule porte, que Dieu la lui ferme sur le nez* ». Ce proverbe populaire exprime la nécessité de la pluralité des bifurcations, ce que la science du chaos et des structures dissipatives découvre aujourd'hui. Il n'y a pas de voie royale aux questions pertinentes et à leurs résolutions. L'ordre des choses semble chercher en permanence la variété mais non exclusivement l'uniformité. Comme la biologie de l'évolution, le marxisme et l'économie du développement, se voulant « *sciences* » de la transformation des sociétés du Sud, l'ont appris à leur dépend.

D'ailleurs, le glissement des modèles rigides aux trajectoires dans la pensée économique traduit bien un début d'ouverture sur le principe de diversité qui est au centre de la théorie des sites symboliques que nous défendons en la matière.

Sans même sortir du spectre de l'économie, de nombreuses théories comme celles de la régulation, des conventions, des organisations et des territoires tentent d'intégrer les spécificités et la grande variété des mécanismes économiques d'évolution. Même en Occident, il n'y a pas un capitalisme mais des capitalismes qui portent les empreintes des institutions et des cultures nationales voire régionales. Le concept de marché, à son tour, se retrouve altéré par le poids de la variété des institutions et des réseaux locaux qui en assurent le fonctionnement quotidien. Il n'y a pas un marché global et abstrait mais des marchés locaux concrets avec toutes les entités sociales des sites (cultures partagées, relations, interactions, réseaux, habitudes, routines, confiance, partenariat, coopération, etc.) sur lesquels ils se déploient.

Derrière les grandes lois économiques abstraites se profilent donc des mécanismes de régulation qui ont, pendant longtemps, échappé au réductionnisme en économie. La récurrence du principe de diversité se manifeste aussi dans les sciences qui se préoccupent de la dynamique des entreprises, unités cardinales du grand système économique dominant. Ces forces du multiple battent ainsi en brèche l'idée d'un savoir unifié, homogène et pertinent pour les milliards de situations qui font irruption en permanence dans le monde factuel. Les relations entre causes et effets que la pensée tente de figer, une bonne fois pour toutes dans des modèles, ne semblent pas douées d'une permanence susceptible d'ouvrir la voie à une théorie générale des organisations et des systèmes économiques.

Tout ceci questionne le savoir prodigué aux gouvernements de la planète et le déqualifie tant du point de vue scientifique que du point de vue politique. Les gouvernés ne croient plus aux doctrines des gouvernants ! La micro-sociologie indique bien que l'acteur n'est pas « *un idiot culturel* » ou que « *l'acteur bat le système* ». Les conditions retraçant l'accumulation des anomalies du paradigme panéconomique sont bien là et indiquent la perte des repères scientifiques d'antan. Sa crise est multiple, elle est morale, scientifique, politique et institutionnelle. On fait avec le « *tout-marché* » faute de mieux. Ce fatalisme s'est emparé de toutes les sociétés occidentales comme orientales. La pensée globale, nouveau totem idéologique, vise à aplatir la grande diversité de notre monde à la simple équation du marché en omettant que celui-ci a besoin d'institutions dont le rôle est de réduire les zones d'incertitude qu'il génère et qui le paralysent dans son propre dynamisme. La pensée économique semble, ainsi, méconnaître ses propres objets dont la nature est submergée par les contingences locales et organisationnelles.

Il est évident que le marché, dans son plein développement, fonctionne de manière chaotique. Toute chose vivante combine l'ordre et le désordre. De ce dernier naît le changement, la mutation derrière laquelle se dissimulent des innovations dont ni l'émergence ni les impacts ne sont déterminés *a priori*. L'évolution se fait en se faisant et pour mieux l'accompagner les agents recherchent une assurance. Le marché ne la procure pas totalement (opportunisme, passager clandestin, asymétrie de l'information, destruction de l'éthique de l'échange par la concurrence tous azimuts, etc.). Les agents du marché ont donc besoin de puiser une sécurité d'engagement dans d'autres formes de coordination autres que celle de l'échange marchand. L'économie, elle-même, a donc besoin de ce qui nous semble lui être contraire ou différent, la société dans toute sa diversité.

En effet, les capacités endogènes de régulation du marché ne jouent que jusqu'à un certain point. Elles peuvent, certes, assurer un dynamisme mais limité par l'incertitude de l'évolution et des interactions entre acteurs. Le jeu de la concurrence sans fin mène à une destruction des substances sociales stabilisantes qui huilent les relations et les transactions économiques. Le retour à l'économie de la confiance n'est pas étranger à ce problème théorique et pratique. La recherche du profit, à bout de son souffle, tend à mobiliser des mécanismes en apparence contradictoires comme le partenariat, l'éthique, la coopération, la culture, voire même la solidarité, etc. Ici, l'« *économie pure* » perd son latin ! La « *belle mécanique* » se complique par l'intrusion de ces entités non quantifiables et répondant à d'autres registres de la vie en société. C'est la fin de l'économiquement pur.

D'ailleurs, la science qui inspire les grandes institutions économiques du monde sur les questions de développement se préoccupe de plus en plus des phénomènes relevant des mondes dits « *informels* » et des échelles locales dont la perspective mène nécessairement à un nouveau paradigme beaucoup plus flexible et métissé en termes de disciplines et en termes de cultures locales. Les processus dont il est question se déploient sur des sites dont les caractéristiques anthropologiques leur affectent une grande variété, source de leur souplesse et de leur adéquation aux situations. Tout se passe comme si les exclus de la planète corrigeaient les erreurs des modèles des experts économiques.

Après le constat des échecs répétés des grands modèles aéroportés, les acteurs de la société civile (ONG, associations, groupes de populations et gens de la base, etc.) sont convoqués à la table de la résolution des problèmes sociaux, écologiques, voire économiques qui accompagnent le développement et sa « sœur jumelle » la mondialisation. La complexité de l'infinie diversité de notre monde n'est pas maîtrisable ni de Washington ni même des capitales des nations reconnues, d'où la montée des thèmes de la décentralisation et de la « bonne gouvernance » un peu partout dans le monde. Face à la globalisation, les espaces locaux fonctionnent comme des refuges de socialité et d'innovation.

## 1.3. Le mythe de l'économie formelle dans les pays du Sud

L'économie formelle telle qu'elle est gérée dans les pays du Sud a démontré toutes ses limites. Son fonctionnement s'apparente à celui d'une macro-entité rentière qui se reproduit par simple consommation des revenus tirés des ressources naturelles, de la coopération internationale et autres formes d'assistance. Cette « *économie buvard* » absorbe toutes sortes de choses (concepts, modèles, projets, institutions, technologie, capitaux, équipements, biens de consommation manufacturés, etc.) sans pouvoir créer les conditions d'un capitalisme vigoureux et diversifié dans ses productions et ses créations techniques et industrielles. Tout indique qu'elle est gouvernée par un mécanisme inertiel qui lui affecte un rôle de producteur de matières premières et de produits manufacturés, lorsque les conditions locales le permettent, incorporant peu ou pas matière grise. A l'heure de l'« *économie du savoir et de la société d'information* », ce mécanisme est omniprésent dans le noyau de la relation Nord/Sud. Le Nord pense et le Sud fonctionne comme une panse ! En écartant tous les multiples effets mineurs et les obstacles qui nous empêchent de penser ses dilemmes en profondeur, tout se passe comme si le Sud était empêché de penser et de résoudre, en toute autonomie, ses propres problèmes.

Par conséquent, le combat est d'abord éthique et conceptuel. Pourtant, comme le dit Susan Hunt, « *Lorsqu'on a un marteau à l'esprit on voit des clous partout* ». C'est la pensée critique qui émancipe les peuples mais non un devenir clefs en têtes et clefs en mains conceptualisé en dehors des sites humains concernés par le changement. Ce déficit intellectuel Sud/Nord est à la racine du processus qui métamorphose le développement en « *carrosserie sans moteurs* », donc de la dette. La pensée endogène et les imaginaires locaux n'étant pas mobilisés, la définition des problèmes et leurs traitements se retrouvent le plus souvent décalés par rapport aux réalités et aux faits observables. De proche en proche, c'est le problème posé qui est problématique. La culture étant derrière les concepts dits scientifiques, elle conditionne le regard qui est porté sur telle ou telle réalité. Ces déformations sont lourdes de conséquences dans la pratique. Que de populations ont été appauvries après avoir été définies comme pauvres et traitées en conséquence par le paradigme standard et ses pratiques développementalistes. Cet acharnement développementaliste détruit la cohésion sociale et écologique de nombreux sites sur la planète. La « *développementalite* » est une « *maladie paradigmatique* » qui consiste à projeter sa conception du monde et sa structure de besoins sans principe de prudence et de tolérance. De cette façon le « *dehors* » évacue le « *dedans* » et laisse les populations sans traditions et sans modernité féconde. Le capitalisme innovateur reste à la périphérie de l'univers télescopé décrit ici. Et, le vide s'empare de la société et la mène vers l'exode, la migration internationale, le désordre en fin de compte à des génocides lorsque les rentes déclinent et la démographie augmente. Le site se retrouve en situation d'anomie.

Tout ce qui est mal conçu, donc mal fait, engendre des malaises. C'est une véritable désertification culturelle et économique qui fait irruption après le passage du développement transposé. Ici, le phénomène tend à produire son contraire. Plus on fait du « *développement du dehors* » plus on contrarie son émergence authentique combinant le changement et les traditions du site.

Ce n'est que lorsque les innovations rencontrent à point nommé les traditions que le dynamisme économique acquiert une nature spontanée que rien n'arrête. La diffusion prend le relais de l'innovation. Lorsque ces conditions sont réalisées, tout colle à l'état du site. Seul un « *libéralisme anthropologique* » peut assurer le décryptage de la complexité de ces mécanismes. Les dynamiques dites « *informelles* » démontrent quotidiennement l'efficacité de cette alchimie au point que l'expertise des institutions scientifiques et économiques de la planète est subjuguée par les réelles capacités des populations à promouvoir, sans aide conceptuelle et financière, la solution à leurs problèmes. Cette recomposition renvoie au principe de la « *modernité située* », si nous la considérons comme nouveauté ou changement assimilé et nourri par les racines de la contrée en question. Par nature, elle est mosaïque. Elle reprend à son compte les cultures, les couleurs et le génie des sites fréquentés en douceur. C'est pourquoi, « *l'économie des sites* » peut s'apparenter à l'étude de la vie économique au sein de la vie sociale. Une telle définition nous introduit aux principes d'une économie non violente.

# 2. LE PARADIGME DES SITES SYMBOLIQUES D'APPARTENANCE : UNE REPONSE A LA CRISE DU PARADIGME GLOBAL DU DEVELOPPEMENT

## 2.1. Principes d'économie non violente

L'économie non violente reprend à son compte les considérations relatives à la diversité des cultures, des écosystèmes et leurs interrelations, le but étant la durabilité des organisations et des systèmes sociaux en harmonie avec leur environnement. L'harmonie du site fait appel à toutes les dimensions de l'existence. Ce qui force le nouveau paradigme à pratiquer des démarches indisciplinées comme la « *sitologie* ». Les acteurs ne sont pas aussi disciplinés que les disciplines académiques. Dans leurs pratiques, ils ne séparent pas ce que nous isolons par nos abstractions et nos disciplines scientifiques. Les faits qui remontent à la surface sont, en effet, engendrés par d'innombrables interactions de toute nature au point que le décloisonnement des sciences de l'homme est devenu un impératif éthique et scientifique. Les résistances des instances de la vieille tradition intellectuelle sont un combat d'arrière-garde qui masque des intérêts et des logiques de pouvoir dans le monde scientifique et dans l'expertise. Les paradigmes scientifiques sont aussi des institutions de savoir et de pouvoir. En ce sens, ils résistent à l'accumulation des anomalies et aux assauts de la critique. Celle-ci doit payer un lourd tribut pour faire basculer la communauté scientifique vers de nouvelles visions. Ce qui est le cas aujourd'hui.

Comme nous l'indiquions, la « *sitologie* » est une démarche recomposée, elle est, par essence, indisciplinée. Cette condition méthodologique la rend intégrative des multiples dimensions de la situation et modulable selon les espaces concernés. En étant cela, elle échappe au classement des idéologies d'antan et aux disciplines instituées. Sa portée transversale la porte à être une nouvelle manière d'aborder les problèmes du développement économique et, de façon plus large, ceux des sciences de l'Homme. Elle dérive d'un pluralisme philosophique dans la mesure où elle fait sienne « *l'erreur féconde* » des grands systèmes de pensée qui cherchaient à être l'unique horizon des sociétés. Cette tolérance vise à s'immuniser contre tous les *ismes* y compris le *sitisme*, une interprétation mécaniste et hâtive de la théorie des sites elle-même. Ce principe éthique trouve son fondement dans le caractère multiple, mouvant et complexe des systèmes sociaux. C'est une « *mise en ignorance raisonnée* » de l'expertise précipitée, précaution qui découle de la grande diversité des situations.

Les autres principes se déduisent de cette vision d'ensemble qui semble s'accorder avec l'observation des situations de développement : principe de tolérance, principe de singularité, principe de diversité et d'ouverture, principe de prudence et d'accompagnement, etc. Tout en étant singulier, chaque site est imbriqué aux autres et se nourrit de leurs influences. Autrement dit, chaque site est ouvert sur son environnement (fait d'autres sites) local, régional, national et mondial. Il y a incontestablement une série d'enchevêtrements dont les articulations ne sont pas aisées à identifier. Du même coup, ils interdisent tout repli identitaire et présupposent des ouvertures réfléchies en connaissance de cause, contrairement à celle du discours de la globalisation.

## 2.2. Les pratiques sont aussi des croyances partagées

En premier lieu, l'expérience nous dicte, aujourd'hui, de ne jamais séparer les croyances d'un milieu et ses pratiques. L'épistémologie parcellaire a amplement démontré ses faiblesses théoriques et pratiques. L'autonomie totale des modèles économiques conduit tout droit à la dépendance des populations que l'économisme capture par ses théories. En retour, les projets qui en découlent se retrouvent contredits par les faits d'observation. Cette déroute pose des problèmes d'adéquation avec le site qui n'est pas intégré dans sa totalité aux concepts référentiels. La critique épistémologique nous apprend que les concepts sont des formes ramassées et rationalisées des croyances scientifiques et sociales. Ils peuvent donc faire illusion ! La théorie doit donc s'ajuster au site et sa situation. Ce faisant, les séparations traditionnelles entre ce que les scientifiques jugent à un moment donné appartenir au domaine de la métaphysique et ce qui relève de la science deviennent sujettes à discussion. Les coupures du genre : éthique/technique, cultures/économie, croyances/objectivité scientifique, irrationnel/ rationnel, mythes/réalité, etc., ne sont plus pertinentes et demandent un réexamen approfondi.

Ainsi, le principe qui veut que les croyances soient prises en compte dans les pratiques y compris économiques ne tombe pas du ciel. Il est le fruit de l'échec des modèles fermés par rapport à ce qui motivent les populations à agir de telle ou telle manière face à telle ou à telle situation. Le comportement humain est irréductible à une unique cause. Les « *causes* » auxquelles croient les acteurs sont parties prenante de leurs comportements quotidiens. Le site incite et suscite. Les croyances motivent les comportements individuels et collectifs. Et, si les concepts n'intègrent pas cette problématique de sens, ils sont empiriquement des « *coquilles vides* ». Ce vide se retrouve reproduit dans l'aide à la décision en « *situation de changement* ». En fait, la chaîne des 3 C - Croyances, Connaissances et Comportements - est déstabilisée et la théorie ne correspond pas, point par point, à la réalité qui, par nature, trouve sa source essentielle dans le système de représentations des acteurs de la situation. C'est pour cette raison que la théorie des sites va même jusqu'à prendre en considération les mythes fondateurs de chaque site symbolique d'appartenance pour mieux suivre les « *dimensions cachées* » des pratiques locales. C'est à ce niveau que la « *boîte noire* » du site transparaît et laisse entrevoir fugitivement le sens que les acteurs donnent à leur monde. Bien entendu, de par le poids des croyances collectives du site, le contenu de la boîte en question change dans le temps et dans l'espace. C'est un message codé de la trajectoire historique du site, dans ses épreuves, ses souffrances, ses révélations et ses évolutions et révolutions. Le site est donc fondamentalement une entité immatérielle, un système de croyances pratiques doué d'une mémoire collective. Celle-ci est aussi un stockage de toutes sortes influences endogénéïsées au cours de la durée. Ce qui affecte au site de fortes singularités conduisant au principe de la diversité et à l'éclatement du modèle unique. Chaque site est unique. En étant ainsi il échappe au modèle unique.

Le site est fait de « *couches tectoniques* » relevant de sa capacité à changer en assimilant ce qui lui vient de la diversité ambiante et lointaine. C'est cette pluralité dans l'unicité qui fait sa force. Pour demeurer dans l'éternité, il s'hybride, il peut changer sans changer, il peut revenir à son passé pour mieux faire des sauts dans le futur, ainsi de suite. Tous les retournements sont possibles, l'énigme de l'instinct de reproduction oblige. C'est ce qui le rend, par certains aspects, insaisissable. Ce caractère mouvant et surprenant signe la fin de la culture de maîtrise dans les sciences du social. Le site opère des sélections sur lui-même et sur ce qui lui arrive du dehors. Dans ce processus, les phénomènes de métissage ont cours et touchent l'ensemble des dimensions du site, matérielles et immatérielles. Cette « *divine création* » se fait et se transmet par l'éthique du site, de l'enfance à la vieillesse. La relation aux morts en surveille l'exactitude tout en assurant une souplesse dictée par l'évolution. Celle-ci retranscrit dans le futur des traditions revisitées par le site en conformité avec les exigences du présent. Il y a incontestablement une espèce de code génétique dans le patrimoine du site qui décode les contraintes de l'évolution. C'est pourquoi, la théorie des sites soutient que l'expertise de la situation est dans la situation mais non dans un quelconque parachutage d'expertise. Le site agit comme un « *expert collectif cognitif* » au travers des comportements des hommes de la situation. Ceci remet en cause tout un ensemble de concepts clefs du savoir économique ordinaire tels que les lois économiques du marché, de la concurrence, de la rationalité, de l'homo œconomicus, de l'accumulation, de la croissance, de l'organisation rationnelle, etc. Tout s'encastre dans le site et prend d'autres allures inattendues par le paradigme scientifique admis. Le site influence l'influence entendue, par exemple, comme modèle économique imposé. Ce qui rentre n'est pas mécaniquement calqué dans les faits et gestes des acteurs du site. Les « *douanes invisibles* » du site ne peuvent être approchées qu'en le fréquentant par immersion et encore ! Il a plus d'un tour dans son sac même s'il fonctionne comme un « *point fixe dans le chaos* » qui assaille les *sitiens* en question. Ils tiennent à leur site tout en le façonnant pour mieux l'adapter aux contingences du moment, loi de l'alchimie des sites. Les organisations concrètes du site (famille, clans, tribus, ethnies, villages, régions, villes et quartiers de villes, activités, savoir-faire, métiers, mode d'apprentissage, entrepreneuriat, etc.) peuvent changer ici et là sans perdre de vue les « *divinités* » du site. C'est pourquoi, la micro-histoire des lieux et des organisations sociales des populations est d'un grand recours pour l'analyse et la pédagogie d'accompagnement d'une situation de fait. Ici, la sitologie, comme la psychanalyse, se veut à l'écoute des acteurs dans toute la profondeur de leurs croyances sociales et pratiques : *sites, mythes, rites*.

### 2.3. Manager les croyances : la piste des prophéties auto-réalisantes

Tout indique donc que le site est un espace symbolique

d'identification à la fois ouvert et fermé. Ce qui suppose une approche du code qui lui permet d'identifier à la fois son passé et les changements qu'il est prêt à assumer sans être déstabilisé totalement dans son intégrité. En l'absence de cette lecture herméneutique et en présence de l'empire précipité de la technique, il développe un intégrisme, une forme de totalitarisme de ses propres traditions. Il en fait un système rigide faute d'avoir été compris malgré l'incontournable métissage inhérent à sa dynamique d'évolution. C'est ici que se pose toute la complexité de la notion du changement. A y regarder de près, celui-ci épouse la variété des terrains. Le changement doit, en réalité, toujours changer en fonction de la diversité pour mieux être accepté. Il n'y a pas une seule et unique manière de changer. Le « *dehors* » peut devenir un « *dedans* » à la condition d'être introduit avec le respect du site. Celui-ci a toujours le dernier mot, il est donc rationnel de tenir compte même de ce qui nous paraît « *irrationnel* » au travers de nos modèles préétablis. L'approche de la proximité est à ce prix. La proximité est complicité. Avant d'être spatiale, géographique ou tout autre, elle est cognitive. Les éléments et les acteurs d'un site symbolique d'appartenance peuvent même, dans certaines conditions, être matériellement et géographiquement dispersés et s'accorder autour d'un sens commun.

Au départ, tout territoire est d'abord un imaginaire social. Il imprègne tout ce qui l'entoure et il faut savoir le mobiliser dans ses croyances, en faire une force de changement. En effet, rien ne peut être entrepris sans la participation et l'action impliquant des acteurs du site. Pour mieux conduire le changement, il faut décoder le code local, procédure permettant de rendre efficace la manière de gérer une mutation. Une théorie adaptée et adoptée est applicable. Elle se doit d'être capable d'identifier les « *moteurs symboliques* » (mythes, valeurs, représentations symboliques, etc.) des organisations et des individus du site. Ceci est d'autant plus vrai que même les managers les plus éclairés des firmes du capitalisme partent du principe que l'organisation dans sa recherche d'un maximum de performance dans les critères de l'économie de marché doit dériver de l'identité partagée des acteurs de l'organisation. « *Les valeurs font l'organisation* » nous dit le PDG de la firme Lévy Strauss. Il y a mille et une manières de s'auto-organiser à la condition de s'ajuster au *caractère prophétique* des sites. C'est à ce niveau qu'apparaissent les forces immatérielles des processus économiques. Le besoin de croire devient une donnée incontournable d'un management efficace.

## 2.4. La théorie anarchiste de l'homo situs : un combat de civilisations

Manager les croyances, c'est savoir faire adhérer les acteurs d'une situation à une mutation définie et co-produite par eux-mêmes. Cet « *anarchisme managérial* » est en conformité avec le principe de diversité qui contrarie la pratique des transplantations de modèles. Ceci est d'autant plus pertinent que les théoriciens de l'organisation découvrent que les processus de mutation se font sous la forme d'« *anarchies organisées* » combinant l'ordre et le désordre. En fait, une organisation se fait en se faisant. Son évolution est indéterminée de par la complexité de ses interactions endogènes et exogènes.

Tout en empruntant des éléments à la notion de culture, le site symbolique est un concept dynamique car ouvert et changeant. Ce qui nous permet d'échapper aux limites du culturalisme. Et, le fait qu'il décode à sa manière ce que nous serions tentés de qualifier d'économique, nous émancipe aussi de l'économisme dans toutes ses variantes libérales comme marxistes. Il donne lieu à une espèce de « *réalisme à visage humain* » par lequel l'économie standard se retrouve bornée et dénaturée dans son projet à vouloir tout régenter. Les faits montrent en grandeur nature que même si les individus cherchent leur intérêt et opèrent des calculs et des stratégies, ils sont bien obligés de composer avec leur passé et leur présent dans lesquels leurs sites d'appartenance et les connexions de sites qu'ils fréquentent dans leur vie courante ont un poids dans leurs décisions et leurs comportements. Chacun sait, qu'à titre d'exemple, l'agent africain est relié à toutes sortes de réseaux de relations qu'il fait fonctionner comme une « *économie de tiroirs* » selon l'expression d'Emmanuel Ndione (1992).

Les faits et gestes des acteurs du site résultent d'une série de recompositions qui s'opèrent quotidiennement. Il s'ensuit des arbitrages *in situ* entre une pluralité d'espaces de justification au sens des théoriciens français des conventions. La multiplicité des impératifs de conduite rend l'*homo situs* un fin compositeur par opposition à la forte rigidité des canons de l'*homo œconomicus*. Si la rationalité de ce dernier est pure et dure, celle du premier est variée, variable. Ce caractère composite la rend plus réaliste et permet d'expliquer les échecs du modèle de l'économiste et les réussites des phénomènes « *déviants* » comme ceux de l'économie dite « *informelle* ». Ici, la rationalité formelle devient irréelle et la « *rationalité située* » est bien réelle. Elle résulte des véritables contraintes des terrains dans lesquels l'individu n'échappe pas à son groupe d'appartenance et à son site dans son ensemble. Elle est *technique et éthique.*

Dans son déploiement, la rationalité située porte les empreintes de l'éthique du site, de son état présent, des interactions sociales et stratégiques de la contrée, etc. Dans son exercice, elle recense donc instantanément de multiples épreuves de réalité plus ou moins contradictoires et les restitue sous la forme de décisions et de comportements. Les faits économiques et sociaux se fabriquent donc *in situ* en conformité avec les données du site. Les données ne sont jamais données. Le site ne se donne dans toute sa plénitude qu'en proportion directe avec la modestie de l'observateur. Ses traces, ses données et ses indices et, enfin ses logiques de fonctionnement, ne sont visibles que si nous changeons de lunettes paradigmatiques, donc de questions et de solutions. A toute question stupide, la réponse sera stupide ! Car, on n'observe que ce que l'on pense et ce l'on pense c'est ce que l'on croît, d'où le besoin d'avoir des concepts et des théories sociales situées. Il n'y a aucune raison scientifique de séparer la dimension théorique de la dimension pratique, au contraire. C'est un certain « *pragmatisme sitologique* » que nous recherchons ici pour rendre opératoires les catégories du nouveau paradigme notamment en matière de rationalité.

C'est tout ce processus de résolution qui est à l'œuvre derrière la notion *d'Homo situs*. Celui-ci raisonne et agit à l'intérieur d'une « *localité de situation* », siège d'une conjugaison d'impératifs multiples. Ici, le modèle de la décision se complexifie et devient indéterminé. Le modèle simpliste de l'*homo œconomicus* vole en éclat devant l'*homo situs*. Nous sommes donc dans la perspective d'un « *réalisme de situation* » mais non dans celle d'un idéalisme économique. La situation est celle de l'acteur dans son site et le site est aussi à situer pour mieux approcher l'ensemble du contexte de l'homo situs. Celui-ci décide avec un sens pratique, celui qu'imposent les contingences locales. Et ce sens est, en permanence, en recomposition au travers des interactions entre les acteurs du site et entre le site et le reste du monde ou du moins avec ce qu'il perçoit être le monde extérieur.

## CONCLUSION

Dans ce texte, nous avons bien mis en évidence que le retour à la culture s'inscrit dans un contexte particulier, celui des impasses du paradigme du développement dans les pays « *pauvres* » et de l'épuisement des croyances qui sont à la base de la société moderne des pays de l'hémisphère Nord. La société moderne au travers de la vision qu'elle avait d'elle-même réduisait la culture à un reste enfermé dans les musées ou réservé aux loisirs d'une élite. Cette attitude trouve son origine dans les mythes rationnels et matérialistes sur lesquels s'est construit le capitalisme ainsi que sa critique marxiste. L'idéologie du progrès du 19$^{ème}$ siècle aidant, toute cette conception a réduit l'homme à un être cherchant à satisfaire des besoins purement matériels. La science, l'industrie, le capitalisme et son économie de marché se sont alliés dans ce projet et ont engendré des effets qui ont renforcé ces croyances au point de diffuser un matérialisme vulgaire dans le corps social. Avec la crise de civilisation à laquelle nous assistons aujourd'hui, le retour à la culture est un symptôme de la recherche de sens face à une « *économie de la démesure* » dont la nature profonde est excluante et écocidaire pour la bio-diversité. La multiplication des incertitudes et des risques de la techno-science ont amplifié ce malaise civilisationnel. Le progrès n'est plus ce qu'il était. L'homme ne se réduit pas un « *bouquet de besoins* » selon l'expression de Raimondo Pannikar. Dans le sillage de l' « *économie immatérielle* », la recherche de sens ou comment se situer devient un besoin vital face à des sociétés en pleine mutation. Territoires et histoires sont appelés à la rescousse face à une mondialisation déracinante et déstabilisante. Toutes les dimensions en subissent les contrecoups, la cohésion sociale comme l'écologie. Où trouver des repères sinon dans ce que l'on appelle communément la culture au sens large du terme : religions, valeurs, coutumes, identités, etc. C'est donc une recherche de sites selon la terminologie de la théorie des sites symboliques brièvement exposée ici. Mais, cette ruée vers la culture est aussi le propre du système qui, par sa concurrence et ses objectifs, génère le désarroi constaté. Il y trouve des forces vitales et des mécanismes de manipulation pouvant servir sa propre rationalité. Le marketing et la gestion de la motivation dans le management des firmes en disent long à ce sujet. La culture devient un thème carrefour y compris pour la problématique des pays du Sud dont l'évolution est chaotique de par la non-prise en compte de leurs singularités dans les modèles de la science technocratique du développement. Et, ici, le retour à des identités affirmées est encore plus foudroyant en raison de l'effondrement du paradigme du développement et de l'ensemble des modèles de changement économique qu'il a inspirés.

En matière de conseil à la décision, on ne sait plus à quel saint se vouer ! Aucune théorie n'est capable de ramasser de manière cohérente l'ensemble de ces innombrables faits. Face à ce désarroi théorique et pratique, le paradigme des sites signe la fin de la culture de maîtrise et propose une approche par le bas à l'aide de concepts transdisciplinaires susceptibles d'expliquer et l'échec des modèles et la manière de s'approcher des situations de changement. Dans cette réorientation de la recherche sur le développement, le *problème du sens* fait irruption et indique la voie à une humanisation des sciences de l'homme que le rationalisme à outrance a contribué à déshumaniser. Sans éthique, c'est le chaos technique !

## ANNEXE : DON A LA PHILOSOPHIE ALLEMANDE : HEIDEGGER ET L'INSAISISSABLE PROXIMITE DES SITES

Un texte profond de Martin Heidegger peut être appelé à la rescousse de la théorie des sites : *Acheminement vers la parole,* TEL/Gallimard, Paris 1976, 260 p.

Martin Heidegger, à sa manière et de façon fortuite, décrit, avec une nette convergence avec la théorie des sites, les mécanismes et l'identité conceptuelle de la notion de site longuement ici exposée. Il fait remarquer que : « *Situer veut dire ici avant tout : indiquer le site. Cela signifie ensuite : être attentif au site. Ces deux démarches, montrer où est le site et se rendre attentif à lui, sont l'acheminement préparatoire à une situation. Mais nous aurons fait preuve déjà d'assez d'audace si, dans ce qui va suivre, nous nous contentons de ces démarches préparatoires. La situation, quand elle répond à un acheminement véritable, aboutit à une question. Celle-ci questionne en direction de la contrée à laquelle appartient le site.....La situation médite le site.* ». Cette citation suggère bien que le repérage d'une situation est une opération délicate. Pour situer la situation et le site sur lequel elle se fait, c'est indiquer respectueusement et progressivement les contours et porter une grande attention à ce qui s'y exprime. L'écoute précède le caractère précipité de l'instrument et de l'action. Voir pour mieux savoir et pour voir il ne faut pas toujours trop savoir, principe d'une « ignorance raisonnée ». Le site ne s'ouvre à notre découverte que par une approche ouverte sur son intégrité, sa singularité. Ce qui présuppose une mise en ignorance de toute connaissance qui conduit à l'arrogance. Ce vide attire le plein du site puisque le regard porté sur lui est prêt à le recevoir tel qu'il est. Ce qu'il est ne se dévoile que dans l'intimité de l'amitié et la complicité. La reconnaissance est la porte de la connaissance. Le site aime se faire respecter, l'estime mais non l'estimation.

*« Originellement, site (Ort) désigne la pointe de la lance,* écrit notre philosophe de la technique, *C'est en lui que tout vient se rejoindre. Le site recueille à soi comme au suprême et à l'extrême. Ce qui recueille ainsi, pénètre et transit tout le reste. Comme lieu*

*du recueil, le site ramène à soi, maintient en garde ce qu'il ramène, non pas sans doute à la façon d'une enveloppe hermétiquement close, car il anime de transparence et de trans-sonance ce qui est recueilli, et par là seulement le libère en son être propre* » (p. 41).

Ici, l'auteur cherche à situer le lieu d'où émerge la prise de parole qu'elle soit poétique ou autre. Ce lieu est mouvant et secret. Il dissimule jalousement son âme. La poésie, de par sa liberté, est plus apte à s'en approcher furtivement que les sciences positives du social. De plus, chaque poème ou texte ou pratique demande une élucidation de la singularité du site, point de texte sans contexte.

L'auteur fait aussi remarquer que *: « ce qui est étrange... le voisinage même demeure invisible. Ainsi en est-il du reste, dans le quotidien* » (p. 172). Même si nous dérivons du voisinage et de la proximité comme relations, on s'origine en s'ignorant et en ignorant d'où l'on parle. Le dire ne peut totalement s'émanciper du non-dit. « *Le pas,* écrit M.Heidegger, *qui prend du recul jusqu'au lieu où l'être humain a site demande autre chose que le pas en avant par lequel le progrès nous précipite dans le machinal* » (p. 174).

Contrairement à l'esprit de la méthode, la pensée qui médite, fait son chemin chez M. Heidegger (cf. pp. 181 et suivantes). Ce penseur de la technique écrit, en substance, « *Cette dernière (la méthode) est la conséquence de la dégénérescence la plus extrême, c'est-à-dire de l'épuisement de ce qu'est un chemin. Pour la pensée qui médite, au contraire, le chemin a sa place en ce que nous nommions la contrée. Pour le dire en un prélude allusif, la contrée (en tant qu'elle fait rencontrer) est l'éclaircie libre-donnante dans laquelle ce qui est éclairci parvient au libre espace en même temps que ce qui se dissimule en retrait dans l'abri. Le libre-donnant qui du même coup abrite dans le retrait – ce mouvement / de la contrée est cette mise en chemin (Be-wëgung) en laquelle se donnent les chemins qui appartiennent à la contrée.* » (pp. 181-182).

Un peu plus loin, il montre tout le caractère directionnel de la notion de contrée sans céder à aucun déterminisme : « *La contrée, c'est elle seulement, en tant qu'elle est contrée, qui donne des chemins. Elle dote de chemin, elle met en chemin (Sie be-*

*wëgt)* », nous dit Martin Heidegger (p. 182). Le site donne l'horizon de l'espace local et guide, sans s'imposer, les actions quotidiennes des acteurs. Chez l'auteur, le mot *Be-wëgung* signifie la mise en chemin, de *bewegen = se mouvoir* (dans le site). Mais *be-wëgen* signifie aussi ce qui donne à s'entendre : *pourvoir la contrée de chemins. Wëgen* peut signifier *se frayer un chemin.* Ce mot appartient à la famille de mots se balancer pour peser ou se bercer (cf.p.183). Il souligne aussi que, dans la pensée dictante de Lao-tseu, est *Tao*, ce qui signifie à proprement parler *chemin.* Mais, comme le chemin est souvent représenté par l'idée d'aller d'un lieu à un autre, vision quelque peu extérieure, on a tendance plutôt à traduire Tao par Raison, Esprit, Sens, Logos ; il s'agit d'entités internes aux formes de conscience. Dans ce contexte, le tao est aussi un cheminement qui permet de savoir d'où l'on pense. C'est « *le chemin qui met tout en chemins* » (p. 183) et de rajouter que : « *Tout est chemin* » (p. 183). Ici, le tao est anti-chaos.

Le site est Dite (sa parole), il est verbe, proximité, complicité. C'est toute sa dimension cognitive. « *Voisinage veut dire : être voisins, habiter dans la proximité* » (p. 184), la contrée, mot qui revient souvent dans le discours de l'auteur. Mais, le voisinage ne produit pas la proximité. C'est même elle, selon Heidegger, qui ramène le voisinage. En ce sens, elle est avant tout un sens et le sens ne se calcule pas. Et, c'est pourquoi, l'auteur insiste sur sa complexité irréductible à la comptabilité ni même aux versions les plus avancées de la science moderne : la théorie de la relativité, la théorie des quanta et la physique nucléaire (cf. p. 195). La proximité est faite de détours, des détours qui ont *le ton de la proximité*, celle du sens recherché et vécu. Le lointain jaillit du proche, l'un fait penser à l'autre et réciproquement. La distance, son calcul est distant par rapport à la question posée, celle de *l'intimité de la proximité.* Le proche et le lointain sont en perpétuelle télescopage et cela dans le même lieu. Voisin et loin, ça existe. Loin et proche aussi ou comme le dit un poète arabe *« proche d'un loin et loin d'un proche* ». Et, là aussi, mesurer le proche et le lointain comme paramètres de l'espace et du temps conduit à l'épuisement. C'est ce « *qui se dessine prémonitoirement dès le début de la pensée occidentale et qui, depuis, par cette pensée et au cours des Temps Modernes, se voit consolidé en représentation canonique* » (p.195). Temps et espace, la course à la compression résume cette aventure de la civilisation technicienne. De cette manière, la proximité, la vraie, est impossible à expérimenter. Elle échappe à la méthode paramétrique. Minute et mètre sont d'un faible rapport, ils font même fuir ladite proximité, d'où cette mise en garde de Heidegger : « *La proximité ne repose pas sur la relation spatio-temporelle* » (p. 196). Pour se conjuguer dans la proximité, le temps et l'espace doivent contenir autre chose y compris du point de vue paramétrique. C'est ce que Heidegger désigne par le vis-à-vis de l'un pour l'autre (*das Gegen-einander-über*) (cf. 196). Ce vis-à-vis est omniprésent et profond dans ce que l'auteur tente de se représenter. Et, c'est là où il écrit : « *Nous avons tendance à nous représenter le vis-à-vis l'un pour l'autre seulement comme une relation entre des êtres humains... Or, le vis-à-vis l'un pour l'autre vient de plus loin, à savoir de cette large ampleur en laquelle terre et ciel, dieu et homme s'atteignent* » (p. 196). Et, c'est là où le site retrouve toute sa plénitude.

Et, de rajouter, « *Quand règne et gouverne le vis-à-vis l'un pour l'autre, tout, chacun étant pour l'autre, est ouvert, ouvert sur son secret ; ainsi l'un se tend jusqu'à l'autre, s'en remettant à l'autre, et tout reste ainsi soi-même ; l'un est vis-à-vis de l'autre en tant qu'il veille sur lui, le prend en garde, et il est sur lui en tant qu'il le recouvre et le voile* » (p. 196). L'expérimentation du principe du vis-à-vis conduit à l'abandon de la représentation et de son calcul. La proximité est approche et complicité par delà la distance. « *Le cœur de la proximité*, écrit Martin Heidegger, *n'est pas la distance , mais bien la mise en chemin du vis-à-vis l'une pour l'autre des contrées du cadre mondial. Cette mise en chemin est la proximité en tant qu'approche. Elle reste l'inapprochable et nous est au plus loin quand nous parlons d'elle. Mais l'espace et le temps ne peuvent, en tant que paramètres, ni apporter de la proximité, ni la mesurer. Et pourquoi pas ?* » (p. 197). Ce déficit est une « *divine surprise* » des limites de la science et de la technique. C'est un plus qui les humanise et démasque la mascarade de la volonté de puissance. C'est la victoire du multiple sur l'uniforme même si celui ci déploie toutes ses forces pour laminer le divers, l'étrange, le rebelle. L'histoire de ce combat entre la science, la technique et le multiple du vivant est résumé, de la manière suivante, par Martin Heiddeger : « *Or bien que l'espace et le temps, à l'intérieur de leur extension en tant que paramètres, ne permettent nul vis-à-vis mutuel de leurs éléments, la domination de l'espace et du temps comme paramètres pour toute représentation, production et commande, c'est-à-dire comme paramètres du monde technique, cette domination pourtant porte atteinte d'une manière très inquiétante au règne de la proximité, c'est-à-dire à l'approche des contrées du monde. Là où tout est sommé de prendre position suivant des distances calculées, c'est justement le sans-distance qui s'étend, et à cause de l'universelle mise en chiffres, le sans-mesure. Et cela a lieu dans l'empêchement qui fait obstacle à la proximité voisinante des contrées du monde. Dans le sans-distance ni mesure, tout devient égal, par suite d'une seule volonté de s'assurer en un calcul uniforme la maîtrise de toute la terre. C'est pourquoi à présent le combat pour la maîtrise de la terre est entré dans sa phase décisive. La totale provocation de la terre à la sûreté de la domination sur elle ne peut plus être organisée qu'ainsi : en prenant possession hors de la terre d'une ultime position de contrôle sur elle. Le combat pour cette position est toutefois la complète traduction en calculs de toutes les relations entre tout ce qui est, au sein de ce qui, sans distance ni mesure, n'est plus que calculable. Voilà la dévastation du vis-à-vis les unes pour les autres des quatre contrées du monde, l'empêchement de la proximité. Dans ce combat pour la domination de la terre, espace et temps parviennent à leur extrême domination en tant que paramètres. Seulement, leur puissance ne peut se déchaîner que parce qu'espace et temps sont autre chose, sont déjà autre chose que des paramètres depuis si longtemps connus. Le caractère paramètrique défigure le déploiement du temps et de l'espace. Avant tout, il dissimule le rapport de leur déploiement au déploiement de la proximité. Ces rapports sont tellement simples qu'ils demeurent inaccessibles à toute pensée qui calcule. Où ils sont montrés, la représentation courante se ferme à ce regard* » (p. 198). Ici, Martin Heidegger résume, à sa manière, les tentatives de destruction de la qualité intrinsèque des sites par le règne de la quantité de la culture de maîtrise et de l'économie qu'elle impulse. La proximité y subit les assauts du modèle qui aplatit les peuples et le monde pour le mesurer à sa façon. De cette façon, il croit le dominer et l'évacuer dans l'uniforme à tout jamais. Le site ne se réduit pas au P.I.B. (Produit intérieur brut). Dans cet élan vertigineux de l'économie et de la technique, la vie se recompose ailleurs pour échapper au vide et se réfugie dans des sites garants de la diversité. De là naît le besoin de se situer par la construction du sens que seul l'inquantifiable est capable de donner. Il est relation à l'autre, au monde et à l'univers. C'est ce sens qui procure et définit la proximité en lui donnant son véritable contenu.

*« La mise en chemin du vis-à-vis l'un pour l'autre dans le cadre du monde fait advenir à soi la proximité, est la proximité en tant qu'approche »* (p. 200). La mise en chemin est une venue à soi, c'est la paix du parcours vers le grand silence, celui de la paix avec le cosmos.

# Chapitre 8

## LE RETOUR DE L'HOMME DANS LES SCIENCES DE L'HOMME

### INTRODUCTION

Ce chapitre reprend à la fois une conférence inaugurale prononcée à l'occasion de l'obtension d'un Prix scientifique (Chaire spéciale de Professeur) décerné conjointement par l'Institut de Politique et de Gestion du Développement (Institute of Development Policy and Management, University of Antwerpen) et la Région d'Anvers, et une série de textes issus des activités de l'auteur dans le cadre des Rencontres de Fès « *Une âme pour la mondialisation* » (Festival des Musiques sacrées). Leur convergence est celle de la nécessité d'un dialogue entre l'économie et la société, entre toutes les disciplines du domaine de l'homme et, en dernière instance, entre les cultures du Nord et du Sud. Cet impératif est la fois technique et éthique pour faire face aux anomalies de la globalisation économique. Dans ce contexte, la perte de sens est évidente et l'horizon vers lequel évoluent les sociétés et les économies du Nord n'est aucunement un modèle.

Au contraire, les faits exigent, aujourd'hui, une révision déchirante du progrès qu'elles prétendent incarner. Libérée du paradigme de l'économisme, l'humanité entière est sur le même pied d'égalité face à la nécessité de conjuguer la diversité de ses patrimoines, de ses savoir-faire, de ses connaissances, etc., en direction d'une civilisation de la diversité féconde. Autrement dit, toutes les conceptions du monde, culturelles, religieuses, spirituelles, scientifiques, etc., ont leur mot à dire. Elles sont toutes des sources d'inspiration à la condition d'éviter tout hégémonisme. C'est dans ses interactions de tout ordre que le paradigme des sites cherche son chemin. Ce chemin se fait en se faisant. Et, il est tortueux, ondulé, varié et indéterminé. Ainsi, cette conception en émergence signe la fin de toute maîtrise et ouvre la voie à la tolérance source de toute connaissance apaisée avec elle-même.

Le hasard ou la nécessité fait que l'auteur, après avoir animé plusieurs réseaux internationaux de recherche-action dans le domaine de la coopération au développement comme le Réseau Sud-Nord Cultures et développement, Cultures Europe, etc., a rencontré la sagesse des Rencontres de Fès qui se déroulent dans son pays natal. A le résumer, ce parcours va de l'économie à la spiritualité en passant par la culture. Si pour un *économiste vulgaire*, il n'y a pas de lien entre tous ses domaines, pour un *économiste anti-vulgaire* les relations organiques entre ces multiples sphères de la vie des hommes sont évidentes et incontournables dans les années à venir. A y regarder de près, la science finit toujours par buter sur les mystères de l'homme. Ces derniers ne peuvent être abordés qu'avec pluralisme et distance. La philosophie nous apprend, d'abord, à nous maîtriser nous-mêmes. La prudence dicte de ne pas prendre son monde pour le monde. En ce sens, la diversité incite à prendre conscience de la complexité de notre monde. Ce qui présuppose une grande recomposition des savoirs hérités encore marqués par l'esprit machinique.

# 1. LE MESSAGE D'ANVERS

## 1.1. Dialogue des disciplines

Avant de prononcer cette conférence[1], je tiens d'abord à remercier le Professeur Filip Reyntjens et l'ensemble des collègues de l'Institut de Politique et Gestion du Développement ainsi que la Province d'Anvers de m'avoir fait l'honneur de m'accorder cette

---

[1] Conférence dont le titre originel est « Le retour de l'Homme dans les sciences sociales du développement » a été prononcée à l'occasion de la réception organisée par l'Institut de Politique et de Gestion du Développement (Institute of Development Policy and Management, University of Antwerpen) le 3 février 2000 pour l'obtension d'une Chaire Spéciale de Professeur : Cultures et Développement économique.

Chaire Spéciale de Professeur. Nous partageons le même domaine de recherche : celui du développement. Il est opportun, à l'heure des instabilités paradigmatiques des sciences sociales du développement, de confronter nos points de vue et d'échanger nos idées afin de mieux élucider les énigmes qui assaillent ce domaine de l'Homme. A ce niveau de débat, les particularités de chaque science de l'Homme deviennent secondaires voire même des obstacles épistémologiques aux innovations conceptuelles que demandent les faits d'observation. L'histoire des sciences nous enseigne que les grandes révolutions scientifiques apparaissent le plus souvent dans les échanges interdisciplinaires. Dans toutes les sciences, de la Société comme de la Nature, les zones de connexions sont potentiellement fertiles en questions, donc en révolutions. Les véritables changements de paradigmes ont une essence interdisciplinaire. Ceci s'explique, par le fait, que lorsqu'une discipline ou une théorie se referme sur elle-même, après avoir épuisé son potentiel de science normale, elle devient un système clos et tourne en rond. Et, c'est le déclin qui l'emporte sur le déclic d'autant plus que les grandes découvertes se font par hasard. Trouver ce que l'on ne recherche pas, c'est ça la véritable définition de la découverte. Ce fait est souvent vérifié par l'histoire des sciences. Une pensée trop normée est contre- productive. Une mise en ignorance et une errance sont donc des sources d'inspiration et de nouvelles connaissances. Et, ce n'est donc pas un hasard si le titre de cette modeste contribution porte sur les sciences sociales du développement en général. Certes, à l'origine je suis un économiste du développement mais mon itinéraire de recherche m'a amené à m'ouvrir aux autres disciplines du social. Cette évolution m'a été dictée à la fois par les insuffisances théoriques de la science économique et par les faits d'observation des situations de développement.

Ma première thèse de Doctorat portait sur la technologie et ses transferts vers les pays du Sud (1980). La seconde est un Doctorat d'Etat portant sur le rôle des croyances dans le développement économique (1996). Comme vous le savez, en France, pour les anciens comme moi, il fallait être deux fois docteur ! Tous ces titres ne signifient aucunement que les chercheurs, dont moi-même, maîtrisent le domaine en question. Au contraire, plus nous avançons sur les questions relatives au développement, plus nous découvrons que nos connaissances sont toutes relatives et les mystères s'accumulent.

L'expérience en matière de développement nous enseigne, maintenant, la prudence et la nécessité des échanges dans toutes les directions qu'ils soient disciplinaires ou culturels. Parce que ce que nous faisons dans la pratique dépend de ce que nous pensons, et ce que nous pensons dépend de ce que nous croyons. Personne, y compris les chercheurs et les experts, n'échappe à ce mécanisme qui se déroule à chaque instant à notre insu. C'est ce que j'ai qualifié dans mes travaux d'*impensé en économie* comme dans toutes les sciences sociales. En effet, ces dernières restent marquées par leurs espaces d'origine. Les visions et les concepts, y compris ceux de l'anthropologue le plus ouvert, portent les empreintes des imaginaires sociaux d'où émanent les théories et les concepts projetés sur des situations extrêmement hétérogènes. En somme, on n'observe et ne pense jamais de nulle part. C'est ce que la physique avait depuis longtemps démontré.

Dans le domaine de l'Homme, ces défis épistémologiques expliquent l'importance du *sens*, aujourd'hui, dans les sciences du social. Et, ce *sens* ne peut être que local. Il se constitue dans des processus d'interaction symboliques et pratiques. En raison de la grande variété des *sens* que les hommes donnent à leurs mondes, les abstractions, les modes d'action, etc., sont truffés de non-dits dont le rôle dans le cours des événements d'une situation est essentiel. C'est ce que démontre la théorie des sites dans la mesure où elle fait exploser l'idée d'un modèle unique et contribue à faire asseoir un paradigme ouvert et pluraliste sur les pratiques locales des acteurs. La pensée des sites est anti-découpage de l'Homme. Ce parcours passe nécessairement par une critique de la science normale de l'économie du développement.

## 1.2. De la Technologie à la « Sitologie »

Mes premières recherches sur la technologie m'avait déjà permis de prendre conscience que le « *développement ne s'achète pas* ». Il contient quelque chose de profondément humain que les sciences rationnelles se sont attelées à masquer par leur formalisme et leur déterminisme. En effet, au ras des faits économiques tels qu'ils sont perçus par l'économisme, le « *bonheur par le développement* » s'est institué comme une marchandise accessible par la grâce des lois économiques. Mais, en réalité, c'est une marchandise qui cache bien son jeu. Durant plus de quatre décennies, le développement a été, en effet, identifié à une loi naturelle immanente à toutes les sociétés dont la manifestation demande un simple respect des lois économiques et une mobilisation d'entités matérielles : des capitaux, des équipements, des machines, de la technologie, etc. Les modèles de développement ont cadré ces entités dans des démarches cohérentes dont la mise en œuvre a abouti à des incohérences dans les faits observables. A y regarder de près, aucun modèle, défini de l'extérieur, n'a sorti un pays de son « *sous-développement* ». La transposition des modèles en la matière a été ruineuse pour de nombreux pays du Sud.

A titre d'exemple, l'expérience a montré que, le plus souvent, la technologie sert à ouvrir des marchés sans suite pour l'acquéreur qui ne fait pas, lui-même, preuve d'innovation. L'espace récepteur devient ainsi dans ce processus un simple consommateur des signes techniques de l'autre. L'idée que le dynamisme économique est transférable par des objets techniques ou des modèles est une pure illusion de la théorie économique. En résumé, les paquets technologiques ou autres s'abattent sur les sites cibles sans que ces derniers puissent les faire fonctionner selon les critères des docteurs en développement, experts ou théoriciens. Ces politiques de développement précipitées participent à la démographie des « *éléphants blancs* » car, comme certains le disent en Afrique, le « *Développement, c'est le rêve du blanc* ». Contrairement au rationalisme de l'économie du développement, le rêve est donc moteur, en son absence, le développement devient un cauchemar. Chaque société semble donc avoir la rationalité de son rêve. C'est ce qui explique le succès actuel des démarches qui se préoccupent des interactions Cultures et Economie à titre d'exemple.

Il s'ensuit endettement, désarticulation symbolique, sociale et économique des sociétés qui n'ont pas auto-pensé profondément leur devenir. Dans ces circonstances, comme le montre la théorie des sites, le site consommateur du développement se rend poings liés à la domination des puissants de ce monde.

Nous pouvons soutenir, maintenant, que les processus de développement parachuté du haut vers le bas ont fonctionné comme des missiles de destruction sociale et écologique par leurs conséquences directes ou indirectes. Tout ceci a tendance à engendrer des économies purement formelles au vrai sens du mot. Ce n'est pas réel, c'est purement formel !

En d'autres termes, dans les zones de contact entre les projets de développement, toutes échelles confondues, se forment des univers dont la nature profonde et l'évolution ne répondent pas au paradigme du développement. La linéarité attendue ne se produit pas. Les entités qui peuplent ces univers présentent une grande stérilité du point de vue du dynamisme économique et de la créativité en général. Les entités en question encerclent la société et la désorientent en détruisant ses valeurs sans lui substituer les moteurs symboliques du développement tel que l'entendent les économistes. De ce point de vue, elles sont dévoreuses de rentes de situation.

En effet, les entités en question tirent leur existence des ressources naturelles, des cultures de rente, des crédits internationaux partiellement remboursés, des aides et d'un despotisme politique vis-à-vis des populations locales. Ces phénomènes se rencontrent tant dans les pays qui se sont réclamés, durant des décennies, du socialisme que du capitalisme. Ces télescopages des modèles et des réalités locales donnent lieu à des bureaucraties et à des équilibres politiques extrêmement fragiles dont les ruptures récentes basculent dans des génocides. C'est l'empire de l'incertitude, donc celui de la dictature de l'immédiat. En étant omniprésente dans la vie de tous les jours, l'incertitude empêche la formation de repères collectifs d'ordre cognitif et institutionnel nécessaires aux ressorts d'une prospérité. Même en restant tout simplement économiste, nous pouvons soutenir que sans confiance et connaissance, il n'y a pas de croissance !

L'absence d'innovation se dévoile d'elle-même dans les exportations de ces économies formelles improductives. Le maniement des statistiques internationales laissent, en général, transparaître des structures d'exportation marqués par une prédominance de la mono-exportation. De nombreux pays du Sud de la planète restent encore prisonniers de leur parcours colonial. Le Monde arabe et l'Afrique subsaharienne en sont une parfaite illustration même si des nuances peuvent être faites entre les pays appartenant à ces deux mondes. Il s'agit en fait d'économies hyper-spécialisées comme semble le souhaiter la théorie pure de l'échange international. Tout se passe comme si certains sont faits pour produire du café et d'autres le boire en face de leurs écrans d'ordinateurs !Et, j'ai l'habitude de donner des métaphores à ce sujet : le Monde arabe s'apparente à un vieux marchand décadent qui vit de la rente pétrolière ou bien lorsque le chaos s'empare du marché du cacao, c'est le chaos en Côte d'Ivoire et le gouvernement ivoirien n'y voit rien ! Ces images suggèrent bien la gravité de la situation de ces économies et par voie de conséquences celle des sociétés concernées. Dès que les recettes de rente, pétrole, cultures de rente ou autres, baissent, l'économie formelle se dégonfle, le chômage augmente et l'économie « *informelle* » s'en donne à cœur joie. Les programmes d'ajustement n'ont fait qu'amplifier ces phénomènes. Et, lorsque cette dégradation quantitative de l'économie formelle dépasse un certain seuil critique, c'est l'explosion de l'insécurité, de la violence, des flux migratoires et, en fin de compte, des génocides en tout genre. En l'absence de projet de société, les pics démographiques urbains, alimentés par un exode désordonné, ne font qu'aggraver ces constats. La scène internationale en est le théâtre aujourd'hui.

Considérant que le développement économique tel qu'il a été mené dans les pays du Sud comme un simple débouché des économies du Nord, il devient impératif de repenser l'ensemble des théories et des pratiques du développement. Comme nous l'indiquions dans un article, dès 1984, intitulé « *La crise du paradigme du développement. Critique des discours critiques* » (Revue *Tiers Monde* n°100), la prolifération des anomalies du développement, non seulement dans les pays du Sud mais aussi dans les pays du Nord, suppose une totale recomposition des savoir en la matière. Lorsqu'une science n'a plus rien à dire, elle doit se taire. Dans ces conditions, la pensée doit reprendre sa liberté et sa capacité de nuisance à l'ordre intellectuel établi. La pensée vigile reprend ainsi le dessus sur la pensée clonée du développement. Au fur et à mesure que nous avançions dans cette *terra incognita*, nous nous sommes aperçus que les terrains du développement revus autrement manifestaient des mécanismes occultes pour la pensée inculte du développement. En d'autres termes, le développement économique ne peut aucunement se concevoir comme un processus de remplissage (concepts, théories, modèles, institutions, capitaux, investissements, machines, etc.) du dehors d'un espace/modèle vers un autre. A eux seuls et sans effort d'adaptation, les transferts poussent à ne rien faire. Dans cet état de fait, la propension à réduire, de manière hâtive, les réalités du développement à un simple ensemble de causalités économiques postulées de l'extérieur est condamnable du point de vue des faits et des conséquences désastreuses qui s'ensuivent.

En matière de société, lorsqu'on passe d'un point de la planète à un autre, on passe aussi d'un monde à l'autre, d'où la grande relativité des lois qui gouvernent les organismes sociaux. La science économique a tenté d'effacer ces frontières invisibles pour mieux asseoir son idéologie des lois naturelles. La problématique du développement économique illustre amplement cet échec et conduit maintenant à privilégier les singularités des espaces locaux, leurs institutions, leurs normes, voire leurs cultures et croyances.

## 1.3. La « Sitologie » : une démarche indisciplinée

La théorie des sites est une espèce d'économie critique qui réhabilite « *l'invisible* », notamment les croyances et les motivations des gens. Elle considère que les problèmes de l'Homme, c'est lui-même. Il n'y a pas le moindre monde extérieur, y compris le monde économique, aux « *imaginaires de situation* » que les hommes façonnent entre eux. Ils construisent ainsi des « *morales de situation* » à partir d'un décodage situé dans le temps, dans l'espace et dans le monde des sens hérités et recomposés en fonction de la situation. C'est à l'intérieur de ces univers mouvants et complexes qu'ils relisent les formes de vie envahissantes et celles qui leurs viennent de leur passé. Dans de tels univers recomposés, l'idée d'un modèle unique au sens scientifique du terme est une simple vue de l'esprit. C'est même une « *bêtise scientifique* ».

D'ailleurs, derrière la mondialisation se dessine une diversité de situations quasi infinie. Le processus d'uniformisation planétaire subit des « *colorations situées* » et provoque ainsi une déstabilisation du paradigme mécaniste et matérialiste ordinaire, hérité de l'ère de la machine à vapeur. La crise des anciennes conceptions est aggravée par les mutations dont sont le théâtre les pays les plus avancées au plan de ce que l'on appelle la « *Nouvelle Economie* » animée par les investissements immatériels. L'accélération des Nouvelles Technologies de Communication (N.T.I.C.) et l'avènement de la société de la connaissance et des services amplifient des phénomènes de structuration allant dans la direction de l'immatériel. Dans cette même perspective, tout semble aller dans le sens d'une revalorisation de l'Homme dans les processus économiques et technologiques. Les facteurs de production tels que la terre, le capital et le travail deviennent de plus en plus secondaires. Ce sont donc l'information, la communication, la recherche, la formation, (le capital humain comme disent les économistes), la culture d'organisation qui occupent le devant de la scène. La machine et l'organisation semblent chercher à s'adapter au cerveau de l'Homme pour en tirer le maximum d'intelligence. Tout se passe comme si le dynamisme économique tel qu'il se dessine, aujourd'hui, montrait son vrai visage : « *Il n'y a de richesse que d'Hommes* » disait J. Bodin.

L'ensemble de ces données mondiales légitime une sortie des autoroutes de la pensée unique, par essence réductionniste. Dans le domaine des relations Nord/Sud, la problématique Cultures et Développement que le Réseau du même nom a animé en interaction avec des organisations de terrain et de la société civile a grandement contribué à l'élaboration de la Théorie des Sites Symboliques d'Appartenance (T.S.S.A.) que nous avançons aujourd'hui.

L'introduction de la dimension culturelle dans les processus de développement permet, en effet, de démontrer que les mêmes causes entendues comme économiques ne produisent pas toujours les mêmes effets. Dans divers articles, nous avons tenté de montrer que ce constat rend compte de la fonction de digestion des économies formelles dans les pays du Sud, une « *simple panse* » au lieu d'une pensée. Cette inertie des économies officielles est révélatrice du caractère tronqué des modèles d'économie et de management et d'une capacité à phagocyter que possèdent en eux-mêmes les sites-cibles des politiques du développement transposé. Comme la nature a horreur du vide, ce trou noir symbolique, économique et social s'en trouve compensé par les « *dynamiques informelles locales*». L'échec du formel est tel que « *l'informel* » tend à devenir le modèle des réalités observées. Face à ces dilemmes, les PAS (Programmes d'Ajustement Structurels) continuent d'être dans une impasse tant que la théorie qui les inspire ne change pas de « *lunettes conceptuelles* ».

Comme le travail de l'abstraction n'est pas condamnable en soi à la condition de se construire sur des postulats et des concepts féconds, la nécessité d'une grille de lecture s'impose d'elle-même. L'observation des faits n'est utile qu'à la condition de faire l'objet d'une interprétation. C'est à cet objectif que s'est employé le paradigme des sites. Alors comment établir un pouvoir explicatif dans ces circonstances ?

Les échecs des modèles sont révélateurs d'un « *impensé* » des docteurs en développement. L'économie s'est construite en territoire autonome en s'isolant du reste de la société. C'est contre cette discipline que s'inscrivent les postulats et les déductions de la théorie des sites. En effet, l'expérience montre que le développement économique repose toujours sur une culture, une vision du monde. Celle du capitalisme se résume dans la culture de maîtrise et d'accumulation illimitée. Ce qui correspond à des rapports particuliers à l'homme, à la connaissance, à la nature, au temps, à l'argent, à la technique, etc. Ces dimensions « *invisibles* » pour l'économiste, réductionnisme oblige, ne voyagent pas avec ses modèles. Lorsque ces derniers s'introduisent dans un milieu donné, il y a forcément carambolage symbolique et culturel. L'emprunt du modèle économique devient une emprise et induit des conflits de rationalités. Et, c'est là que les sites font irruption et imposent aussi de leur côté des « *douanes invisibles* ». Face aux modèles intrus, les réactions des sites locaux ne se font pas, donc, attendre.

Les sites sont d'abord des « *entités immatérielles* » qui hantent les lieux que le modèle cherche à bousculer et à précipiter dans la vision des experts. Le modèle détruit le site et le site phagocyte le modèle. Il en sort des univers brouillés pour toute pensée qui se veut rationnelle et linéaire. Nous sommes, incontestablement, dans des univers non linéaires. A ce niveau, les marxistes comme les libéraux ont eu tort de croire que l'économique tel qu'ils le conçoivent est déterminant. Tous les modèles de développement prolongent cette erreur qui plonge ses racines dans la culture du développement. En réalité, même dans les pays du Nord, aucune instance n'est déterminante en dernière instance. Les réalités sont toujours enchevêtrées et les acteurs y gardent une grandes autonomie. C'est ce qui explique la faillite de tout les grands courants en isme de la pensée occidentale. Ce qui motive le caractère à la fois interdisciplinaire, interculturel et non déterministe de la théorie des sites. Dans cette perspective, c'est une démarche « *indisciplinée* ».

Malgré la complexité à laquelle elle s'adresse, la théorie des sites repose sur quelques principes simples et flexibles. Elle se donne comme projet d'établir les « *Principes d'une économie non violente* » vis-à-vis de l'Homme et de la nature. Elle capitalise ainsi les erreurs du passé sans tomber dans un quelconque déterminisme. Un des premiers principes qu'elle suggère est celui de la non-séparation entre les croyances et les pratiques locales des acteurs d'une situation quelconque. En effet, de son point de vue, les changements profonds renvoient à des prophéties auto-réalisantes. Les sites symboliques fonctionnent sur ce principe. Les croyances partagées soudent les groupes humains, leur donnent sens et les motivent dans tous leurs comportements y compris économiques. Cette « *boîte noire* » des organisations sociales est complètement écartée du domaine de l'économiste qui a séparé sa discipline des croyances sociales jugées métaphysiques. La science poussée à l'extrême détruit l'éthique et devient une simple technique souvent aveugle.

A ce principe reliant croyances et motivations vient s'ajouter un autre celui qui fonde la diversité et la singularité des sites. Chaque groupe humain et à l'intérieur chaque individu a un parcours particulier. Ces épreuves forgent des personnalités de base qui se reproduisent de manière changeante à travers les mutations de l'organisation. Chaque site tend à se reproduire dans l'éternité. Cet instinct se retrouve combiné avec les impératifs du changement de l'environnement. Cette « *nostalgie des origines* » est constamment réactivée en période de crise, donc de mutation. Et, c'est là que dans de nombreuses situations, les traditions peuvent, contrairement au modernisme, devenir des moteurs symboliques de l'innovation à la condition de laisser s'exprimer le site. De toute manière, les changements durables sont adaptés et adoptés par les acteurs du site. Ce qui présuppose non pas l'imposition mais la participation, en somme le recrutement de leur patrimoine dans le processus d'évolution. Et, la motivation n'est acquise qu'avec le respect de ce qu'est le site des personnes, dans ses valeurs, ses croyances et dans son parcours. La connaissance d'un site et de ses organisations présuppose au préalable la reconnaissance de ses singularités. Cette intimité n'est accessible qu'en laissant de côté le complexe de l'expertise. Cette attention sur les particularités du site ne signifie aucunement que ce dernier est un système clos. Il ne doit ses singularités qu'à la diversité qui l'entoure.

En d'autres termes, il est ouvert à des processus de métissage qui contribuent à sa propre évolution singulière. Il possède en son sein un code de sélection des apports extérieurs. Ce qui d'un autre côté explique que les mêmes causes n'entraînent pas toujours les mêmes effets. Il y a incontestablement décodage de tout un passé, de ce qui arrive du dehors et de ce qui advient. De la culture à l'agriculture en passant par l'architecture, le site recompose les influences. Les phénomènes d'adaptation que l'on retrouve dans les influences des religions sont aussi présents dans toutes les dimensions des sociétés humaines. L'économie, à son tour, n'y échappe pas malgré le poids des croyances scientifiques en des lois qui seraient valables en tout lieu et en tout temps. L'observation par le bas montre que sa prétention à l'universel subit des sanctions sitologiques qui modifient les faits escomptés par ses modèles. Le manipulateur se retrouve manipulé. Cette défaite du modèle est révélatrice de la force des acteurs de la situation sur tout système qui tend à se clôturer sur lui-même.

Du point de vue de l'alternative, il est plus « *économique* » d'avoir l'acteur de son côté que contre. Ce qui présuppose une révolution dans la manière de manager les situations : être capable de croire aux croyances des autres. Cette tolérance philosophique et méthodologique nécessite une « *mise en ignorance* » dont il était question au début de cette conférence.

En somme, chaque site fonctionne à la fois de manière fermée et ouverte. Cette ambivalence est au cœur des tournures que prennent les événements. Des paradoxes, des détours, des retournements, etc., peuvent à tout instant y surgir. C'est pourquoi, la démarche des sites prône une épistémologie souple, flexible, composite, en somme, ouverte sur la dynamique des sites dont l'évolution est indéterminée. Toutes les options sont, en permanence, ouvertes. Contrairement aux pensées/systèmes du social, il faut plutôt ramollir, encore plus, les « *sciences molles* » et en premier lieu la science économique. Ce qui motive le principe d'une pédagogie d'accompagnement du point de vue de la théorie des sites.

Ces considérations mènent, en toute logique, au débat sur la rationalité. La conception d'ensemble de la théorie des sites suggère que les lois économiques soient des constructions sociales situées dans le temps, l'espace et dans la cosmovision des acteurs.

Ces variétés conduisent à une rupture avec les postulats de base de l'analyse économique, du moins, dans sa version la plus standard. En effet, celle-ci considère que les hommes répondent, en toutes circonstances, au modèle de l'*homo œconomicus*, cet être sans biographie : être factice, calculateur, égoïste et maximisateur de son intérêt. Cette rationalité est démentie, en grandeur nature, par les expériences du développement. A supposer que les individus opèrent des calculs, ils ne le font pas dans un vide social. Ils sont toujours soumis à des contingences qui gênent le plein développement des catégories économiques. Les sites sont là, pour limiter et recomposer, à leur manière, les effets du modèle économique quitte à le détruire. De plus, les suppositions du modèle en question sont telles qu'elles sont d'un grand irréalisme. D'ailleurs, de nombreux économistes, aujourd'hui, reconnaissent l'incomplétude du paradigme du marché. Et, certains vont même jusqu'à lui affecter une force de destruction, non seulement de la société mais aussi de l'économie. C'est ce qui explique le retour du balancier vers la prise en compte d'entités telles que la confiance, la concertation, le partenariat, la cohésion, les normes, les conventions, les territoires, voire même la solidarité pour mieux performer dans les critères mêmes du système.

Ces courants institutionnalistes légitiment donc une critique interne du discours économique et viennent renforcer la portée de la théorie des sites dans la mesure où elle met en relation étroite les croyances et les institutions d'une société donnée. Ces processus interactifs explicitent, à leur tour, la puissance du concept de l'*homo situs* par rapport à celui de l'*homo œconomicus* et à tous les autres *homo* des sciences parcellaires de l'Homme. Le concept en question humanise les sciences de l'Homme dans la mesure où il n'opère pas par coupure. Il ne sépare pas les multiples dimensions de l'existence humaine. Il conçoit l'idée d'une *rationalité située* intégrant l'ensemble des données éthiques et pratiques du site. Comme le concept de site, elle est flexible et épouse la variété des croyances et des motivations des acteurs. Elle ne décrète nullement la supériorité d'un système sur un autre *a fortiori* celui de l'accumulation et de la compétition propre à la société industrielle. Elle constate et interprète la logique de chaque comportement dans le contexte des acteurs.

## 1.4. Le parti pris des sites

Au terme de cet exposé, il faut noter que nous avons tenté ici d'expliciter les origines et l'itinéraire d'une trajectoire de recherche. Il est incontestable que les échecs des expériences de développement ont été des *erreurs fécondes* dans l'émergence de la théorie des sites. Celle-ci est une tentative de mise en garde contre toute systématisation dans les sciences de l'Homme. La crise des grandes idéologies et du déterminisme signe le vrai retour de *l'Homme dans les sciences de l'Homme.* Avec l'épuisement des mythes fondateurs de la modernité, la science ne peut plus ignorer ses limites et les débats éthiques qui accompagnent l'évolution de l'Humanité. Les risques en tout genre sont là pour le rappeler à chaque instant. La technique a donc besoin de l'éthique sous peine de basculer dans un *chaos technique.* De ce point de vue, les dimensions immatérielles deviennent prépondérantes dans le débat scientifique. C'est l'irruption de l'invisible face au visible et au tout quantitatif. C'est ici le sens qui fait son retour sur la scène scientifique en convoquant l'abstraction vers plus d'humanisme et d'écoute de la diversité de notre monde. Il y va de la survie de l'espèce humaine dans sa grande variété.

## 2. ESPRIT DE FES : D'OU VIENS-TU ? QUI ES-TU ? OU VAS-TU ?

Trois équations auxquelles il faut répondre pour comprendre les Rencontres de Fès : la genèse, l'identité et l'évolution éventuelle de l'Esprit de Fès. Le titre du paragraphe est le même que celui du texte publié dans l'ouvrage collectif : « *L'esprit de Fès. Un don dédié aux générations futures* »[2], seuls les sous-titres ont été changés.

### 2.1. L'identité de l'Esprit de Fès

L'Esprit de Fès est le signe avant-coureur de la révolution interculturelle dont a besoin notre monde. Il indique la voie du métissage et du dialogue entre les cultures et les civilisations. En cette fin de la modernité que l'économie de marché a vidée de sa substance éthique, l'Esprit de Fès est à la recherche d'alternatives viables et durables. Son originalité réside dans son dépassement de la globalisation économique telle qu'elle est propagée par le Club de Davos et critiquée par le Forum social mondial. En introduisant la dimension spirituelle et culturelle dans le débat sur la mondialisation, l'Esprit de Fès va à la racine du malaise mondial.

---

[2] Zaoual H., *Esprit de Fès: d'où viens-tu? Qui es-tu? Où vas-tu?* (pp. 98-102) in Nathalie Calme (sous la dir.) *L'Esprit de Fès. Un don dédié aux générations futures.* Paroles d'ouverture de Sa Majesté le Roi Mohammed VI, Préfaces de Bernadette Chirac, Jack Lang, Conclusion de S.A.R. le Prince Charles, Editions du Rocher, mai 2004, 446 p. (84 auteurs de renommée internationale). Avec le soutien financier et la participation intellectuelle de la Banque Mondiale.

Celui-ci n'est plus appréhendé comme un simple problème économique ou même social. Le marché n'a pas d'âme, l'Esprit de Fès veut lui en donner en y associant la solidarité et l'éthique du partage dans la perspective d'une définition flexible du progrès humain en général. Que de surprises attendent l'Humanité !

En effet, l'Esprit de Fès diagnostique une véritable crise de civilisation, celle qui donne la priorité à un vulgaire matérialisme sur l'humanisme. Ce qui veut dire en clair que le progrès issu de la culture des Lumières, sans retenue, a épuisé sa potentialité. Fès est donc au carrefour entre la civilisation économique autoprogrammée pour la destruction planétaire et la civilisation de la diversité. Les limites sociales et écologiques du développement et celles de sa « *sœur jumelle* », la globalisation, militent pour une révision radicale de leur paradigme de référence. Dans ces conditions, l'Esprit de Fès émerge en capitalisant les erreurs fécondes d'une mondialisation déshumanisée par les lois uniformisantes et darwiniennes du capitalisme. Ce faisant, il renoue avec la diversité de sens que les « gens de la base » donnent, en chaque contrée, à leur monde. Ce changement d'échelle et de perspective se fait par l'importance que les Rencontres de Fès accordent à la diversité culturelle et spirituelle. En somme, l'Esprit de Fès recherche la proximité de l'Homme dans son universalité et sa diversité. En cela, il a une portée postmoderne.

## 2.2. Le souffle de l'Esprit de Fès

En tant qu'économiste, le Festival de Fès m'a beaucoup enrichi intérieurement. Il m'a fait découvrir que l'Art et la Musique, enracinés au plus profond des âmes des peuples, sont une autre manière qu'ont les sociétés humaines d'exprimer leurs existences, leurs richesses, leurs problèmes et souffrances. Ces expressions de l'esprit humain me confortent aussi dans mes recherches scientifiques puisque celles-ci s'orientent vers une grande plasticité en raison de la complexité du monde réel. Dans les définitions et les concepts de la théorie des sites symboliques, dont l'origine découle de l'échec des modèles économiques, j'ai, d'ailleurs, l'habitude de décrire, *l'homo situs*, l'homme de la situation, comme un *fin compositeur* voire un *acrobate de l'imaginaire.* En raison de son encastrement dans son site (espace symbolique local, ouvert et fermé), il fait, en effet, preuve d'une capacité à conjuguer une pluralité de motivations et de dimensions. Ce qui le rend insaisissable par les sciences occidentales. C'est l'hypothèse de l'imbattable acteur. Ce qui signe la fin de la culture et des sciences de maîtrise. L'art et la musique sont donc aussi une source d'inspiration d'une science interculturelle du comportement humain y compris sur le plan économique. Et, c'est pourquoi, l'Esprit de Fès ouvre la voie à une nouvelle vision de l'homme plus enrichie, moins réductionniste que l'idéologie économique de la mondialisation. A quand, un paradigme musical dans les sciences de l'Homme ? (Sensibilité, écoute, proximité, accompagnement, étonnement et ouverture à la diversité).

## 2.3. Un site de dialogue face au choc des civilisations

Pour l'Esprit de Fès, la relecture des traditions n'est aucunement antinomique avec l'esprit d'innovation. D'année en année, Fès se présente comme un site régulateur à l'heure des confrontations Nord-Sud. Les rencontres qui y sont organisées dévoilent que les conflits qui émergent sont le produit direct de l'échec sur les terrains des modèles d'économie et de management réducteurs. Ceux-ci créent un vide que comble une pluralité de formes de vie économique et sociale (économies informelle, populaire, solidaire, sociale, etc.), indéchiffrables par la science économique officielle. Cette situation s'accompagne aussi d'un retour, souvent, foudroyant à des lectures appauvrissantes des traditions et religions locales (ethnicisme, extrémisme religieux). Ces dissidences du mimétisme du passé et des pratiques locales demande un renouvellement de l'approche économique que l'Esprit de Fès ouvre sur la grande variété des traditions locales. Lorsque celles-ci sont prises en compte dans le changement, leur intégrité est sauvegardée, elle en devient même un moteur et tout danger d'intégrisme y serait écarté. Il faut donc faire preuve d'humilité dans l'ingénierie du social, principe de prudence et d'écoute oblige (cf. La théorie du site). Respectons la mosaïque du monde pour mieux comprendre et gérer les échanges entre les humains et les nations. La diversité du génie humain y sera sauvegardée et développée pour le bien commun.

Dans l'Esprit de Fès, il va ainsi de soi que le dialogue interculturel prenne toute sa place dans un débat qui cherche à jeter les bases d'une civilisation respectant la socio-bio-diversité de notre planète. Toutes les cultures et les religions du monde sont conviées par l'Esprit de Fès à débattre sur les possibilités futures d'un changement harmonieux. Aux sources des spiritualités du monde, il nous indique la voie de la tolérance. L'Esprit de Fès fait ainsi rencontrer la connaissance et la reconnaissance afin d'éloigner de nos esprits tout dogmatisme, celui de l'économisme et du culturalisme. Ce qui est une manière de lutter contre tout réductionnisme ou autarcie. Ainsi, l'Esprit de Fès décloisonne les sciences de l'Homme et abat les murs des cultures. Dans sa perspective, personne ne détient la vérité, la vérité se construit et se partage (la force des croyances communes).

## 2.4. Du désespoir à l'espoir

Les rencontres de Fès sur le thème « *Une âme pour la mondialisation* » sont un site innovant en matière de réflexion sur les problèmes mondiaux contemporains. L'Esprit de Fès fait dialoguer les croyances de toutes origines, scientifiques ou non. Il s'y exprime une capacité de décryptage des anomalies de notre monde. Dans ce sillage, se dessinent progressivement les contours d'une vision du futur capable de mobiliser les jeunes générations d'aujourd'hui et de demain. En associant la spiritualité et les identités dans la tolérance à l'efficacité, il contribue même à la formulation d'une *économie non violente* vis-à-vis de l'homme et de la nature. C'est un « *réalisme à visage humain* » en gestation. Cette perspective est une pédagogie de l'apprentissage du pluralisme qu'imposeront, à brève échéance, les paradoxes et les antagonismes d'un système économique mondial non durable. De par son Esprit, Fès est une des voies d'accès aux énigmes qui agitent notre monde, un monde à la recherche d'une éthique plurielle. Sans elle, c'est le chaos technique. Les humains sont demandeurs de diversité et de spiritualité. C'est à quoi s'emploie souterrainement l'Esprit de Fès pour mieux conjurer et anticiper *l'apocalypse de la globalisation*. En ce sens, il fait oeuvre de prophétie et de paix.

# 3. L'ECONOMIE PEUT-ELLE ETRE SOLIDAIRE ? UN COMPTE RENDU D'UN ENSEMBLE DE RECHERCHES

## 3.1. Contexte d'émergence des économies solidaires au quotidien

Cette intervention[3] s'inspire d'un article publié à peu près sous le même titre : « L'économie peut-elle être solidaire et plurielle ? Cogito pour un pluralisme économique » [4]. La question posée n'est pas neutre. Elle s'est construite par une distance critique avec l'économie[5]. Aujourd'hui, il est souvent fait état d'économie solidaire, de développement économique solidaire, le tout sur des petites échelles impliquant les populations marginalisées, les acteurs de la société civile comme les ONG, les associations, voire des institutions publiques locales, nationales et même internationales. (Zaoual, 2005, *Nova Economia das*

---

[3] Ce paragraphe reprend sous le même titre la communication faite en juin 2004 aux Rencontres de Fès : « A soul for globalization », Colloquium of Fez, The 10th Annual Fez Festival of World Sacred Music, May 28-June 4, 2004, *Les Rencontres de Fès : une âme pour la mondialisation*.

[4] Cf. H. Zaoual : « L'économie peut-elle être solidaire et plurielle ? » *ECONOMIC RESEARCH FORUM,* Le Caire, 2001, 25 p. Publication du Centre International de Recherche sur les Economies arabes, turque et iranienne. http://www.erf.org.eg/database/paper.asp. Publié aussi pour l'espace francophone dans *Némésis*, Revue d'analyse politique et juridique, n° 3, 2001, pp. 31-52, Collection du Centre d'analyse politique, Presses universitaires de Perpignan.

[5] Cf. « La trajectoire de nos recherches : éthique et technique. Le cheminement de la philosophie économique des sites » (18 p.). Cf. aussi « A soul for globalization », Colloquium of Fez, The 8th Annual Fez Festival of World Sacred Music May 31-June 8, 2002. Pour le concept de site et de relations entre cultures et développement, se reporter à notre contribution : « Culture et développement » (pp.83-85) et « Site d'appartenance » (pp. 320-321) in *Dictionnaire de l'altérité et des relations interculturelles* sous la direction de G. Ferréol et G. Jucquois, Armand Colin, 2003.

*Iniciativas Locais*). Ces pratiques se sont développées ces dernières années non seulement dans les pays dits pauvres mais aussi dans ceux de l'hémisphère Nord censés être opulents. Et, pour cause, l'effondrement du fordisme qui a joué un rôle essentiel durant les trente glorieuses (1945-1975) dans l'intégration sociale des classes ouvrières engendre maintenant une série de ruptures. La pauvreté, la misère, la précarité ont fait leur apparition au début des années quatre-vingt. Malgré les efforts de restructuration économique menés, rien n'y fait, le maldéveloppement s'est aussi emparé des vieux pays industrialisés. La globalisation dont le rythme s'est accéléré durant la décennie 80 n'a fait qu'aggraver le bilan social de ces pays. Le chômage est devenu massif et permanent dans de nombreux pays d'Europe. Suite à son épuisement aux USA, la « *nouvelle économie* » n'a été, à son tour, qu'un mirage. Ainsi, les faits incitent à un grand doute sur les capacités qu'a l'économie de marché à tout régenter. Les harmonies dont il est question dans ses hypothèses et modèles semblent surréalistes au regard de la situation économique et sociale qui prévaut. C'est dans ce contexte historique qu'ont émergé de nouvelles pratiques économiques dont la théorie reste à faire. En effet, si nous savons à peu près ce qu'est une économie de marché, le fonctionnement intime des économies solidaires au Nord et celui des économies dites informelles dans les pays du Sud demeurent énigmatiques.

### 3.2. L'économie de marché n'a pour but qu'elle-même !

Exposons d'abord de manière succincte les principes d'une économie de marché. A y regarder de près, celle-ci a pour seul but de faire des profits. Et, pour cela elle doit produire pour le marché. Ce n'est pas un hasard si Adam Smith insiste, de façon concomitante, sur la productivité du travail et l'étendue du marché. Celui-ci étant le débouché, par excellence, de la production, plus il s'étend plus l'économie de marché se porte bien. Ainsi, avec le capitalisme, on ne produit pas pour satisfaire directement ses besoins, on produit pour le marché dont nul ne sait où il nous emmène. C'est une des distinctions fondamentales entre ce système de production et les autres qui ont caractérisé nos sociétés dans le temps et dans l'espace. C'est la valeur d'échange qui prime sur la valeur d'usage. On ne produit pas des biens pour eux-mêmes ni même pour les humains mais pour le marché. Ce qui veut dire en clair que l'ensemble des rouages d'une économie de marché est guidé par des supposées lois scientifiques qui en déterminent l'orientation, la connexion et les actions des agents économiques. La grande trouvaille à ce sujet est la fameuse capacité qu'aurait le marché à s'auto-réguler tel un mécanisme naturel. La loi de l'offre et de la demande s'ajuste en fixant le prix des marchandises. Les écarts de l'une vis-à-vis de l'autre se réduisent de manière mécanique par les entrées et les sorties en production des biens concernés. En situation de surproduction, les prix chutent et font fuir les capitaux du produit en question. *A contrario*, la situation inverse induit des attractions de capitaux contribuant ainsi à augmenter la production et, par effet mécanique, à faire baisser le prix du bien considéré jusqu' à un certain niveau. Ces processus de rééquilibrage perpétuel dessinent des univers mécaniques dignes de faire l'objet de lois quasi naturelles. D'ailleurs, les fondateurs parlent de lois tendancielles et même naturelles (prix, valeurs, profit, accumulation, etc.). C'est avec cette perspective que l'économie s'est instituée en tant que science à l'image de la physique et la chimie.

Cet univers newtonien est bien présent dans les théories de base de l'économie. Il est souvent résumé par l'image d'une « main invisible » qui régulerait les échanges économiques et qui garantirait même un équilibre général et profitable à tous. Ainsi, l'individu en cherchant son intérêt réaliserait l'intérêt général. De façon concrète, un capitaliste, en cherchant du profit, innove, produit et réduit les coûts. Ce qui, du même coup, rend accessible de nombreux produits à l'immense majorité des consommateurs. C'est ce principe qui fait mouvoir, en théorie, une économie vers une plus grande prospérité, une société d'opulence dirait Adam Smith. Cependant, cette vision idyllique a fait l'objet de longs débats et critiques dans le domaine particulier de cette discipline. Pour ne retenir que les plus célèbres, S. Sismondi, K. Marx, J. Schumpeter, J. Keynes, etc., ont, chacun à sa manière, montré les dysfonctionnements de cette belle mécanique.

De nos jours, suite au déclin de la pensée keynésienne, le retour à un « libéralisme musclé » à travers l'économie de l'offre ne semble pas résoudre les énigmes jadis posées. En effet, malgré l'imposition de cette pensée non seulement à l'économie mais aussi directement et indirectement à l'ensemble de la société, les problèmes économiques contemporains demeurent rebelles à toute solution qui serait le fait d'une seule et unique théorie. Au contraire, ce que l'on constate, par expérience, c'est l'importance des pratiques qui associent plusieurs modes de coordination et de régulation. L'intervention des pouvoirs publics est aussi importante que celle du marché. Les pratiques alternatives de type solidaire sont aussi indispensables que l'air que nous respirons. En effet, la raison théorique et pratique nous dicte, en toutes circonstances, un mélange dosé de la grande variété de la vie économique. D'ailleurs, encore par expérience et cela dans les domaines du vivant et de la matière, un système qui se purifie s'écroule. Par analogie, les phénomènes économiques n'échappent pas à ce principe de l'entropie en l'absence de la sauvegarde d'une diversité. Ainsi, les économies planifiées se sont effondrées par excès d'uniformisation. Cette paralysie peut aussi miner un système qui surestime, exclusivement, les capacités de régulation par le marché. La réalité des choses semble récalcitrante vis-à-vis de tout processus uniformisant. C'est ce qui fonde la force du multiple envers l'uniforme (Zaoual, 2003, Panhuys, 2004). Dans un tel contexte les économies informelles et solidaires que nous avons qualifiées d'économies dissidentes (Zaoual, 2003) peuvent jouer un très grand rôle dans le renforcement en économie du pluralisme théorique et pratique.

A terme, le problème est d'ordre éthique pas technique[6]. Ce qui le rend ardu et insoluble en restant prisonnier d'une seule et unique vision du monde. C'est encore pour cette raison que l'économie entendue comme économie de marché est incompatible

---

[6] Cf. Entretiens sur la théorie des sites, *Revue Question* de n°129, 2003, « Donner une âme à la mondialisation », Albin Michel. Autres auteurs : Faouzi Skalli, Edgar Morin, Trinh Xuan Thuan, Pierre Rabhi, Jacques Lacarrière, Thierry de Montbrial, Mike Moore, patron de l'Organisation mondiale du Commerce, etc.

avec la solidarité et l'écologie. Si c'est ça l'économie alors l'économie ne peut aucunement être solidaire, plurielle et durable. Dans cette hypothèse, sa seule raison d'être n'est pas l'homme mais le profit (Noam Chomsky, 2003). Il faudrait donc s'accorder sur le sens profond du mot économie. Si seuls le marché, le profit, l'accumulation et la concurrence associés à une science sans conscience et à une technique sans éthique constituent les ingrédients de la vie économique, c'est une économie qui n'a pour objectif qu'elle-même. L'homme n'y est autorisé à paraître qu'en tant qu'animal à produire et à consommer pour satisfaire non pas ses besoins mais ceux du système anonyme qui les anime. De ce point de vue, cette économie-là n'est pas réformable. Elle est amnésique et auto-destructrice. Elle devrait conduire à une révolution qui la contienne dans ses tendances hégémoniques sur l'homme et la nature. Et, c'est à quoi invite le paradigme des sites (Latouche, Nohra et Zaoual, 1999). Les premiers pas de celui-ci fournissent les clefs d'une économie de la diversité dans la mesure où la stabilité des organismes sociaux réside dans leur diversité endogène. A défaut, c'est l'entropie qui prend le dessus. Ce qui est le cas du modèle de la globalisation économique conduite par un seul et unique modèle. C'est l'empire de la pensée unique, un vampire de la diversité si utile pour l'environnement et l'humanité (Zaoual, 2003, *Globalização e diversidade cultural*). Pour les tenants de l'orthodoxie, la science économique est exclusivement une science du marché. Or, en étant dans leur propre logique, le marché ne se suffit pas à lui-même dans la mesure où il est générateur d'incertitudes pour tout le monde. Les économistes eux-mêmes, dans leur tentative d'avancer dans la connaissance de l'incertitude, ont recours aux institutions pour mieux coordonner les agents autour d'un échange moins aléatoire. Ainsi, ils reconnaissent explicitement que le marché produit des trous noirs et s'auto-paralyse ainsi. En fait, les acteurs ont besoin de repères collectifs pour mieux se situer les uns par rapport aux autres. Ce processus est à la base des économies de réseaux qui assurent plus de certitude, donc de confiance. C'est ce que reprend la théorie des sites dans son décryptage des économies dissidentes dont l'enracinement local réduit les zones d'incertitude. Leur caractère non exclusivement tourné vers le profit engendre une plus grande qualité dans l'information et dans les échanges opérés.

### 3.3. Le caractère mosaïque des économies dissidentes

Contrairement à l'économie officielle que l'on pourrait réduire à l'économie de marché, les économies dissidentes ont des caractéristiques propres. L'observation nous a appris d'abord à constater que leurs modes de fonctionnement ainsi que leurs objectifs sont hybrides et multiples. Les organisations de l'économie solidaire cherchent, bien entendu à produire, toutes sortes de biens et de services mais cette production est, en priorité associée, à une production de solidarité et de cohésion. La production des liens est aussi importante que celles des biens. Ainsi, contrairement à l'économie de marché qui met en avant la rationalité, ces économies dissidentes affichent d'abord la relation. Or, la production relationnelle est une valeur ajoutée sociale qui n'a pas de prix. Ainsi, elle n'est pas calculable, donc non mesurable, C'est un délire de scientiste de le croire. L'idée qu' « *il n'y a de scientifique* », donc vrai, « *que du mesurable* » est, aujourd'hui, une croyance obsolète.

Sur un autre plan, tout se passe comme si ces économies reconstituaient les liens sociaux que le marché a détruits de par ces principes et ses modalités. Ces économies guérisseuses viennent ainsi corriger les anomalies de l'économie officielle. Ce constat est bien présent dans les processus d'économie dite informelle dans les pays du Sud au même titre que dans les expériences d'économies solidaires et sociales dans les pays de l'hémisphère Nord (Anne-Marie Alcoléa, 2004). Ce n'est pas un hasard, si aujourd'hui, les institutions internationales y portent un grand intérêt dans la lutte contre la pauvreté. Les pratiques de la finance solidaire, des systèmes d'échanges locaux, le soutien aux entrepreneurs informels, le micro-crédit, l'assistance à la protection des territoires de certaines populations, etc., font partie de cette remontée en puissance d'approche à petite échelle de portée transversale. La prise en compte du territoire et de la proximité y est considérable.

Cependant, la petite échelle peut cacher le même regard (small is not always beautiful) lorsqu'on veut à tout prix faire évoluer des formes de vie économiques solidaires vers le modèle de la science normale, c'est-à-dire celle du marché. Dans ces transitions forcées de nombreux projets peuvent échouer. Dans ces circonstances, il est impératif d'adopter un mode d'évaluation pluriel en intégrant l'ensemble des effets des projets de cette nature sur le site considéré. On ne peut les aligner exclusivement sur les critères d'une économie de marché. La cohésion sociale, l'apprentissage, l'éducation, l'environnement, la santé, la vieillesse, etc., sont aussi des valeurs et des objectifs à prendre en considération. Que dire d'une société qui se dit riche et qui cherche à ne pas prendre en charge ses cohortes de vieux ? Pourtant, les sociétés dites traditionnelles, malgré qu'elles soient qualifiées de pauvres, ne se sont jamais posées la question de la prise en charge de leurs ancêtres. Au contraire, ces derniers jouissaient d'un prestige et d'une protection sans limite. L'économie a donc transformé la société humaine en une société du jetable ! En dehors du profit, tout est considéré comme « *ordures* » par la culture de la globalisation.

Ainsi, le profit, seul, est myope. Pourtant, certains déficits comptables sont aussi des « *excédents* » lorsqu'on élargit la palette de l'évaluation. En conséquence, ce que l'on mesure, c'est ce que l'on pense et ce que l'on pense n'est pas totalement isolé de ce que l'on croit. Ainsi les valeurs sont parties prenantes des indicateurs que l'on manipule hâtivement.

La quantification en économie, voire même dans les sciences de la matière, n'est pas indépendante de représentations et des croyances de l'observateur. N'oublions pas la recommandation du philosophe mathématicien Bertrand Russel : « *L'objet observé dépend du poste d'observation* ». Cette énigme scientifique a introduit le principe d'incertitude dans le monde de la physique. Cette subjectivité est encore plus prononcée dans une science aussi engluée dans le social et l'humain que l'est la science économique malgré ses prétentions à être autonome. D'ailleurs, comme le montre la malheureuse expérience des pays « pauvres », la prépondérance des modèles économiques abstraits a contribué à détruire leur propre capacité à se prendre en charge selon leurs traditions sans pour autant leur garantir un réel développement économique dans le cadre d'une économie globalisée. Au contraire, plus les pratiques du changement s'adonnent à ce type de science modélisée, plus l'échec est cuisant. Dans ces circonstances, le développement parachuté produit de la dette et de la pauvreté (Zaoual, 1999). Tout se passe comme si l'économie formelle greffée introduisait le contraire du contenu qu'elle est censée développer à savoir un capitalisme innovant et diversifié dans ses productions et ses activités. Le développement se métamorphose ainsi en son contraire et, c'est une économie de rente qui prend le dessus. Elle transforme les économies des pays pauvres en débouchés. C'est donc un marché de dupes ! L'expérience montre, aujourd'hui, que les changements qui réussissent sont ceux qui s'enracinent dans les croyances et les pratiques locales. Ce qui leur confère un caractère prophétique. Ici, le profit, comme projet de société, se heurte aux « prophètes » des sites locaux, à leurs systèmes de croyances hérités de leurs histoires. Ils donnent lieu à des rationalités rebelles à celle de la science orthodoxe. Ce qui fonde la nécessité d'une pensée plurielle et flexible capable de s'adapter à la grande diversité de notre monde.

En somme, malgré les progrès de la formalisation et de la quantification en économie, la science économique reste bien pauvre quant à sa capacité à expliquer son propre objet et *a fortiori* à conduire les organisations humaines vers une plus grande prospérité. Cette impuissance est d'autant plus flagrante que les économies modèles elles-mêmes sont dans l'incapacité de résoudre leurs propres crises. Nous sommes donc face à une crise des théories de la crise. Ceci devrait être bénéfique car les crises majeures sont porteuses d'erreurs fécondes à la condition de prendre conscience de leurs anomalies.

### 3.4. L'homo situs, l'homme des économies solidaires au quotidien

En capitalisant les expériences du Sud et du Nord, la sortie paradigmatique de ces impasses décrites ici incite à une recomposition de fond en comble du savoir économique et de l'ensemble des sciences de l'Homme. Ce dernier mérite d'être défini autrement que par ce qu'il est dans les sciences normales de la société de marché. L'homme demeure un grand inconnu pour les sciences de l'Homme. C'est à ce défi que s'emploie la théorie des sites lorsque qu'elle discute du concept d'*homo situs* dont la portée est beaucoup plus empirique que l'*homo œconomicus* sur lequel s'est construite la science économique contemporaine (Zaoual, Panhuys *et alii*, 1996 et 1998 : « De l'*Homo œconomicus* à l'*Homo situs* ». Il s'agit d'un homme concret, vivant et varié dans ses attitudes. Le concept en question est beaucoup plus proche des réalités que ne l'est l'homme tel qu'il est défini par la théorie économique. Il convient parfaitement, sous tous les tropiques, à ce que fait l'acteur quotidiennement dans sa vie y compris dans ses choix économiques. Ces derniers sont, en réalité, enchâssés dans des pratiques locales truffées de valeurs et de réseaux d'appartenance. En ce sens, l'homme, avant d'être un agent économique, est un homme qui véhicule l'ensemble des dimensions de son site symbolique, cet univers où il trouve sens et relations avec l'environnement et ses semblables. La rationalité de son action en porte les emprunts et s'avère être une construction sociale *in situ*. Elle évolue au gré d'un arbitrage issu des interactions du lieu de la décision. Ce qui rend celle-ci rebelle à tout modèle scientifique de la rationalité. Ici, la rationalité devient une rationalité située dont le caractère varié et variable la rend indéterminée.

Ces limites supérieures de la science nous introduisent dans des univers complexes dont le caractère est multidimensionnel et métis. Dans cette *terra incognita*, la proximité et la modestie sont d'un grand recours dans la mesure où notre ignorance nous donne une idée sur l'infini ! Et, ce n'est pas un hasard si même les économistes s'y intéressent aujourd'hui (Pecqueur et Zimmermann, 2004). Cependant, beaucoup d'entre eux réduisent cette proximité à une dimension organisationnelle/ institutionnelle, voire même géographique. Or, à y regarder de près, la proximité géographique peut être une simple illusion. La coopération, l'échange, etc., sont irréductibles à une simple distance paramétrique. Comme dit le proverbe arabe : « Loin et proche et proche et loin ». Ce n'est pas parce que deux acteurs vivent dans une même contrée, dans un même espace physique, que leur mise en réseau est une réalité quotidienne. Il est des fois où la faiblesse de la distance génère même des conflits et de la concurrence au point où la proximité géographique devient un obstacle à la coopération. Souvent, on dit qu'on n'a pas choisi ses voisins. Et, c'est pourquoi, les grandes philosophies et religions incitent à prendre soin de ses voisins afin d'écarter les risques de conflits et d'assurer une meilleure coordination et entraide. De même, si la proximité organisationnelle et institutionnelle est plus subtile dans la mesure où elle convoque des normes et des modes d'organisation communs aux acteurs considérés, elle n'épuise pas l'énigme de la proximité. Dans cette perspective, il faudrait noter que les institutions ne sont pas totalement indépendantes d'une dimension encore plus profonde, celle des croyances partagées. Ce sont ces dernières qui soudent et les institutions et les comportements qu'elles réglementent. A ce niveau de profondeur, le rendement des institutions est corrélé avec le degré d'adhésion aux valeurs de l'organisation sociale. Ce n'est pas un hasard aussi si, même dans le domaine du management des performances d'entreprises, il est devenu courant de dire : les valeurs font l'organisation.

Etant donné que les économies dissidentes demandent de la proximité et de l'accompagnement sans imposition, il est utile de convoquer la théorie du site quant à l'énigme de la proximité (Zaoual, 2003). Celle-ci, mise en perspective dans cette grille de lecture laisse entrevoir son caractère insaisissable. A y regarder de près, la proximité est indétectable sans la prise en compte du site qui la signifie de manière invisible. Souvent, dans les relations d'échanges, on dit au Maroc, « *tu es des nôtres* ». Chez les Soussis, Berbères du Sud marocain, c'est même l'expression « *tu nous appartiens* » qui revient le plus souvent. Cette formule quotidienne et confrérique dont seul Dieu connaît la comptabilité de la fréquence, traduit une reconnaissance d'appartenance qui facilite la confiance, la communication, l'échange, etc. Chacun situe et se situe en recherchant perpétuellement le « *point focal* » de la rencontre. Ce qui veut dire en clair que c'est la convergence dans le monde symbolique qui institue une proximité. De cette façon, la proximité est, à chaque fois, située. C'est donc un processus d'ajustement subtil dans lequel se mêlent des appartenances de nature multiple (quartier, tribu, ethnie, métier, ville, village, milieu social, etc.). L'individu de par la richesse de ses relations, son capital social, est, dans les faits, doté d'une proximité multimodale ajustable dynamiquement en fonction de l'irruption des situations. Dans ce sens, l'*homo situs* est un acrobate de l'imaginaire. Il est moins simpliste que l'homme tel qu'il est défini par la science économique officielle. L'acteur n'est pas un idiot culturel nous dit l'ethno-méthodologie américaine. Il sait ce qu'il fait. Dans cette même lignée d'idées, l'*homo œconomicus* paraît vulgaire tandis que l'*homo situs* serait, lorsqu'il sauvegarde ses valeurs, relationnel et convivial. Cette civilité est au cœur des sites humains non encore déboussolés par la globalisation.

## CONCLUSION

En résumé, pour avancer dans la compréhension des économies encore bizarres pour la science normale en économie, il devient impératif d'accepter le pluralisme au plan de la théorie et des pratiques. Ce qui est synonyme d'une tolérance. En effet, l'arrogance du modèle unique conduit inéluctablement à l'ignorance. La connaissance rapprochée présuppose la reconnaissance, donc une interculturalité en acte. Ainsi, la diversité nous dicte un changement radical dans nos mentalités conceptuelles et pratiques. Dans ce contexte critique, nous serons amenés à déglobaliser la globalisation pour mieux s'approcher des espaces vécus des humains. Cette épistémologie non agressive présuppose l'écoute et la proximité de l'homme, cet homme de la situation. Compte tenu encore de la grande diversité de notre monde, il devient impératif d'adopter pour le futur le paradigme d'une civilisation de la diversité mobilisant la créativité de tous indépendamment de tout modèle culturel hiérarchique. C'est cette perspective qui assurerait un rôle opérationnel à une économie de la diversité où toutes les formes de vie économiques seront admises. Ce qui serait un grand pas dans la résolution des anomalies sociales et écologiques de la globalisation éphémère.

# Chapitre 9

## LE CHEMINEMENT DE LA PHILOSOPHIE DES SITES : DE LA TECHNIQUE A L'ETHIQUE :

*« Seules les sociétés traditionnelles, profondément ancrées dans leurs univers culturels, parviennent à penser les procédures d'influence dans toute leur complexité, mais elles le font dans le cadre d'une pensée d'une densité inouïe, très difficilement traduisible en termes d'une logique scientifique qui doit le décomposer en particules élémentaires avant de traiter son objet. »*

**Tobie Nathan** 1994, p. 28

## INTRODUCTION

Cet article[1] retrace la trajectoire d'une recherche qui prend son point de départ dans le domaine de l'économie du développement pour arriver à des considérations éthiques sur les phénomènes économiques. L'auteur prend appui entre autres sur la technologie pour montrer que l'évolution économique est irréductible à un simple transfert de connaissances matérialisées ou non d'une contrée à une autre. A ce sujet, les relations Nord-Sud en la matière sont une illustration des limites des conceptions technocratiques précipitées. Les mêmes conclusions peuvent être généralisées à tout projet ou modèle de développement. C'est ce que restitue la première partie de sa démonstration. En seconde phase, la consolidation de son raisonnement sur l'importance des facteurs culturels et institutionnels que la vieille économie du développement avait négligée est illustrée par le caractère intégré de la civilisation économique du capitalisme. Ainsi, il met en évidence les relations cachées qu'entretient ce système avec la culture et la volonté de puissance qui ont présidé à sa naissance et à son développement. Fort de cette interactivité des multiples dimensions de la vie économique du capitalisme, il souligne les

---

[1] Ce texte a fait l'objet d'une communication aux Rencontres de Fès, *A soul for globalization*, Colloquium of Fez, The 8th Annual Fez Festival of World Sacred Music May 31-June 8, 2002.

incomplétudes de la pensée globale et la fragilisation des économies et des sociétés qu'elle impose par son penchant uniformisant. Ce qui l'amène, enfin, dans la phase finale du mouvement de ce texte à exposer la théorie des sites, qui, elle, contrairement au réductionnisme de la pensée globale, réhabilite la multiplicité et l'importance de la diversité dans la vie économique.

# 1. TRAJECTOIRE D'UN SAVOIR : DE LA TECHNOLOGIE A LA « SITOLOGIE »

## 1.1. Auto-portrait d'un itinéraire

Ce texte est un essai de résumé des principales conclusions auxquelles nous sommes arrivés momentanément après une vingtaine d'années de recherche économique au Maroc et en Europe. Pour mémoire, si aujourd'hui, l'auteur défend la « *sitologie* », une sorte de science interculturelle de l'économie, sa première thèse de doctorat, soutenue en 1980, portait sur la technologie et ses modes de transferts vers les pays définis, *a priori* et au départ, comme pauvres. Un tel sujet s'intégrait tout naturellement à l'euphorie du développement de l'époque. Les conceptions mécanistes, progressistes ou non, quant à l'évolution des sociétés humaines dominaient la scène intellectuelle et politique. Malgré ce conditionnement des années 60-70, cette recherche aboutissait, déjà, à des conclusions nuancées quant au caractère déterminant de l'économie et de la technologie dans le changement sociétal.

En effet, l'exploration du monde de la technique laisse entrevoir de nombreuses énigmes. La pratique des usines clefs en mains, au travers de nombreuses expériences, montre que la technique et ses performances apparentes ne s'acquièrent pas par un simple transfert matériel de machines et d'équipements. Dans le contexte de l'après-indépendance, le fétichisme de l'industrialisation avait fonctionné comme une croyance à laquelle ni le marxisme ni le libéralisme n'ont échappé. D'ailleurs, les conceptions d'inspiration marxiste avaient même amplifié, à l'époque, ce penchant en raison de l'influence du modèle soviétique. L'Algérie nous fournit un triste exemple des méfaits de la bureaucratie et de la pratique des usines « *clefs en tête et clefs en main* ». Les « *paquets technologiques* » ont agi concrètement comme des missiles de destruction sociale et culturelle. De là surgit un désarmement culturel accompagné d'un chaos économique et d'un déracinement collectif dont les conséquences continuent de nourrir la tragique actualité de ce pays. Au bout du compte, le modèle des industries industrialisantes adopté n'a pas conduit à l'enracinement et au développement d'une économie innovante et diversifiée. Il a même accentué sa dépendance vis-à-vis des hydrocarbures, fruit du travail de la nature ! Comme tout organisme vivant, une économie hyperspécialisée sans créativité endogène fragilise ses capacités d'adaptation au changement et aux incertitudes.

Dans une moindre mesure, de nombreux pays du Sud ont été le théâtre de cette chirurgie que les élites ont appliquée aveuglément. Ce n'est pas un hasard s'il est courant dans la littérature sur le développement de parler des « *éléphants blancs* ». Dans la majeure partie des cas, le développement s'apparente, en effet, à une « *carrosserie sans moteurs* » qui rouille sous les tropiques. Dans un langage plus scientifique, les projets et les modèles choisis n'affichent pas les performances économiques escomptées. La technologie y devient même une simple tête chercheuse de marchés au profit des grandes sociétés d'engineering et des firmes multinationales sans oublier les « *dessous de table* » pour les élites nationales, un véritable banquet qui a tourné « *aux mille et une nuits du développement* ». On dépense plus que l'on ne pense et le pays devient une panse !

Or, l'expérience montre que toute technologie achetée, sans discernement, induit toute une série de marchés captifs (étude, formation, équipements, machines, voire matières premières) qui emprisonnent le milieu récepteur dans une logique cumulative d'importation. En l'absence d'effort d'innovation, tout emprunt devient, souvent, une emprise. Faute d'un effort de maîtrise locale, la dépendance technologique s'auto-entretient et le développement industriel devient un objet consommable que cachent des indicateurs macroéconomiques comme l'investissement national. Ce mécanisme inhibe les capacités de régénération des milieux locaux. Ce qui les empêche de faire leur propre expérience d'apprentissage. Tout se passe ainsi comme si les transferts de connaissances matérialisées ou non entretenaient l'ignorance et l'incompétence, par mimétisme interposé.

Dans la pratique, tout indique que la technologie et le développement dans son ensemble ne sont pas des marchandises quelconques que l'on peut acquérir sans un effort d'innovation. C'est ce qui explique que les pays du Sud ont, souvent une « *technocratie sans technologie* » au sens d'une incapacité à maîtriser, à assimiler et à dépasser les apports externes. Ici, l'occidentalisation se réduit à une consommation de signes techniques. Comme par enchantement, les biens de production deviennent aussi des biens de consommation ! Les capacités génératrices de l'investissement s'en trouvent neutralisées. Dans ces circonstances, le rôle de l'élite devient celui d'une *élite stérile dévoreuse de rente*. Cette inefficacité est entretenue par le blocage de la circulation politique des élites. Seules la productivité, l'inventivité et l'éthique de l'engagement mesurent l'existence d'une véritable élite. En leur absence, c'est une économie et une société de rente qui s'instituent comme modèle social du haut vers la base (Zaoual, 1999). Toute économie en développement, dans ces conditions, devient une économie d'importation !

D'ailleurs, c'est ce qui se produit dans la réalité dans la mesure où l'économie formelle des pays « *pauvres* » s'apparente à un simple marché pour les grandes puissances économiques de ce monde. Ce qui renforce le pouvoir d'innovation et de conception des plus puissants. Au Nord, l'innovation, au Sud, la destruction. Cette économie formelle qu'alimentent les pratiques du développement tire son financement des ressources naturelles, des cultures de rente, de l'aide internationale et des prêts internationaux. Elle impulse peu d'activités à forte valeur ajoutée dans les critères du marché mondial. Ce qui contribue à la rendre prisonnière des marchés mondiaux des produits de faible intelligence. Ainsi en restant dans la conception même du paradigme du développement, le capitalisme innovant au sens de Schumpeter se retrouve à la périphérie de la société qui surgit des décombres du développement. Tout rentre sauf la compétence. Tout se passe comme si l'incompétence était programmée pour maintenir les peuples du Sud à la fois en dehors de leur histoire et en dehors du dynamisme si ambigu qu'il soit du capitalisme.

En somme, les modes et modèles décrits ici détruisent les capacités d'innovation locales sans leur substituer la culture d'innovation censée être entraînée par les transferts massifs du Nord vers le Sud (technologie, équipements, machines, outils, mode d'organisation et de management, etc.). De ce point de vue les projets deviennent des « *projectiles que l'on tire sur des populations-cibles* ». Il s'agit donc d'une véritable guerre contre leurs modes de vie et leurs identités, leurs capacités à créer leur propre devenir, en somme, contre l'autonomie de leurs sites symboliques. Les prétextes de cette guerre « *invisible* » sont légion : sous-développement, économie de subsistance, pauvreté, démographie, démocratie, progrès, liberté, droits de l'homme, etc. C'est ainsi que l'empire technocratique s'est accaparé la vision de leur avenir en occultant leurs richesses culturelles, historiques et même économiques à partir desquelles il fallait redéfinir les situations et évoluer graduellement avec un regard critique des traditions et du changement qu'impose l'évolution. Ce déficit de pensée autonome explique le fait que tout développement parachuté (Zaoual, 2000) se transforme en débouché, donc en un endettement de l'économie nationale. La description du cercle vicieux du développement comme économie de rente dans le contexte africain ainsi que la nécessité d'une pensée économique métisse pour ce continent sont exposés dans un article (Zaoual, 1998).

## 1.2. L'inertie du formel et la vitalité de l'informel : un paradoxe moteur

Le paradoxe qui a stimulé nos recherches interdisciplinaires et interculturelles sur le développement et la mondialisation réside dans le fait que les économies officielles, aidées, financées et conçues du dehors, ont échoué dans leurs propres finalités tandis que les économies dites informelles qui sont le fait des acteurs exclus du « *développement gratuit* » des économies officielles, affichent un dynamisme débordant (Zaoual 1992). La majeure partie des populations du Sud vit de l'informel.

Ces activités prolifèrent sur des échelles microscopiques. Elles génèrent des emplois, des revenus et sont le théâtre d'innovations endogènes sans l'aide des universités et des centres de recherches que l'on peut comparer à des cimetières scientifiques puisque tout est conçu par des acteurs extérieurs aux pays concernés. La devise des développeurs occidentaux ou apparentés peut se résumer de la manière suivante: ne pensez pas, nous le faisons pour vous, payez ! Ainsi, dans les pays du tiers monde, il n'y a jamais eu de véritable cogito sur le logos occidental.

Contrairement aux pratiques du développement, les microdynamismes de l'économie dite informelle fonctionnent de manière enracinée dans les milieux locaux. Ils opèrent des recombinaisons entre une modernité qui leur arrive en miettes via l'économie formelle et les traditions locales. Dans ces conditions, l'absence de la clef en main incite à l'innovation. Si l'économie formelle, celle des docteurs en développement, dévore et défait les « *paquets du développement* » venus du dehors (paquets-cadeaux d'Occident), l'économie informelle, à distance et sous contrainte de créativité, fait preuve d'une grande ingéniosité. Comme le formule le professeur S. Latouche, dans ces univers informels, on est « *ingénieux sans être ingénieur* ». Les rationalités à l'œuvre dans les microsociétés et les économies informelles renvoient à d'autres impératifs que ceux du modèle économique admis. Elles conjuguent des données communautaires, historiques et culturelles qui les rendent indéchiffrables par les catégories et les lois économiques du grand capitalisme.

Dans les contrées du Sud, voire même maintenant dans les pays du Nord, ces formes de vie économique dissidentes (Zaoual, 2002) au modèle standard deviennent un refuge grandissant pour de nombreuses populations que la mondialisation marginalise. Ainsi, la permanence et le renforcement de l'économie « *informelle* » dans les pays du Sud ne sont qu'une des figures de la faillite du discours économique admis. Ce qui préfigure la nécessité d'un pluralisme économique.

L'intérêt croissant porté au développement local, à l'économie sociale et solidaire et à de nombreuses pratiques économiques hybrides dans les pays qui servaient de modèle constitue en lui-même une distorsion et un démenti à la capacité de l'économie de marché à résoudre les problèmes de pauvreté, de misère, d'exclusion et d'emploi. Ces pratiques émergent dans un contexte perturbé dont profitent, aujourd'hui, d'autres mouvements comme celui du racisme et du fascisme[2].

Ces conclusions de recherche nous ont amené à tenter de redéfinir une perspective d'investigation plus large des processus économiques. Reliant la réflexion à l'action à travers le monde des ONG, nous avons acquis la conviction que les interactions cultures/économie (Zaoual, 1990, 1992) sont d'une grande importance quant à l'élucidation des énigmes du développement et de la mondialisation. A part le démantèlement des protections douanières et du secteur public, rien ne distingue, en profondeur, le développement des années 60-70 et la mondialisation des années 80-90. C'est toujours la même conception qui les inspire au point que la seconde n'est que la « *grande sœur jumelle* » du premier. La crise du paradigme du développement (Zaoual, 1984, 1989) a été vite masquée par le discours de la globalisation. Ce changement de langage a donné un certain répit à l'économisme. Aujourd'hui, cette régulation idéologique a épuisé ses effets et c'est une grande désillusion qui s'affiche devant nos yeux.

En somme, comme le développement, la mondialisation est, aujourd'hui, aussi une vieille idée obsolète. Malgré les prouesses technologiques qui l'ont accompagnée, elle s'est usée rapidement au contact des faits observables. Elle ne s'est pas accompagnée ni par un réel accroissement du niveau de vie pour l'ensemble des peuples de la planète ni par une plus grande justice au plan des relations internationales. La pauvreté s'est accentuée, les crises d'identité ont proliféré avec les génocides et les guerres. En profondeur, l'ensemble de l'édifice mondial est le théâtre d'un désordre indescriptible. Et, c'est la loi du plus fort qui semble s'imposer de plus en plus. Ce dont profitent les grandes puissances

[2] Ce type de totalitarisme se nourrit de la décadence sociale du capitalisme. A chacune de ses grandes crises, s'affiche la nécessité de son alternative, en son absence, la barbarie est au bout du chemin. Comme l'écrit, en 1986, Pierre-André Taguieff : « le thème décadentiel est désormais installé dans l'imaginaire social, il est l'objet d'une forte demande idéologique » Cf. Pierre-André Taguieff, « Notes sur le retour de la décadence. L'individualisme post-moderniste comme décor », *Les temps modernes*, mars 1986, n°476, p. 187.

sans contre-pouvoir pour imposer leur diktat sur les institutions économiques et politiques des Nations unies.

# 2. LA CIVILISATION ECONOMIQUE DU CAPITALISME : UN TOUT INTEGRE EN VOIE D'EPUISEMENT

## 2.1. La myopie globale de la pensée globale

Dans la civilisation du capitalisme, tout se tient. Contrairement aux croyances scientifiques des économistes, la société du capital est irréductible à un simple système technique ou même un système économique (Latouche, 1986). C'est un imaginaire conquérant sur l'homme et la nature. Celle-ci, comme d'ailleurs l'homme, est perçue comme un réservoir d'énergie maîtrisable et exploitable sans limite. C'est le mythe de la maîtrise qui a nourri jusqu'à ce début de siècle les sciences, les technologies et le capitalisme qui les stimule et les conjugue.

L'imaginaire sur lequel s'est construit le capitalisme n'a pas d'âme. En effet, la société qui en découle se veut, en théorie, rationnelle, scientifique et technique. C'est tout le contraire d'une société qui glorifierait des valeurs humaines et religieuses même si elle en mobilise certaines pour ses propres fins. A y regarder de près, le capitalisme a sa propre définition de l'homme. C'est l'*homo œconomicus*, un être individualiste, égoïste et calculateur. Dans cette perspective, l'homme concret est réduit à un ensemble d'instincts qui fait de lui un être sans biographie. Désincarné, l'*homo œconomicus* est supposé être à la recherche, exclusivement, de son intérêt que façonne une société qui crée, constamment, des besoins infinis au service du profit. Le système fonctionne « *par frustration et par manque* » que son marketing gère subtilement. Il séduit et détruit. Il sélectionne les élus et illusionne les perdants, et ils sont nombreux, pour maintenir ses valeurs efficaces et sa légitimité. D'ailleurs, toute innovation crée à la fois de la richesse et de la pauvreté car son accès est sélectif même si le couple production/consommation de masse peut, dans certaines circonstances, s'en emparer à terme jusqu'à saturation du marché, ainsi de suite.

Dans cette vision du monde, le comportement de l'*homo œconomicus* est supposé rationnel par le paradigme de la société de marché au prix même de la destruction de l'*autre* et de la nature. Ainsi, fondamentalement, le capitalisme glorifie l'égoïsme, la concurrence et la marchandisation du monde. Il faut, donc, appeler un chat un chat : le capitalisme a une essence darwinienne. La mondialisation repose sur une vision qui postule que sa généralisation et son approfondissement à l'échelle planétaire sont possibles. De telles vision et pratiques conduisent inéluctablement à la guerre de tous contre tous, source de toutes les insécurités qui ont cours aujourd'hui.

Dans ces circonstances, chaque innovation se nourrit et nourrit sa conception du monde. Comme l'écrit Wolfgang Sachs: « *Chaque nouveauté technique est plus qu'un moyen; elle est une puissance culturelle* » (Wolfgang Sachs et Gustavo Esteva, p. 35, 1996). Le processus de la destruction créatrice décrit par Joseph Schumpeter va, donc, au-delà du domaine économique. Il bouleverse des modes de vie, des identités et les conceptions du monde. La technique exalte le sentiment de puissance et de jouissance. C'est ce qui fait sa force et celle du système qu'elle irrigue continuellement par ses prouesses. Tout ceci est, à la fois, un mode de vie, un marché, un mode d'exercice du pouvoir et du savoir, bref, une manière d'être et de faire. En fait, le capitalisme est toute une « culture », celle de la société de marché, en fait, une « *anticulture* » (formule de Serge Latouche, 1991, 1995) puisqu'elle ne considère comme vrai que les « *valeurs efficaces* » au sens du profit et de l'utilitarisme.

Par conséquent, les séparations que l'on opère mécaniquement entre ces différents niveaux (économie, marché, savoir, pouvoir, organisation, société, identité culturelle, etc.) de réalité sont artificielles et masquent les enjeux et les risques que fait courir le système à la société tout entière. N'oublions pas que la conception de base du système capitaliste qui est au cœur de la mondialisation est le profit comme projet de société[3]. Cette valeur

[3] En ce sens, on oublie souvent cette évidence, l'économie de marché n'a pas pour

suprême conditionne et entraîne, à sa suite, tout le reste des mécanismes de la vie économique et de la société en général. La « *sainte alliance* » du capitalisme avec la science, la technique et le marché nous fournit un exemple de symbiose de cette culture du profit et de la puissance. Le processus de découverte scientifique, l'adoption de ces résultats et la manière de les appliquer sont, en dernière instance, motivés et filtrés par sa rationalité. Toute innovation n'est adoptée ou simplement entamée que si elle conduit à un marché, rapporte du profit et renforce le contrôle du système sur l'homme et la nature[4]. Dans ces circonstances, la modernité, après avoir libéré l'homme des anciens systèmes, l'aliène et le détruit de par ses excès contemporains.

En définitive, l'outil est inséparable du concept et du concept de la conception du monde, ici celle de la civilisation économique du capitalisme. L'hégémonie de l'utilitarisme et, de manière plus globale, celle de l'économique font croire que l'outil est l'outil. Ce qui fait asseoir l'illusion d'une autonomie de la technique et par extension celle de la sphère économique. Ce *matérialisme vulgaire* est au cœur de la mondialisation. Sa déconstruction consiste à montrer qu'il échoue, le plus souvent, dans ses propres critères et que ce qui réussit dans les faits c'est ce qui se combine, le plus souvent, d'une autre manière que celle que présuppose l'expertise du système. En la matière, le « *parcellisme* » de la réalité humaine produit des illusions scientifiques. Aucune parcelle de la condition humaine n'est, en réalité, indépendante des autres. Tout est enchevêtré.

---

but de créer de l'emploi ou de lutter contre la misère. L'emploi n'en est qu'une conséquence de plus en plus aléatoire comme nous le démontrons dans un texte intitulé : « Le mythe de l'emploi dans une économie de compétition ». Chapitre V, in Granier Roland, 2000, (sous la dir.), *Culture et comportements économiques*, Presses Universitaires de Marseille, pp. 67-90.

[4] Cette hégémonie réduit l'espace du pluralisme dans le domaine des sciences et, de manière plus générale, dans celui de la pensée humaine. Sans avoir découvert la manière de découvrir, le système tend à planifier la découverte sur la base de ses propres critères de vérité. Or, les grandes découvertes ont été souvent le produit d'une erreur ou d'une curiosité incalculable, la passion. Ce n'est qu'après ce constat que l'idée même de « *l'erreur féconde* » a été admise timidement dans le domaine de l'histoire des sciences et de la psychologie de la découverte scientifique. Pas de voie royale au savoir !

Dans la pratique des hommes, le compromis, la complexité, l'inter-indépendance, la pluralité, la multiplicité, etc., constituent la règle contrairement au simplisme des sciences de l'Homme, en premier lieu l'économie, qui inspirent, de loin ou de près, les gouvernements. Il s'agit, en fait, d'univers complexes dont l'autonomie se reconstitue au travers d'un magma d'actions et de réactions qui puisent leur sens dans toutes les profondeurs des situations vécues par les populations. Ce qui en sort est le plus souvent rebelle aux prévisions de l'expertise. Le développement et la mondialisation économique nous fournissent de multiples exemples de cette défaillance que continuent à nier les tenants de l'économisme. Une théorie dont les prédictions ne se vérifient pas dans les faits est vouée, tôt ou tard, à la destruction et à sa suite, l'ensemble des institutions qu'elle légitime. De l'avis même de Joseph E. Stiglitz (2001), Prix Nobel d'économie, ancien vice-président de la Banque mondiale, dans son ouvrage intitulé La grande désillusion, écrit : « *Aujourd'hui, la mondialisation ne marche pas* ».

La *crise des sciences européennes* a, déjà, signé la fin du déterminisme et de la linéarité. L'incertitude s'est engouffrée dans les moindres failles et entrailles de la grande idéologie du progrès productiviste. Les risques de tout ordre menacent, aujourd'hui, en profondeur les valeurs et les certitudes de la modernité dans son ensemble. Le mythe de la maîtrise semble se fracasser contre les mystères de la nature et l'épuisement du « bonheur » réduit aux acquis matériels de la société industrielle et concurrentielle. Toutes les idéologies qui y trouvaient des légitimités mobilisatrices, comme le libéralisme et le socialisme, sont mortes. Leur maintien n'est que « *momie* » face au désarroi civilisationnel auquel nous assistons directement. Cette faillite profite à des mouvements sociaux désordonnés dont le fascisme en Occident constitue un des premiers grands dangers. A la pureté du marché comme projet de société, il oppose une pureté identitaire meurtrière, encore une forme de pensée et une pratique uniformes. Sa force réside dans sa capacité à manipuler[5] des mythes et à produire du sens, des

---

[5] Cf. Edgar Morin : « La fausse identité nationale », *Le Monde des livres*, vendredi 3 mai, p. VII, 2002 Le point de vue de l'auteur converge vers l'idée de la

dimensions laissées pour compte par les comptables du capitalisme et de la société dite ouverte. Totalitaire, la pensée unique fait ainsi le lit des uniformes!, d'autres totalitarismes. On en revient à la vieille formule, en l'absence, dans les pays dits civilisés, d'une alternative au capitalisme, c'est la barbarie. A quoi répondent au Sud, l'ethnicisme et d'autres formes d'intégrisme. Or, qui cherche la pureté trouvera de la destruction !

## 2.2. Vers une pensée de la diversité: la victoire du multiple sur l'unique

Les tendances uniformisantes ici décrites conduisent à une erreur sur la nature humaine. Elles découlent directement du paradigme panéconomique et techniciste du modernisme. Son tort est de ne pas respecter la diversité et la pluralité de la condition humaine. Du haut, le technocratisme impose des changements et des évolutions qui excluent la participation concrète des « *gens de la base* » et leurs investissements symboliques et pratiques. Les hommes ont besoin d'utopies longuement méditées à partir de leurs propres contextes. Les racines de l'avenir présupposent respect, pluralité, variété, proximité et localité.

Dans tout projet de société et d'économie, petit ou grand, il faut apprendre à reconnaître pour mieux se connaître et connaître. Cette condition est nécessaire pour la construction d'un *sens commun* autour d'un changement. Dans chaque contrée de la planète, la sauvegarde d'une identité ouverte est donc capitale pour toute efficacité. De même le caractère cumulatif de celle-ci conduit à la nécessité d'une mémoire collective[6]. La mémoire est source

---

nécessité d'une nouvelle vision des problèmes de l'humanité contemporaine. Incapables de lire autrement la mondialisation et de prendre en compte le besoin d'attachement des hommes, les élites occidentales continuent de gérer un ordre économique déconnecté des angoisses, des frustrations et des misères humaines que la mondialisation libérale entraîne dans son sillage. Face à cela, pour Edgar Morin, une politique de civilisation s'impose d'elle-même dans le cadre d'une mondialisation plus humaine. Ce qui rejoint notre idée de civilisation de la diversité et de métissage capable de contenir les risques inhérents à un système global uniformisant, donc, à terme, explosif.

[6] Cf. *Dossier Gestion des connaissances*, in *Les échos du management*, mardi 30

d'un savoir cumulatif, sans sa prise en compte, toute mesure purement technique crée des ruptures incontrôlables et aboutit à des échecs irréversibles. Dans ces processus, d'innombrables pertes à la fois culturelles, écologiques, sociales et même économiques sont légion. Des savoir-faire populaires susceptibles d'être sauvegardés et améliorés dans le cadre d'une vision réfléchie disparaissent au nom d'un progrès matériel aveugle et fugitif.

Le caractère précipité des conceptions techniciste et économique est, donc, un danger mortel pour l'humanité. Leur scientisme imprègne profondément le paradigme qui sert de référence cognitive au développement et à la mondialisation. Comme par enchantement, toute la grande variété de notre monde y disparaît en laissant la place à un simplisme stupéfiant. Le penchant généralisant de la pensée instrumentale aidant, la vision qui s'institue ainsi dessine un monde pur, uniforme, ordonné, contrôlable, maîtrisable, etc. Cette auto-satisfaction de la pensée classificatoire renforce l'arrogance de la technoscience et de l'expertise économique. De cette façon, la pensée unique devient une industrie de l'uniforme. Elle se voit et voit le même partout. Elle ne reconnaît que les siens. Son hégémonie lamine la diversité des pratiques et des visions du monde. Elle tue ainsi l'esprit critique, véritable carburant d'une civilisation de la diversité.

En conséquence, la destruction du pluralisme finit par se retourner contre la société qui se voit programmée, muselée et écartée du débat. C'est la dépossession. Cette réduction des possibles au nom de la liberté et de l'efficacité, définie unilatéralement, est synonyme d'une destruction des libertés concrètes. La civilisation économique se targue d'être une société ouverte. En réalité, elle est fermée vis-à-vis des visions qui cherchent à corriger les dysfonctionnements de sa *démocratie confisquée* ou à trouver une alternative au projet du capitalisme. Ce qui revient, d'ailleurs, au même. La société ouverte (formule de Karl Popper) trouve sa fermeture dans la prééminence de la doctrine économique du marché et de la bureaucratie sur la variété de la société. L'économisme est le fossoyeur de l'Occident qui ne sait plus fabriquer de l'humain. Les sociétés occidentales ne sont

---

septembre 1997, pp. 45-48.

plus « *capables de fabriquer le type d'individu nécessaire à leur fonctionnement continu* », nous dit Cornélius Castoriadis (1982, p.139). Elles ne contrôlent plus le « *processus explosif* » (Jean Baudrillard, 1978, p. 139, cité par Taguieff, op. cit. p. 190) qui les a générées[7]. Une société réduite à l'économie n'est plus une société. La vie d'une société c'est son projet social et son absence c'est sa mort. Sa dislocation commence par la destruction des institutions comme la famille, la culture et l'éducation. Le bien, entendu comme bien économique, ne garantit pas le lien social. L'économisme vide la société de ses substances et la rend, à terme, incapable de s'auto-instituer. Or, « *il ne peut y avoir de société* », écrit C. Castoriadis (1982, p. 141), « *qui ne soit pas quelque chose pour elle-même; qui ne se représente pas comme étant quelque chose* ».

Tout ce qui découle du développement et de la mondialisation répond parfaitement à ces mécanismes invisibles qui mêlent le réel et l'imaginaire. Créer un réel c'est aussi l'imaginer et le façonner à la mesure de sa culture. On ne peut les séparer ni du côté des adeptes de la civilisation économique du capitalisme ni du côté de ceux qui cherchent ou pratiquent, consciemment ou inconsciemment, d'autres formes de vie en société. Ce qui fonde le caractère prophétique des économies et des sociétés et dévoile du même coup le fait que les lois économiques sont aussi des constructions sociales relatives. « *Elles ne sont valables que si l'on y croit* », nous dit, dans *Scientisme et sciences sociales*, F. Hayek (1953), Prix Nobel d'économie.

La littérature managériale d'aujourd'hui, démontre aussi que le modèle unique est une fiction au regard des contingences de chaque organisation humaine (Issiaka-Prosper Laleyê, Henry Panhuys, Thierry Verhelst, Hassan Zaoual, sous la dir., 1996). Cette perspective est à rapprocher de celle des travaux du groupe de Philippe d'Iribarne (2000, 2003). Même pour imiter, il faut innover et innover sur la base des pratiques locales[8]. Ici, la

---

[7] Cf. Jean Baudrillard, *Cahiers d'Utopie* n°4, p. 88, 1978, cité par Taguieff, op. cit., p.203.

[8] *Nia et Nokia*. De ces deux termes naît une problématique qui illustre le conflit entre les sites et la mondialisation. Dans l'univers des relations endogènes du

recherche sur site devient incontournable. Ce retour à la case de départ met au premier plan les us et coutumes de chaque contexte humain[9]. Ce qui valide du même coup la force des croyances pratiques de chaque site dans le façonnement des réalités et des performances de ses organisations quelles qu'elles soient. De cette façon, le savoir d'un territoire devient le moteur de sa trajectoire (H. Zaoual, 1998). A ce niveau de réalité, nous sommes loin des idéalités sur lesquelles fonctionne et se pratique le discours dominant dont le caractère globalisant est sans égal. C'est l'esprit *Nokia*.

Vu d'en bas, la diversité de situations l'emporte de loin sur la fiction de l'uniformisation (H. Panhuys et H. Zaoual, 2000, sous la dir.). Ce qui fait resurgir le besoin de se situer par rapport à des singularités locales et à l'universalité. C'est le site symbolique d'appartenance, au-delà de l'espace-temps, qui fournit l'ancrage à la personne et la synthèse entre les singularités propres à sa vision du

---

Maroc profond, *nia* signifie faire confiance dans l'avenir, faire confiance en soi et en l'autre dans toute entreprise. Elle est aussi de l'ordre du divin. Ici, les valeurs locales incitent à l'engagement non calculé face au risque car celui-ci est supposé non maîtrisable. Cette économie de la *nia* est l'expression d'un site symbolique d'appartenance qui gère, à sa manière, l'épineux problème de l'incertitude. Dans ces circonstances, la *nia* devient un moteur symbolique du dynamisme économique dans la mesure où elle diffuse des croyances motivantes face au risque. Par certains aspects, *nia* est un repère symbolique de l'esprit entrepreneurial local négligé par les managers imitateurs de modèles rationnels importés sans discernement. Face à l'éthique de *nia*, *nokia*, symbole d'une mondialisation déferlante, est à la fois une marque de téléphone portable et la marque d'une maîtrise du temps et de l'espace. Certes, instantanément, l'objet technique *nokia* met en relation deux individus situés dans des espaces différents. Allô où es-tu ? Et toi ? sont des expressions que l'on entend à la moindre sonnerie des portables. Elles sont révélatrices de cette capacité qu'a la technique de détruire les obstacles des espaces-temps. Le réseau socio-technique devient plus important que l'espace physique. Cependant, dans le même mouvement, la technique est dans l'incapacité de sonder et de franchir le mur des cultures et des espaces vécus, en somme, la grande diversité concrète des conceptions du monde. Contrairement au déterminisme technique, la planète est irréductible à un village électronique!

[9] Voir, par exemple, une des rares traductions de la théorie des sites en langue arabe : « La Nouvelle Economie Située », Traduction du français en langue arabe par l'organisation internationale non gouvernementale El Taller dans un ouvrage paru en Tunisie, *Nouvelles visions et interventions en situation de développement*, pp. 240-287, Tunis, 1999.

monde et le changement technique ou autre qui arrive du dehors. De cette manière, toute innovation se retrouve située, donc réinterprétée dans certains cas, rejetée telle quelle. La technique sélectionne mais elle est aussi sélectionnée.

Ainsi les mécanismes d'évolution et d'adoption du changement et de l'innovation ne sont pas uniformes. Ils changent au gré des sites et de la dynamique de ces derniers. Ce qui est un défi insurmontable pour les pensées globalisantes. La portée des approches interculturelles en matière de management montre, aujourd'hui, l'importance de la flexibilité conceptuelle et pratique dans la manière de gérer et de conduire les organisations humaines (H. Zaoual, 2002).

En somme, les alternatives au capitalisme et à la mondialisation au Nord comme au Sud doivent redéfinir l'homme dans son universalité mais aussi dans sa diversité. Ce défi suppose un décloisonnement des sciences sociales du capitalisme et un dialogue entre les cultures. C'est ce que propose la théorie de l'*homo situs* ici exposée.

## 3. LES PREMIERS SIGNES DE LA VOIE DE LA SAGESSE ET DE LA RECONNAISSANCE

### 3.1. Le parti pris des sites

Si le capitalisme a sa propre définition de l'homme, les alternatives à ce système qui a épuisé son potentiel d'évolution au plan de la société et de l'écologie ont le devoir moral de discuter de l'éthique avant la technique et la politique. Tant qu'elles resteront prisonnières des définitions et des visions de l'homme et de la société que ce système a façonnées, elles ne transcenderont pas son paradigme du progrès. Tous les concepts que nous utilisons portent l'imprégnation de la civilisation économique du capital. Dans certains textes, nous soulignons toutes les ambiguïtés que véhicule le vocabulaire proliférant des alternatives qui se cherchent[10]. Il ne suffit pas d'adjoindre des qualificatifs du genre local, durable, social, solidaire, équitable, etc., à des catégories appartenant à son paradigme comme le développement, l'économie, le commerce, la démocratie, etc., pour découvrir une véritable vision paradigmatique de l'alternative aux pratiques de ce système. De plus, toutes ces conceptions et pratiques peuvent être récupérées et recyclées par les capacités d'adaptation dont fait preuve la civilisation économique. La « *bonne mine* » d'une notion aussi sympathique que le développement local ne doit pas nous subjuguer. La proximité pourquoi faire ? Sachant les interdépendances et les connexions que le système global a tissées, de nombreuses pratiques alternatives s'épuisent, donnent du répit ou font le jeu du système. Pour s'en sortir, il faut à la fois une nouvelle théorie générale et une démarche flexible capable d'intervenir à plusieurs échelles et valeurs à la fois. Et, elles sont innombrables. De ce point de vue, le concept de site est flexible, il peut épouser de multiples entités spatiales et organisationnelles : un village, une tribu, une communauté multiculturelle ou autre, une entreprise, une organisation quelconque, une profession, un métier, une ville, un quartier, une région, une nation, etc. Ce qui est essentiel, c'est ce qui réunit des hommes à telle ou telle échelle autour d'un sens et d'un système de croyances qui les motivent et les coordonnent. Ici, le site varie avec le poste d'observation et la représentation impliquée des acteurs. C'est ce qui le rend insaisissable, donc difficile à définir une bonne fois pour toutes. La multiplicité est, donc, omniprésente dans le monde des sites.

Ainsi, la philosophie de cette théorie générale doit faire sienne le pluralisme au sens que toutes les visions et cultures du monde sont à admettre dans l'arène de la discussion. Cette interculturalité est une nécessité dans la construction d'une culture mondiale commune, celle du respect de la diversité. Penser le

---

[10] Cf. par exemple, « L'économie peut-elle être solidaire et plurielle ? » *Economic Research Forum,* Le Caire, 2001, 25 p. Publication du Centre International de Recherche sur les Economies arabes, turque et iranienne. http://www.erf.org.eg/database/paper.asp Publié aussi pour l'espace francophone dans la *Revue Némésis, Revue d'analyse politique et juridique*, n°3, 2001, Collection du centre d'analyse politique, Presses universitaires de Perpignan.

multiple multiplie à la fois l'ouverture féconde et l'enracinement sans racisme. Cette conjugaison a déjà cours dans les faits au travers des processus de métissages, il faut donc s'y adapter. Le monde étant, en réalité, mosaïque, le principe de diversité gagne en pertinence par rapport au principe d'uniformité. C'est, d'ailleurs, ce que postule, à sa racine, la vision pluraliste des sites. Dans le même mouvement, le principe d'ouverture dévoile que la singularité d'un site ne peut être maintenue et enrichie que par l'échange dans la différence. Cette nécessité écarte les dangers d'un *sitisme* ethnique, religieux ou autre. Ceci est d'autant plus vrai qu'aucune instance d'une quelconque organisation sociale n'est déterminante, en dernière instance. Si le site apparaît, effectivement, comme une entité collective que les hommes construisent au gré de leurs situations pour mieux se repérer et créer de la confiance nécessaire à leur vie quotidienne, il n'anéantit nullement leur autonomie relative. Le site substitue partout de « *l'organisation au hasard* ». En cela, il est un réducteur d'incertitude sans pour autant se fermer sur lui-même.

En définitive, le site ne peut aucunement être réduit à une simple « *machine sociale* » qui déterminerait totalement les comportements collectifs et même individuels. Dans sa nature même, le site est doué de flexibilité qui lui confère des capacités d'évolution et d'adaptation. Celles-ci le rendent ainsi dynamique. Le site est une sorte de façonneur-façonné. Ce qui écarte les limites de tout déterminisme (holisme, individualisme méthodologique, structuralisme, économisme, culturalisme, marxisme, libéralisme, etc.) y compris le sitisme, une lecture dogmatique du site.

D'innombrables sources et causes se conjuguent dans le monde des sites. Tout y est essentiel, de la spécificité des individus à leurs modes de cohésion collective en passant par l'influence de leurs passés, des environnements locaux, régionaux, nationaux et mondiaux. Ce qui appauvrit terriblement les approches scientifiques classiques dominées par la pensée réductionniste et classificatoire. C'est cette superposition qui rend les sites indéterminés dans leurs évolutions futures. Les couches tectoniques d'histoires, de cultures, d'influences, de situations, etc., s'enchevêtrent au plus profond des hommes, des institutions et des comportements des contrées considérées. Ces héritages constamment en décodage laissent entrevoir une plus grande richesse empirique des concepts de la théorie des sites comme celui de *l'homo situs* par rapport à ceux de *l'homo œconomicus*[11], *l'homo sociologicus* ou *l'homo politicus,* etc. La parcellisation de l'homme n'est plus de mise pour mieux comprendre sa rébellion face aux sciences sociales admises. Michel Crozier dirait : « *l'acteur bat le système* ». Comment alors suivre l'acteur dans ses moindres repaires si ce n'est à l'aide d'une approche qui conjuguerait simultanément de multiples dimensions en les situant à chaque fois dans leur contexte, c'est-à-dire le site? Ce dernier est un repère-repaire, il faut donc s'y engouffrer pour mieux suivre les dimensions cachées des pratiques. « *Comment aller fureter dans le tour d'esprit d'un autre peuple?* », nous dit C. Geertz[12].

Dans cette interactivité de la pensée de l'homme, les croyances sont omniprésentes dans les connaissances comme dans les comportements. Leur puissance dans le déroulement des faits d'économie et de société est telle que la théorie des sites n'a pas hésité à réduire le site à un système de croyances pratiques. Elle en fait même sa « *boîte noire* » qui a, pendant longtemps, échappé au rationalisme des sciences occidentales. Les pratiques des hommes, observées respectueusement, dévoilent bien que tout leur savoir social, leurs connaissances scientifiques (« *boîte conceptuelle du site* ») et comportements en sont imprégnés Ainsi, les ordinateurs les plus puissants ne sont pas arrivés à prévoir leurs réactions face à des mesures jugées *a priori* rationnelles même démocratiques et pertinentes pour leurs propres intérêts et leur vie en société. L'homme est irréductible à une équation ou un traitement de signes. Il faut donc s'en approcher avec une démarche plus humaine. En ce sens, on ne peut faire l'économie de l'éthique et des

---

[11] Cf. cet article dans lequel nous explicitons cette transition conceptuelle « De l'homo œconomicus à l'homo situs », pp. 83-100 in *Pratiques de la dissidence économique. Réseaux rebelles et créativité sociale*, sous la direction des Professeurs Yvonne Preiswerk et Fabrizio Sabelli *Les nouveaux cahiers de l'institut universitaire d'études du développement,* I.U.E.D. de Genève, Suisse, juin 1998.

[12] C. Geertz, *Savoir local, savoir global,* cité par Driss Mansouri in « Manifestations festives et expressions du Maghreb », p. 11, Prologues, Bulletin du livre sur le Maghreb n°1, avril-juin 1993.

croyances qui le font mouvoir en permanence[13] et le rendent ambivalent.

Nous sommes donc aux frontières de la science normale et au début de la *terra incognita* des sites comme espaces vécus mais non comme abstractions subies. Et, c'est là que le bon sens des réalités fait son apparition. Il est de l'ordre de l'intuition sur le sens que les hommes donnent à leur monde (hypothèse de l'intuition sitologique). Le site varie dans le temps et dans l'espace, ce qui rend l'approche graduelle et prudente, en question, raisonnable. Le monde des hommes se construit sur la base du site qui conjugue instantanément le passé et le changement[14]. Cette conjugaison d'ordre apparemment contradictoire engendre des « *alliages sociaux bizarres* » pour les pensées mécanistes. Pour les décrypter, il faut, donc, changer de lunettes conceptuelles car on n'observe et ne pense que ce que l'on croit, relativité des paradigmes oblige. Les théories et les modèles ne sont que des idéalités plus ou moins éloignées des réalités dans lesquelles ils ont été forgés. Les prendre comme « *argent comptant* » c'est se tromper d'espace, d'époques et de sens, donc de site. Les pays du Sud payent lourdement ces « *erreurs d'espaces* » (formule d'Amartya Sen, Prix Nobel d'économie).

Il faut, par conséquent, à chaque fois resituer le travail de la pensée par rapport aux croyances et pratiques réelles du contexte. C'est cette nécessité vitale que détruit l'uniformisation par toute vision qui se veut standard. La vie luxuriante des sites est à l'opposé de cette paresse de l'esprit humain. Il faut être ouvert tout en étant à la racine des pratiques locales pour que le local ne soit pas phagocyté par le prêt-à-penser global. Vu du site, celui-ci est

---

[13] Cf. « L'Ethique du développement local: le sens implicite des pratiques locales », (21 p.), communication au colloque international organisé par le Centre d'Economie et d'Ethique pour l'Environnement et le Développement sur le thème de *L'éthique du développement*. Texte publié par le site Web de l'Université de Versailles Saint-Quentin-en-Yvelines, 19-20 mars 1999. Site Internet: http://www.cybercable.tm.fr/ ~jarmah/public_html/seminaire

[14] Concernant l'aspect du changement et la nécessité d'une approche interdisciplinaire voir notre contribution intitulée : « Le site et l'organisation en économie du développement ». *Canadian Journal of Development Studies*. Université d'Ottawa, Canada, n°2, Volume XXI, juin 2000, pp. 295-321.

vide de sens. La technique, le modèle ou le projet conçu en dehors du site n'est que peine perdue. Si ces procédures réduisent et détruisent, elles ne tardent pas à être détruites par les réactions du site ou au moins détournées de leurs finalités de départ. Le site esquive les « *projectiles* » des développeurs et des technocrates !

En effet, le site a plus d'un tour dans son sac. Cette capacité autonome de décryptage le rend rebelle à la culture de maîtrise et lui procure une nette avance sur tout changement imposé. Ce qui fait de lui un authentique agent du changement dont la théorie du changement doit tenir compte sous peine d'être surprise par les conséquences de toute conception et pratique non méditées. Le code génétique d'évolution de chaque site n'est perceptible qu'en intégrant la mémoire du territoire et son rôle dans la dynamique de sa cosmovision. Cette traçabilité est une opération délicate car elle suppose une vision du dedans capable de traverser les douanes invisibles que le site dresse autour de ses pratiques. En permanence, il imprègne, en douceur et de manière occulte, les réalités et les comportements de ses adhérents. Le site se dissimule au plus profond de leur inconscient collectif. Faits et gestes en portent les traces. Suivre le site dans ses moindres recoins, c'est aller vers la durée, le passé, les souffrances, les expériences partagées jusqu'aux mythes fondateurs de la communauté considérée. Le site filtre le dehors et infiltre les siens. En cela, il est un inducteur culturel, un lieu commun de socialisation singulier.

La partie visible des faits exprime donc une retraite présente du site comme magma de significations imaginaires locales plus ou moins implicites. Cette présence -absence protége l'intimité du site de la vulgarité des sciences rationnelles et des regards extérieurs. Les sites aiment se cacher. C'est par le respect qu'ils dévoilent une partie d'eux-mêmes, dans le cas contraire, ils tournent leurs dos à notre expert. Cette subtilité dévoile toute la complexité de la proximité[15]. Celle-ci est irréductible à une

[15] Voir à ce sujet nos anciens textes non publiés : « Le mythe du territoire ou l'insaisissable proximité », (14 p.), *World Faiths Development Dialogue*, Oxford, Site http://www.wfdd.org.uk. Diffusé dans l'espace francophone par *Les Echos du Développement local durable* sous le titre « Le site et le capital : quelles relations? », 5 mai 2001, dans la rubrique *Expert* du site www.developpement-local.net et « Concurrence, Coopération et diversité », (16 p.), texte reproduit

dimension physique ou spatiale. Proche et loin comme loin et proche peuvent faire « *bon ménage* ». La contrée au sens de site ne se réduit pas à une simple rencontre physique.

Ainsi, dans son sens le plus profond, le site, débusqué, s'affiche, d'abord, comme croyances partagées. C'est un espace vécu par les agents de l'organisation sociale au plus profond d'eux-mêmes. Ce parcours forge ainsi un *espace cognitif commun*. Ici le lieu prend le sens d'un dieu et, pour lui rendre visite, il faut une carte d'identité, celle du site. Mystérieusement, le site contient du divin. Le site est religion au sens de relation entre les hommes et le cosmos. Pour durer, le site emprunte au religieux sa capacité à relier les hommes. Ce faisant, il assure leur cohésion et leur coordination. En ce sens, il développe des mécanismes d'intégration au lieu et au groupe d'appartenance. L'ensemble est huilé par des croyances partagées qui motivent et veillent sur les débordements et les excès de la concurrence, de la convoitise et du mimétisme destructeur.

Les croyances pratiques dans leur pureté extrême sont, donc, des sortes de divinités[16] qui guident en profondeur les routines et les modèles d'action (« *boîte à outils* ») que l'on perçoit à la surface de la réalité du site. Il y a incontestablement un fil qui relie, de manière plus ou moins cachée, ces différents mondes qu'un même site peut contenir et marquer à jamais.

---

dans *World Faiths Development Dialogue*, Oxford, Site Internet : http://www.wfdd.org.uk Communications au colloque international du GREL/IMN sur le thème : *Citoyenneté, coopération décentralisée et développement des territoires*, les 18 et 19 mai 2000, Université du Littoral Côte d'Opale.

[16] La notion de site rappelle les théories indigènes mélanésiennes sur le *mana* tel qu'il a été décrit par Marcel Mauss (1902-1903). Le *mana* a son énergie en lui. Il est imprégnant. Comme le signifie M. Mauss, lui-même : « En résumé, le mana est d'abord une action d'un certain genre, c'est-à-dire l'action spirituelle à distance qui se produit entre des êtres sympathiques. C'est également une sorte d'éther, impondérable, communicable, et qui se répand de lui-même. Le mana est en outre un milieu ou, plus exactement, fonctionne dans un milieu qui est mana. C'est une espèce de monde interne et spécial, où tout se passe comme si le mana seul y était en jeu », M. Mauss et H. Hubert : « Esquisse d'une théorie générale de la magie », p. 105, 1902 in M. Mauss, *Sociologie et anthropologie*, Paris, PUF 1950.

En somme, l'accès ou l'appartenance conduisant au site présuppose une complicité et une communion dont les impératifs moraux et pratiques dépassent de loin ce que l'on appelle la communication dans le paradigme de la modernité et de la technique. Ici, l'outil technique de communication le plus performant est d'un faible rapport intellectuel et d'une piètre capacité communicationnelle. C'est plutôt le respect et la reconnaissance du site qui ouvrent les premières portes de la connaissance du site et de ses hommes. C'est pour cette raison, que la théorie des sites s'est construite sur des principes de tolérance, de prudence, de singularité, etc. Ces principes éthiques se retrouvent traduits dans le monde profane des sites par une pédagogie d'écoute et d'accompagnement, seule capable d'approcher et de stimuler des évolutions de l'intérieur. C'est une façon de combiner la Proximité, la Diversité et la Gouvernance (P.D.G.). Cette « *soft épistémologie* » est aux antipodes de la démarche scientifique admise qui affiche, dés le départ, une arrogance par rapport au monde factuel et aux univers de la quotidienneté. En séparant ceux qui connaissent de ceux qui sont supposés ignorants, elle exclut de fait l'homme de la situation. Elle opère des frontières artificielles entre la matière et l'anti-matière, la technique et l'éthique, la connaissance et la croyance, le rationnel et le relationnel, l'objectivité et la subjectivité, la réflexion et l'action, bref, des coupures handicapantes.

Au total, l'expérience montre qu'au contraire tout est entremêlé dans la réalité. Tel un « *plat de nouilles* » (expression empruntée aux théoriciens du chaos), les fils et les échelles sur lesquels évoluent les sites sont reliés les uns autres. Ce qui donne une image beaucoup plus complexe des pratiques humaines. Les combinaisons et recombinaisons y sont monnaie courante.

## 3.2. Principes d'une économie non violente

Ayant à l'esprit toutes ces considérations, l'idée d'une autonomisation du territoire intellectuel de l'économiste devient une fiction. Séparer l'économie de la société et en retour imposer, sans nuance, à cette dernière les hypothèses exclusives et les déductions de la première revient à détruire à terme la société. En introduisant l'autonomie de l'économique, la société perd son autonomie et devient dépendante. Ce paradoxe est universellement valable car il met en évidence l'effacement des multiples valeurs et motivations de la vie en société. De plus, cette hégémonie du réductionnisme de l'économisme est vouée à l'échec dans ses propres critères dans la mesure où les phénomènes économiques tirent leurs propres substances de la diversité de la société et des écosystèmes. Les incomplétudes de l'économisme sont mises en évidence par les économistes les plus clairvoyants sur la question de l'incertitude et des destructions que fait subir un système économique prédateur à l'environnement et à la société.

En effet, si le marché est au cœur du dynamisme économique, il engendre par son propre développement, à terme, son étouffement. En générant du désordre et de l'incertitude, il paralyse la vie économique. L'une des premières ouvertures de l'analyse économique face à cette entropie est l'appel aux conventions et aux institutions qui relient les agents économiques en dehors de l'univers du marché au sens strict. Des entités étrangères au paradigme néoclassique de l'économie, fidèle représentant d'une science physico-mathématique en la matière, comme la coopération, le partenariat, etc., font, donc, irruption dans le territoire scientifique d'une approche minée par des antinomies. Ainsi, le marché s'essouffle de lui-même en engendrant de l'opportunisme et de l'égoïsme et, à terme, une incertitude paralysante. En effet, lorsque l'univers en question s'uniformise sur la base d'un calcul égoïste, la qualité, la tromperie, la stratégie, la manipulation, les passagers clandestins, etc., prolifèrent. Dans ces circonstances que d'amis et d'ennemis nous avons rencontrés dans la même personne ! Ce qui s'ensuit est la suspicion, donc, la perte de confiance. Cette marchandisation à outrance engendre une société paranoïaque et une perte des repères cognitifs. Or, la confiance comme l'appartenance constituent les premiers carburants du dynamisme de toute organisation ou système économique. C'est la culture commune qui les assurent au delà de tout calcul. En somme, le calculable a besoin de l'incalculable sous peine de sombrer dans des désordres économiques et sociaux indescriptibles. La technique de l'économiste a, donc, besoin d'une éthique sous peine d'un chaos technique !

Le mixage de ces multiples dimensions n'est possible qu'en changeant de paradigme. Les expériences fréquentées dans les relations Nord-Sud montrent aussi que les formes de vie économique qui émergent du vide que le développement et la mondialisation laissent derrière eux expriment les besoins d'une économie non pas rationnelle mais relationnelle. Les organisations de l'économie dite informelle dévoilent, incontestablement, une forme de rationalité irréductible à la rationalité de l'économie standard. La décision économique tant soit peu que l'on puisse la séparer du reste trouve son explication dans de multiples motivations irréductibles à celles sur lesquelles repose *l'homo œconomicus*. Le poids du site s'y impose de toutes ses forces et engendre d'autres configurations de la vie économique rebelles aux évolutions escomptées par le modèle rationnel. Cette variété relevant de l'estime, de la dignité et de l'ensemble des valeurs et contraintes du site est bien présente dans la nature profonde des actes quotidiens des hommes aux prises avec les aléas de la vie. Ils font preuve d'une grande dextérité en mariant des impératifs souvent contradictoires. « *L'acteur n'est pas un idiot culturel* », nous dit l'ethno-méthodologie américaine. Il construit son comportement sur la base des interactions symboliques et pratiques avec son milieu et sa dynamique. Cet ajustement est quotidien, donc, à chaque fois situé par rapport au monde dans lequel l'homme du site vit et auquel il participe par interactions avec les autres et avec l'environnement proche et lointain. Ce qui confère à l'*homo situs*, l'homme de la situation, et à sa rationalité, un caractère hybride, donc composite. Cette multiplicité reste encore impensable par nos catégories abstraites marquées par d'anciens paradigmes hérités de la révolution industrielle et de la vieille idéologie du progrès.

L'*homo situs* est beaucoup plus proche de la réalité empirique que ne l'est l'*homo œconomicus* dans la mesure où il exprime une grande variété et variabilité. Il est plus humain. C'est un être concret en constante évolution qui ne se laisse pas découper et capturer par la théorie économique admise. Il fuit la division et la réduction. De fait, il ne sépare pas totalement son comportement économique profane du « *monde sacré* » qui habite sa contrée concrète. Il incorpore un complexe de relations avec son espace vécu. Ce qui fait de lui un animal territorial et relationnel. A l'opposé du marché, le site l'incite à produire de la cohésion dans ses moindres faits et gestes. Si, le marché désimbrique, le site imbrique. Si la « *main invisible* » héritée des brumes d'Edimbourg d'Adam Smith, apôtre du capitalisme industriel, l'invite à l'atomicité, le site tend à lui imposer la communauté. D'ailleurs, dans le monde factuel de l'industrie des projets de développement, constamment, la *main communautaire* des sites africains broie la *main invisible* du modèle économique[17]. Ici la coopération et l'appartenance font la concurrence à la concurrence. C'est la force du réseau par rapport à l'individu isolé postulé par la pensée globale, en fait unidimensionnelle. « *Pauvre est celui qui est seul* » dit un proverbe sénégalais auquel répond le proverbe marocain : « *Celui qui calcule reste seul* ».

En somme, à l'image des secrets de la nature, la sagesse dicte un subtil dosage entre de multiples mécanismes d'évolution sous peine d'une destruction de la vie en société et de l'environnement. L'exclusivité de la concurrence réduit la marge de manoeuvre et crée les conditions de l'exclusion et de l'incertitude. *A contrario*, l'hybridation des mécanismes économiques et sociaux assure, donc, une plasticité et une durabilité de la société et de l'environnement. Cette diversité stabilisante est au cœur de l'économie des sites qui refuse un total alignement sur les postulats et les concepts factices de l'économisme qui mènent à l'uniformisation des relations entre les hommes et entre eux et la nature. C'est donc une économie de la diversité qui plonge ses racines dans les multiples registres du social à partir desquels l'homme mène sa vie quotidienne. Dès 1917, Spengler écrivait à

---

[17] Cf. notre numéro special, *The Economy and The symbolic sites of Africa.* (Version anglaise, numéro spécial sur la méthode des sites appliquée aux économies africaines). *International journal of intercultural and transdiciplinary research*, Vol. XXVII, n°1, Winter 1994. Issue n°122 (42 p.). www.nonviolence.org/tranet/best3.htm. Autre référence : « The Economy and Symbolic Sites », pp.30-39, contribution à un ouvrage collectif sous la direction de Majid Rahnema (University of California/Berkeley et Victoria Bawtree (FAO) : *The post-development reader*, Zed Books, London and New Jersey USA 1997 (avec des auteurs comme Marshall Sahlins, Ivan Illich, Edward Said, Vaclav Havel, Susan George, Serge Latouche et bien d'autres).

juste titre : « *Que peuvent signifier pour nous les concepts et les perspectives qui prétendent à une valeur universelle et dont l'horizon s'arrête à la frontière spirituelle de l'Europe occidentale? ( ). La valabilité universelle est une inférence toujours fausse de soi sur autrui (...). Pour les hommes différents, il y a des vérités différentes. Pour le penseur, elles sont toutes valables ou aucune* »[18]. Cette perspicacité est valable, aujourd'hui, pour l'Europe, quant à la prétention des concepts économiques usuels à rendre compte de ses propres réalités économiques, d'où le caractère universel des révolutions qui se dessinent à l'horizon de ce nouveau siècle.

## CONCLUSION : UNE REVOLUTION SCIENTIFIQUE ET MORALE INELUCTABLE

Au terme de ce texte, la nécessité d'une relecture des principes de la science qui inspire le développement et la mondialisation s'impose d'elle-même. Ayant réduit son domaine à de simples lois mécaniques, le plus souvent, élaborées sans référence à la grande diversité des situations concrètes, l'économie politique a créé les conditions de sa remise en cause non seulement dans les pays qui n'ont pas connu le capitalisme de l'intérieur mais aussi dans ceux qui appartiennent originellement à l'aire de sa culture et de sa civilisation globale. L'expérience dicte, aujourd'hui, une recomposition des savoirs, des disciplines et des cultures en direction d'un paradigme capable de penser et de contribuer à construire des concepts et des outils humainement opérationnels. Il ne peut se construire que sur les décombres de la pensée globale en misant sur une approche plus modeste, donc, flexible pour mieux s'adapter à la grande variété de notre monde. Cette ouverture scientifique est en même temps éthique dans la mesure où elle doit intégrer la multiplicité de sens que les hommes donnent à leurs mondes. Et, c'est à quoi s'emploie le paradigme des sites, une des variantes des alternatives recherchées. En intégrant les croyances

[18] *Le déclin de l'Occident. Esquisse d'une morphologie de l'histoire universelle.* Traduction fr. M. Tazerout, Gallimard, Paris, 1978 (1ère édition 1931).

des acteurs de base, il démontre que les lois économiques sont, en dernière instance, des constructions sociales situées dans le temps, l'espace et dans le monde imaginaire des hommes, d'où leur grande relativité. Fin d'une science uniforme, début d'une économie plurielle.

# BIBLIOGRAPHIE

## 1. OUVRAGES ET ARTICLES


ABOU O. B., (1913), *Description de l'Afrique Septentrionale*, Paris, Librairie d'Amérique et d'Orient.

AVERROES, (1996), *Discours décisif*, Introduit par Alain LIBERA, Editions GF Flammarion, Paris.

ALCOLEA A.-M., (2004), *Pratiques et théories de l'économie solidaire. Un essai de conceptualisation.* Collection Economie plurielle, L'Harmattan.

ARKOUN M. et GARDET L., (1978), *L'Islam hier-demain*, Editions Buchet-Chastel, Paris.

BAYART J-F., (sous la dir. 1994) : *La réinvention du capitalisme*, Karthala, Paris, 254 p.

BELMAHJOUBI M., (1989), *Institution de la Hisba : de l'authenticité au modernisme. Cas du Maroc*, Université de Montpellier Faculté de Droit et des Sciences Economiques.

BEN NAFFISSA S., (1985), « Discours islamique, l'Etat et le Droit : le cas tunisien », in *Table ronde : L'Etat contemporain en Afrique*, Laboratoire d'Anthropologie juridique de Paris.

BERQUE J., (1955), *Structures sociales du Haut-Atlas*, Paris.

BERNOUX P., (1985), *La sociologie des organisations*, Collection Points, Seuil, Paris.

BOLTANSKI L. et THEVENOT L., (1991), *De la justification : les économies de la grandeur*, coll. NRF Essais, Gallimard, Paris.

BOLTANSKI L., (1994), Entretien « Agir en commun », *Sciences Humaines*, n°5, hors série, mai-juin. Paris.

BRENOT J. et TUVEE L., (1996), *Le changement dans les organisations*, Que sais-je ? PUF, 127 p., Paris.

CALME N., (2004), (sous la dir.), *L'Esprit de Fès. Dédié aux générations futures.* Paroles d'ouverture de Sa Majesté le Roi Mohammed VI, Préfaces de Bernadette CHIRAC, Jack LANG, Conclusion de S.A.R. le Prince Charles, Editions du Rocher, mai 2004, 446 p. (84 auteurs de renommée internationale).

Avec le soutien financier et la participation intellectuelle de la Banque Mondiale.
CASTORIADIS C., (1975), *L'institution imaginaire de la société.* Seuil, Paris.
CASTORIADIS C., (1986), *Domaines de l'Homme*, Seuil, 455 p., Paris.
COULON A., (1987), *L'Ethno-méthodologie,* P.U.F., Que Sais-je ?
CHOMSKY N., (2003), *Le profit avant l'homme*, Fayard, Paris.
CHOURAQUI A., (1998), Directeur de recherche/CNRS, Laboratoire d'Economie et de sociologie du travail, Aix-en-Provence. Entretien au *Monde de l'économie* : « Il faut apprendre à dépasser le mesurable et le chiffrable » Mardi 3/11/98, p. II.
COHENDET P. et DIANI M., (2003) : « L'organisation comme communauté de communautés : croyances collectives et culture d'entreprise », *Revue d'Economie politique* n°5, vol 113, septembre-octobre, pp. 697-721.
CROZIER M. et FRIEDBERG E., (1977), *L'acteur et le système*, Seuil, Paris.
CROZIER M., (1994), *L'entreprise à l'écoute. Apprendre le Management postindustriel,* Collection Points, Seuil, Paris.
DAVID P., (2002), « La coopération, la créativité et la clôture des débats dans les sciences : les dynamiques élémentaires de la connaissance dans les communautés de chercheurs » (pp. 67-107) in Jean-Pierre TOUFFUT, (sous la dir.), *Institutions et innovation. De la recherche aux systèmes sociaux d'innovation*, Bibliothèque Albin Michel/Economie, Paris.
DIA M., (1996), Africa's *Management in the 1990s and Beyond. Reconciling Indigenous and Transplanted Institutions*. World Bank, Washington, D.C.
d'IRIBARNE P., (sous la dir.) (1998), *Cultures et mondialisation. Gérer par-delà les frontières*, Paris, Seuil.
d'IRIBARNE P., (1993), *La Logique de l'Honneur. Gestion des entreprises et traditions nationales,* Collection Points, Seuil, Paris.
d'IRIBARNE P., (2003), *Le Tiers monde qui réussit. Nouveaux modèles*, Odile Jacob, 2003.

DOSSE F., (1997), *L'Empire du sens. L'humanisation des sciences humaines,* La Découverte, Paris.

DUPUY J.-P., (1989) : « Convention et Common Knowledge », in *Economie des conventions*, Revue économique, n°2 mars.

DURAND G., (1979), *Science de l'homme et tradition*, Editions L'Ile Verte/ Berg International, Paris.

EL HAOUD N., (2004), *Recherche et Développement, Innovation et croissance, Expérience marocaine*, GREL et Faculté d'Economie appliquée, Aix Marseille (doc. de travail).

ELIADE M., (1965), *Le sacré et le profane*, Idées/Gallimard.

EL MAOULA EL IRAKI A., (2003), *Des notables du Makhzen à l'épreuve de la "gouvernance". Elites locales, gestion urbaine et développement au Maroc,* Préf. de M. TOZY, Inst. Nat. d'Amén. et d'Urban., Rabat, L'Harmattan, 432 p.

EL TALLER, (1999), *Nouvelles visions et interventions en situation de développement*, Publication de l'ONG EL TALLER, Tunis.

FAVEREAU O., (1989) : « Marchés internes, marchés externes », *Economie des conventions,* Revue économique n°2, mars.

FRIEDBERG E., (1993), *Le pouvoir et la règle : dynamique de l'action organisée*, Seuil, Paris.

GALLIEN L., (1969), *Le parasitisme,* P.U.F., Que Sais-je ?

GAUTHEY F. et XARDEL D., (1993), *Le Management interculturel,* Que Sais-je ? P.U.F., Paris.

GEERTZ C., (2003), *Le souk de Sefrou. Sur l'économie du bazar*, éd. Bouchene.

GERM, *L'aménagement du territoire et le développement de l'économie de montagne en méditerranée. Le cas du Maroc Méditerranéen*, Editions Le Fennec, 1997.

GIBBARD A., (1996), *Sagesse des choix, justesse des sentiments. Une théorie du jugement normatif,* traduit de l'américain par Sandra LAUGIER, P.U.F., Paris, 460 p.

GLEICK J., (1989), *La théorie du chaos. Vers une nouvelle science*, Albin Michel, Paris.

GODELIER M., (1996), *L'énigme du don,* Editions Fayard, 315 p., Paris.

GUESNIER B. et JOYAL A. (sous la dir.), (2004), *Le développement territorial. Regards croisés sur la diversification et les stratégies,* ADICUEER.

GRANIER R. et ROBERT M., (2002), (sous la dir.), *Cultures et structures économiques. Vers une économie de la diversité ?,* Economica.

HALL E. T., (1971), *La dimension cachée*, Seuil coll. Points 1971, 254 p.

HARISSON R., (2002), *La Micro-finance : une approche par l'économie institutionnelle*, GREL et Université de Lille 1.

HAYEK F. A., (1953), *Scientisme et sciences sociales*, Collection Agora, Plon, Paris.

HAYEK F. A., (1994) : *La Constitution de la Liberté.* Avant propos Jacques Garello L.I.B.E.R.I.A. Economie et liberté. Editions Litec, Paris, 530 p.

HEIDEGGER M., (1976), *Acheminement vers la parole*, TEL/Gallimard, Paris.

HENNI A., (1989), « Le Cheikh et le Patron », manuscrit d'un article, Université d'Alger.

HUGON P., (1993), *L'économie de l'Afrique*, collection Repères, La Découverte, Paris.

HUNTINGTON S. P., (1997), *Le choc des civilisations*, Editions Odile Jacob.

HUGON, (2003) : « Analyse des micro-activités et des PME en Afrique sub-saharienne », *Problèmes économiques*, mercredi 10 novembre, n°2862, pp. 32-39, Paru dans son intégralité in *Techniques financières et Développement*, septembre 2003.

IBN KHALDOUN, (1925), *Histoire des Berbères,* t.1, p. 341, Traduction de Slane, Paris, Geuthner.

IBN KHALDOUN, (1961), *Les textes économiques de la Mouqaddima (1375-1379).* Traduction par G.H. BOUSQUET, Librairie Marcel RIVIERE et Cie Paris, 85 p.

IHADIYAN A. et ZAOUAL H., (2000) : « *Transferts communautaires et Développement économique : l'expérience migratoire maghrébine* », Document de recherche du GREL, 26 p.

KAMDEM E., (2002), *Management et interculturalité en Afrique. Expérience camerounaise.* L'Harmattan.

KASBAOUI T., (2004), *Du rôle des investissements immatériels dans le développement économique : l'expérience du Maroc*, GREL et Faculté d'Economie appliquée, Aix-Marseille.
LALEYE I.-P., PANHUYS H., VERHELST T., ZAOUAL H., (1996), (sous la dir.), *Organisations économiques et Cultures Africaines De l'homo œconomicus à l'homo situs*. (19 auteurs) L'Harmattan, Paris, 500 p.
LATOUCHE S., NOHRA F. et ZAOUAL H., (1999), *Critique de la raison économique. Introduction à la théorie des sites*. Préface d'Angela KREMER-MARIETTI, Collection Epistémologie et philosophie des sciences, L'Harmattan, Paris.
LATOUCHE S., (1986), *Faut-il refuser le développement?* Economie en liberté, P.U.F., 1986, Paris.
LATOUCHE S., (1991), *Les naufragés de la planète*, La Découverte, Paris.
LATOUCHE S., (1995), La mégamachine, La Découverte, Paris.
LATOUCHE S., (1998), *L'Autre Afrique. Entre don et marché*, Albin Michel, Paris.
LATOUCHE S., (2003), *Justice sans limites. Le défi de l'éthique dans une économie mondialisée*, Fayard, Paris.
LATOUCHE S., (2004), *Survivre au développement*, Les petits libres, n°55, Mille et une nuits, Fayard.
LE MOIGNE J. L. (1993) : « L'apport de Herbert A. SIMON aux sciences de la décision humaine », *Sciences Humaines*, n°2. Hors série, mai juin.
LE MOIGNE J. L et ORILLARD M., (1994) : « Les sciences économiques et de gestion seront-elles pionnières d'une interdisciplinarité bien tempérée ? », *La lettre de l'AFSE*, n°21, janvier.
LUIZARDO P.-J., (1991), « Le rôle des confréries soufies dans le système politique égyptien », *Monde Arabe Maghreb-Machrek* n°131, janvier-mars.
LUYCKX GHISI M., (2001), *Au-delà de la modernité, du patriarcat et du capitalisme. La société réenchantée ?* Préface du Professeur Ilya PRIGOGINE, Prix Nobel de Chimie 1977, Collection Economie plurielle, L'Harmattan.
MAROC-EUROPE (revue), *Espaces et régions*, n°4, 1993, Rabat.

MAHIEU F. R., (mai 1997), *Une anthropologie économique de la survie*, (C3ED), polycopié.
MAUSS M., (1950), *Sociologie et anthropologie*, Paris, P.U.F.
MERNISSI F., (1997), *Les Aït Débrouille. Haut Atlas*, Le Fennec, Casablanca.
MOHA E., (1994), *Les relations hispano-marocaines*, EDDIF, Casablanca, p. 135, Titre original, *Las relaciones hispano-maroquiés.*
MOLES A., (1990), *Les sciences de l'imprécis*, Seuil.
MONTAGNE R., (1989), *Les Berbères et le Makhzen dans le Sud du Maroc*. Éditions Afrique-Orient.
MORIN E., (1992), *Introduction à la pensée complexe,* ESF-Editeur, Paris.
MOUHTADI N. (1999), *Pouvoir et religion au Maroc. Essai d'histoire politique de la zaouia*, EDDIF, Casablanca.
NATHAN T., (1994), *L'influence qui guérit*, Editions Odile Jacob, 350 p.
N'DIONE E. S., (1992), *Le don et le recours : ressorts de l'économie urbaine*, coll. Recherches populaires, ENDA, Dakar (publié aussi chez Karthala).
NYSSENS M., (2000) : « Les approches économiques du Tiers secteur. Apports et limites des analyses anglosaxonnes d'inspiration néo-classique », in *Qu'est-ce que le Tiers secteur ?*, Numéro spécial de la *Revue de Sociologie*, 42, pp. 551-565.
ORLEAN A., (1997) : « Jeux évolutionnistes et normes sociales, *Revue d'économie appliquée*, t.1, n°3, Paris.
PANHUYS H., (2004), *La fin de l'occidentalisation du monde ? De l'unique au multiple*, Coll. Economie Plurielle, L'Harmattan, 536 p.
PANHUYS H. et ZAOUAL H., (2000), (sous la dir.), *Diversité des Cultures et mondialisation, au delà du culturalisme et de l'économisme*, 10ème anniversaire du Réseau Sud/Nord à Bruxelles, L'Harmattan. Réseau Sud/Nord et GREL, 214 p. Auteurs : T. Verhelst (Belgique), R. Petrella (Belgique/Italie), H. Panhuys (Belgique/France), H. Zaoual (France/Maroc), A. Durre (Pakistan), Edith Sizoo (Hollande), Noël Cannat (France).

PASCON P., (1984), *La maison d'Illigh et l'histoire sociale du Tazerwalt*, Editions S.M.E.R., Rabat.
PECQUEUR B. et ZIMMERMANN J.-B., (2004), (sous la dir.), *Economies de proximités*, Lavoisier, Paris.
PISANI E., (1992) : « En quête d'un avenir", in Paul BALTA, (sous la dir.), *La Méditerranée réinventée. Réalités et espoir de la coopération*, La Découverte, Paris.
POLANYI K., (1983), *La grande transformation*, Gallimard, Paris.
REYSOO F., (1988), *Des Moussems du Maroc. Une approche anthropologique des fêtes patronales,* Katholieke Universiteit de Nijmegen, Nederland.
RIST G., (1996), *Le développement. Histoire d'une croyance occidentale*, Presses de sciences Po, Paris.
RIVIERE P.L., (1926), *Etudes marocaines*, Ed. Librairie Sirey.
SACHS W. et ESTEVA G. (1996), *Des ruines du développement*, Ecosociété, Montréal.
SEN A. (1993), *Ethique et économie*, P.U.F., Paris.
SERVIER J., (1990), *Les Berbères*, Collection Que Sais-je ?, Edition P.U.F. Paris.
SPENGLER, (1978), *Le déclin de l'Occident. Esquisse d'une morphologie de l'histoire universelle.* Traduction fr. M. TAZEROUT, Gallimard, Paris, (1ère édition 1931).
STIGLITZ J., (2002), *La Grande Désillusion*, trad. fr. Paris, Fayard. (1re éd. américaine 2000).
TAGUIEFF P.-A. : « Notes sur le retour de la décadence. L'individualisme post-moderniste comme décor ». *Les temps modernes*, mars 1986, n°476, p. 187.
TANZERELLA G., (1992), Déléguée générale de la Fondation René Seydoux, Liminaire à l'ouvrage de BALTA Paul (sous la dir.), *La Méditerranée réinventée, Réalités et espoir de la coopération*, La Découverte, Paris.
THARAUD J. et J., (1920), *Marrakech ou les Seigneurs de l'Atlas*, Librairie Plon, Paris.
THEVENOT L., (1998) : « A l'épreuve des grands principes », *Sciences humaines*, n°79, janvier.
THEVENOT L., (1989) : « Equilibre et Rationalité dans un univers complexe ». *Revue économique* n°spécial sur *L'économie des conventions*, n°2 mars, P.U.F, pp.20-23. Voir aussi l'ensemble

des articles de ce numéro dans la mesure où il constitue l'acte fondateur de l'école française des conventions.

TODD E., (2002), *Après l'empire. Essai sur la décomposition du système américain*, Gallimard, Paris.

WATTERBURRY J., (1975), *Le Commandeur des croyants : La monarchie marocaine et son élite*, P.U.F., Paris

WEBER M., (1992), *Essai sur la sociologie des religions 1,* Die, Editions à Die.

WILLIAMSON O. E. (1994) *Les institutions de l'économie*, InterEditions, Paris. Titre original : *The economic institutions of capitalism*, The Free Press, a division of Macmillan, Inc, New York, 1985.

ZAOUAL H. :

- « L'irruption de la diversité et de la proximité », 12 p., communication aux Rencontres de Fès, Une âme pour la mondialisation, Festival des Musiques sacrées, 4-14 juin 2005.
- « Proximité et solidarité » (18 p.), Colloque international sur *Economie sociale et solidaire et Territoires*, V$^{èmes}$ Rencontres universitaires d'Economie sociale et solidaire, 11-12 mai 2005, Marseille.
- « Les frontières invisibles du site » (10 p.). Table ronde : *Espaces et territoires transfrontaliers : comment se gouvernent-ils ? Comment les gouverner ?* (Animateur : B. Pecqueur), Journée scientifique du développement local : Espaces et territoires transfrontaliers : Quel rôle pour les acteurs publics, quelle(s) gouvernance(s) ? jeudi 16 décembre 2004, *FUCAM,* Facultés Universitaires Catholiques de Mons, Belgique.
- « L'économie peut-elle être solidaire? », Table ronde sur les économies solidaires au quotidien, A soul for globalization, Colloquium of Fez, The 10$^{th}$ Annual Fez Festival of World Sacred Music, May 28 June 4, 2004, (7 p.).
- *Nova Economia das Iniciativas Locais. Uma introdução ao pensamento pós-global* (La Nouvelle Economie des Initiatives Locales. Une introduction à la pensée postglobale) DP & Editora, Rio de Janeiro, 193 p. Avec le soutien du Consulat Général de France, 2005, 193 p.
- « Firmes, organisations et territoires. De l'uniformité à la complexité ». Communication au Colloque international de Rio,

coorganisé par le GREL/IMN, *Entrepreneuriat, PME et territoire*, 1-4 août 2004, Rio de Janeiro, (19 p.). En cours de publication en portugais dans un ouvrage collectif (Michel THIOLLENT et Hassan ZAOUAL (sous la dir.), Entrepreneuriat et Développement local, Rio de Janeiro, Brésil.
- « Le Maghreb, carrefour entre l'Afrique, la Méditerranée et l'Europe. Vers un monde pluriel ». *Foi et développement,* n°317, octobre 2003, Centre L. J. Lebret, Paris, pp. 1-4.
- « De l'entrepreneur économique à l'entrepreneur situé. Vers une économie non violente », 18 p. Musée Batha- « De mon âme à ton âme, l'art de la transmission », *Les Rencontres de Fès* 3ième édition du 7 au 11 juin 2003.
- *Du rôle des croyances dans le développement*, 2002, Paris, L'Harmattan, 626 p.
- « Pour un dialogue des civilisations? » *Foi et développement,* n° janvier, 2002, Centre L. J. Lebret, pp.1-5.
- « La mosaïque des cultures face à un monde uniforme », *Foi et développement* n°290, 2001, Centre L. J. Lebret pp. 1-5. Texte commenté en langue espagnole dans *Revista académica Polis*, Santiago.
- « Le site et l'organisation en économie du développement », *Canadian Journal of Development Studies*, Université d'Ottawa, Canada, n°2, Volume XXI, juin, 2000, pp. 295-321.
- « De la "modernité parachutée" à la "modernité située" », in *Critique économique* n°3, Automne 2000, Rabat. Maroc.
- « Le mythe de l'emploi dans une économie de compétition », en collaboration avec Marc RICHEVAUX, chapitre V, in GRANIER Roland (sous la dir.), *Culture et comportements économiques*, Presses Universitaires de Marseille, 2000, pp. 67-90.
- « L'économie peut-elle être solidaire et plurielle ? » *Economic Research Forum*, Le Caire, 2001, 25 p. Publication du Centre International de Recherche sur les Economies arabes, turque et iranienne. http://www.erf.org.eg/database/paper.asp. Publié aussi pour l'espace francophone dans *Némésis*, Revue d'analyse politique et juridique, n°3, 2001, pp. 31-52, Collection du Centre d'analyse politique, Presses universitaires de Perpignan.

- *Territoires et dynamiques économiques. Au-delà de la pensée unique* en collaboration avec PANHUYS H. et KHERDJEMIL B., 1998, Paris, L'Harmattan.
- « Le site et l'économie sociale », sur invitation des Professeurs Jacques DEFOURNY et Patrick DEVELTERE du Réseau belge d'Economie sociale Liège/Leuven. Working Paper du STEP Research Group on Social Economy and Civil Society. Séminaire international sur *L'Economie sociale, au Nord et au Sud*, les 28 et 29 mars 2001, Louvain, Belgique, 16 p. Actes du colloque. Internet: Les Echos du Développement local Durable, Rubrique Expert du site, www.developpement-local.net
- « Le mythe du territoire ou l'insaisissable proximité », Communication au colloque international du GREL/IMN sur le thème : *Citoyenneté, coopération décentralisée et développement des territoires*, les 18 et 19 mai 2000, Université du Littoral Côte d'Opale, (14 p.). Texte repris sur Internet par les sites suivants : World Faiths Development Dialogue, Oxford, Site http://www.wfdd.org.uk. Diffusé dans l'espace francophone par *Les Echos du Développement Local Durable,* 5 mai 2001, dans la rubrique Expert du site : www.developpement-local.net.
- « L'Ethique du développement local », communication au colloque international organisé par le Centre d'Economie et d'Ethique pour l'Environnement et le Développement sur le thème de L'éthique du développement. Texte publié par le site Web de l'Université de Versailles Saint Quentin en Yvelines. 19-20 mars 1999, (21 p.). Président de séance. Site Internet : http://www.cybercable.tm.fr/~jarmah/public_html/seminaire.
- « The Economy and Symbolic Sites of Africa. The Cultures and Economies of African Micro-organisms ». In *Banyan Tree. Towards New Visions, New Praxis*. Introduced by Corinne KUMAR, Secretary General EL TALLER, 1999, pp. 152-163. CENTRE FOR DEVELOPMENT STUDIES, Bangalore, India, 1999.
- « La dynamique des O.N.G. : une approche interactionniste », (pp. 323-338) in *O.N.G. et développement. Société, économie, politique*. Sous la direction de JP DELER, Y.A.FAURE, A. PIVETEAU et P.J. ROCA (CNRS/Université de Bordeaux),

Karthala, 1998. En collaboration avec Hélène CARRE (Doctorante).

- « The Economy and Symbolic Sites ». Contribution à un ouvrage collectif sous la direction de Majid RAHNEMA (University of California / BERKELEY) et Victoria BAWTREE (FAO) : *The Post Development Reader,* ZED BOOKS, London and New Jersey, USA 1997 (avec des auteurs comme Marshall Sahlins, Ivan Illich, Edward Said, Vaclav Havel, Susan George et bien d'autres), pp. 30-39.
- « De l'homo œconomicus à l'homo situs », in Yvonne Preiswerk et Fabrizio Sabelli (sous la dir.), *Pratiques de la dissidence économique. Réseaux rebelles et créativité sociale, Les Nouveaux Cahiers de l'Institut Universitaires d'Etudes du Développement.* I.U.E.D de Genève, Suisse, juin 1998, pp.83-100.
- « La pensée économique institutionnelle africaine : Une pensée économique métisse en marche », *Epargne Sans Frontière. Techniques financières et développement,* n°52, octobre-novembre 1998, Paris.
- *La socioéconomie des territoires : expériences et théories.* (sous la dir.), L'Harmattan, 1998, Paris.
- « La Banque Mondiale à la recherche des valeurs africaines. Commentaires sur le séminaire Banque Mondiale ». Revue du Réseau Sud/Nord Cultures et Développement *Quid Pro Quo* n°23, novembre 1995, pp. 16-20, Bruxelles.
- « The economy and the symbolic sites of Africa », *International Journal of Intercultural and Transdiciplinary Research* Vol XXVII, n°1, Winter, 1994, Issue n°122. L'ensemble du numéro (43 p.) est accordé à la démarche des sites qui est ici rappelée. Version en français, « Economie et sites symboliques africains ». *Revue internationale de recherche interculturelle et transdisciplinaire,* Hiver 1994, n°122 (numéro spécial sur la méthode des sites appliquée aux économies africaines, 50 p.), Montréal, Canada.
- « Endogenous Cultures and Modernity in Maghreb », *International Journal of Intercultural and Transdiciplinary Research,* Volume XXV, 1992, Issue 117, pp. 2-13, Montréal, Canada. Pour la version en français se reporter à *Cultures*

*endogènes et modernité au Maghreb,* in *Inter Culture, Revue internationale de recherche interculturelle et transdisciplinaire,* Vol. XXV, n°4, Automne 1992, Cahier 117, pp. 2-14. En collaboration avec le Laboratoire d'Anthropologie Juridique de l'Université de Paris 1, Montréal, Canada.

- « Inertie du formel et vitalité de l'informel en économie du développement » in *Economie populaire et phénomènes informels au Zaïre et en Afrique, Les Cahiers du CEDAF-ASDOC* n°3-4, 1992, Centre d'Etude et de Documentation Africaines, Bruxelles, pp. 263-277.
- « The Economic System of Soussi »*, The European Journal of Development Research*, vol. 2, n°1, 1990, Social and Political Sciences Department, Free School Lane, Cambridge England, June.
- « L'impensé de l'économiste du développement », *Mondes en développement*, Tome 17 n° 68, 1989, pp. 141-152.
- « La crise du paradigme du développement. Critique des discours critiques », *Tiers monde*, Tome XXV, n° 100 octobre-décembre, 1984, Paris, pp. 829-836.

## 2. THESES DE DOCTORAT DU GROUPE DE RECHERCHE SUR LES ECONOMIES LOCALES / UNIVERSITE DU LITTORAL COTE D'OPALE, GREL/ULCO (S/D. H. ZAOUAL)

- ALCOLEA Anne-Marie, *Pratiques et théories de l'économie solidaire. Un essai de conceptualisation,* Thèse de doctorat GREL/ULCO, décembre 2002, ouvrage de thèse publié sous le même titre aux Editions L'Harmattan, Collection Economie plurielle, 2004.
- BENDAHHANE Lahcen, *Du rôle des « croyances » dans la gouvernance. Une approche par le site*, Thèse de doctorat GREL/ULCO, décembre 2004.
- BENHAMED Nora, Professeur assistant, Université de Tanger, *Microentreprise et microcrédit : une approche par le site*

*(expériences marocaines)*, Thèse de doctorat GREL/ULCO-Université Lille1, février 2003.
- BOTATA Guy, *Innovations dans la finance informelle : enjeux et issues*, thèse GREL/ULCO-Lille 1, juin 1998.
- CHARAF EDDINE Maged, Professeur, Université de Saint-Joseph à Beyrouth, *L'économie des ressources hydrauliques au Proche Orient. De la surexploitation à la coopération ?*, GREL/ULCO, novembre 2004.
- CHAVY Frédéric, *La rétrocession de Hong Kong à la Chine: de l'ouverture aux déséquilibres régionaux*, Thèse de doctorat GREL/ULCO-Lille 1, juillet 2003.
- DAGHRI Taoufik, Professeur Assistant, Université Mohamed V-Souissi, Salé, *Collectivités locales et développement local : l'expérience marocaine*, Thèse GREL/ULCO-Université de Lille 1, septembre 2000.
- DERUE Catherine, *Institutions et territoires: l'expérience de la gestion intercommunale de l'eau potable (expérience de trois groupements intercommunautaires imbriqués sur le territoire du Calaisis)*. Thèse de doctorat GREL/ULCO-Université de Lille1, octobre 2001.
- EL HAOUD Naima, Professeur-assistant, Université d'Agadir, *Recherche et Développement, Innovation et croissance. Expérience marocaine*, GREL/ULCO-Faculté d'Economie appliquée d'Aix Marseille, juin 2004.
- EL IDRISSI Lalla Hind, *L'entreprise innovante au Maroc. Le cas de Maroc Télécom*, Thèse de doctorat GREL/ULCO en voie de bouclage, mai 2005.
- ELMESKINI Essaid, Professeur-assistant, Université Hassan 1er, Settat, *Les dimensions « cachées » de la micro-entreprise: l'expérience de la région de Marrakech-Tensift-Haouz.* Thèse de doctorat GREL/ULCO, février 2003.
- ESMAEILI Hamid, *Evaluation économique de l'impact des Nouvelles Technologies de l'Information. Une application à l'économie américaine*, Thèse de doctorat GREL/ULCO, décembre 2001.
- HARISSON Robert, *La Micro-finance : une approche par l'économie institutionnelle.* Thèse de doctorat GREL/ULCO-Université de Lille 1, janvier 2002.

- IHADIYAN Abid, Professeur-assistant, Faculté des Sciences juridiques, économiques et sociales, Université de Tanger, *Libre échange et migrations, une simulation pour le Maroc (modèle d'équilibre général calculable appliqué à l'économie marocaine),* Thèse de doctorat GREL/ULCO, septembre 2000.
- KASBAOUI Tarik, Professeur assistant, Université d'Oujda, *Du rôle des investissements immatériels dans le développement économique : l'expérience du Maroc*, thèse de doctorat GREL/ULCO-Faculté d'Economie appliquée d'Aix Marseille, juin 2004.
- LIU Fengxiang, Professeur en Chine, *L'économie du yin et du yang. De l'uniformité à la diversité*, thèse de doctorat GREL/ULCO, juillet 2004.
- LONGUEPEE Jérôme, Maître de Conférence à l'Université d'Artois, *Les dynamiques territoriales à l'épreuve des risques naturels. Le cas des inondations en basse vallée de la Canche*, thèse GREL/ULCO, décembre 2003.
- LONGUI Adrien, *Entrepreneuriat et développement local*, thèse GREL/ULCO, janvier 2000.
- LOUIZI Khalid, Professeur assistant, Université de Hassan 1, Settat, *Analyse économique de l'entrepreneuriat social*, Thèse GREL/ULCO, mai 2000.
- MACHRAFI Mustapha, ATER, Université de l'Artois, *Socioéconomie de l'entreprise et coordination située (cas empiriques marocains).* Thèse de doctorat GREL/ULCO-Université d'Artois, janvier 2005.
- NAPOLÉON C., (1989), *L'économie informelle ou la naissance d'une alternative*, Université de Lille I. juin. Thèse de doctorat, Université de Lille 1.
- NECHAD Abdelhamid, Professeur Assistant, Université d'Oujda, *Analyse critique des indicateurs et théories de la pauvreté. Appui à l'expérience marocaine.* Thèse de doctorat GREL/ULCO, mai 2003.
- ROUSSEL Erick, Professeur, IUT Saint Omer/Dunkerque, *Les organisations de l'économie sociale (expériences à l'appui dans le Nord-Pas-de-Calais)*. Thèse de doctorat GREL/ULCO, déc. 2005.

# AUTEUR ET ADRESSES

## 1. AUTEUR

Hassan Zaoual est né à Rabat le 6 décembre 1950. Après des études primaires et secondaires à l'Institut Saint-Jean-Baptiste de la Salle de cette même ville, il poursuit ses études universitaires d'économie politique à l'Université de Lille en 1973. Sa thèse de doctorat de 3ème cycle soutenue en 1980, il rentre au Maroc où il enseigne, entre 1980 et 1984, l'économie politique à la Faculté de Droit de Rabat. De retour en France en 1985, il enseigne à l'Université des Sciences et Technologies de Lille et entame son doctorat d'Etat qu'il soutiendra en mars 1996.

Actuellement Maître de Conférences en sciences économiques, habilité à diriger des recherches, Hassan Zaoual est co-directeur du D.E.A. « Hommes, Territoires et Développement » à l'Université du Littoral-Côte d'Opale (Dunkerque) où il dirige le Groupe de Recherche sur les Economies Locales (GREL), Laboratoire de Recherche sur l'Industrie et l'Innovation (Lab. RII), Maison des Sciences de l'Homme. Pour ses activités de recherche, The Institute of Development Policy and Management University of Antwerpen lui a décerné en 2000 une chaire spéciale de Professeur d'économie du développement. Il est en outre un des lauréats du Prix de la Fondation Jean Scot Erigène, Institut des Nations Unies pour la Formation et la Recherche, UNESCO (Genève).

Par ailleurs, Hassan Zaoual est aussi membre de plusieurs associations de réflexion et d'action. Ancien administrateur-fondateur du Réseau Sud-Nord Cultures et Développement et Vice-Président de Cultures-Europe à Bruxelles, il a, par ses publications dans des revues internationales et sa recherche-action, contribué, dès 1987, au mouvement international qui a introduit et diffusé auprès des organisations non gouvernementales et des institutions internationales l'idée de l'importance de la *dimension culturelle* dans le développement. C'est dans cette optique qu'il est également membre du comité des Rencontres de Fès : *Donner une âme à la mondialisation.*

## 2. ADRESSES

**Groupe de Recherche sur les Economies Locales (GREL)**
Laboratoire de Recherche sur l'Industrie et l'Innovation (Lab. RII)
Maison de la Recherche en Sciences de l'Homme
Université du Littoral-Côte d'Opale (ULCO)
21, Quai de la Citadelle, BP 5528
59383 DUNKERQUE, Cedex 1 – FRANCE
Tél +33/3-28.23.71.00 – Fax +33/3-28.23.71.10
E-mail : **zaoual@univ-littoral.fr**

**Henry Panhuys**
13, Square Marie-Louise
1000 BRUXELLES – BELGIQUE
Tél/Fax (32)2 230 43 36
E-mail : **bureau.lefebvre@skynet.be**

**Bureau Lefebvre s.c.**
Bld Bischoffsheim, 39/2
1000 BRUXELLES – BELGIQUE
Tél (32)2 217 48 07 - Fax (32)2 223 00 01
E-mail : **bureau.lefebvre@skynet.be**

# TABLE DES MATIERES

576549 - Septembre 2014
Achevé d'imprimer par

1livre.com
du rêve à la réalité !